Es hora de ir al baño

GUÍA PARA EL TEMIDO MOMENTO DE DEJAR LOS PAÑALES

Jamie Glowacki

Es hora de ir al baño

GUÍA PARA EL TEMIDO MOMENTO DE DEJAR LOS PAÑALES

OCEANO

Este libro contiene las opiniones e ideas de la autora. Su intención es brindar material útil e informativo sobre los temas abordados. Se comercializa en el entendido de que ni la autora ni el editor brindan servicios médicos, de salud, personales ni profesionales en el libro. El lector debe consultar a su médico o profesional de la salud antes de adoptar cualquiera de las sugerencias hechas en el texto o de sacar conclusiones a partir de ellas.

ES HORA DE IR AL BAÑO
Guía para el temido momento de dejar los pañales

Título original: OH CRAP! Potty Training.
Everything Modern Parents Need to Know to Do It Once and Do It Right

© 2015, Jamie Glowacki. Todos los derechos reservados.

Publicado según acuerdo con el editor original, Touchstone,
una División de Simon & Schuster, Inc.

Traducción: Aridela Trejo

Diseño de portada: Sergi Rucabado
Fotografía de la autora: © Cherryl Adams Johnson Photography

D. R. © 2019, Editorial Océano de México, S.A. de C.V.
Homero 1500 - 402, Col. Polanco
Miguel Hidalgo, 11560, Ciudad de México
info@oceano.com.mx

Primera edición: 2019

ISBN: 978-607-527-965-7

Impreso en México / Printed in Mexico

Índice

Introducción   9

1. En el inicio...   13
2. Cuándo comenzar   25
3. Mitos y confusiones   33
4. Preparación mental   47
5. ¡Fuera pañales! Cómo hacerlo   65
6. Entrenamiento nocturno   97
7. Dramas durante el primer bloque   105
8. Dilemas del bloque dos y tres   115
9. Cuarto bloque y todo lo demás   129
10. Popó   137
11. Intentos anteriores de entrenamiento   161
12. Guarderías y otros cuidadores   169
13. Conducta *vs* entrenamiento para ir al baño   179
14. Comunicación de la eliminación   189
15. Menor de veinte meses, mayor de tres años   197
16. Reiniciar   207
17. Circunstancias especiales   213
18. Mis respuestas finales   223
19. Recomendaciones y preguntas misceláneas   229
20. Palabras de despedida, de mamá a mamá   241

Acordeón para papá 243

Acordeón para padres: recordatorios de lo que se debe
hacer y lo que no en cada bloque de aprendizaje 245

Las doce preguntas más frecuentes que los papás
le hacen a Jamie 251

Índice analítico 257

Introducción

Bienvenido a *Es hora de ir al baño*. Guía para el temido momento de dejar los pañales. Soy Jamie y seré tu guía durante este divertido recorrido. ¿Cómo? ¿Divertido? Sí, escuchaste bien. El primer paso que quiero que des cuando inicies el entrenamiento es hacer las paces con la idea de que éste es un logro muy divertido. Caminar y hablar, aprender a leer, amarrarse las agujetas y andar en bici son, todos, logros muy divertidos que como padres ansiamos. Sin embargo, el entrenamiento para ir al baño nos aterra, ¿a poco no? No debería. Una de las cosas más interesantes que he descubierto sobre el entrenamiento para ir al baño es que es el primer destello de cómo aprende tu hijo. Todos los niños aprenden diferente —y, por lo tanto, aprenderán a ir al baño— de una manera ligeramente distinta. Esto te permite conocer los métodos y la curva de aprendizaje de tu hijo.

Si no conoces mi historia como entrenadora puedes revisar mi biografía en mi página web (www.http://www.jamieglowacki.com). Pese a tener una sólida década de experiencia en el entrenamiento para ir al baño, mi negocio se disparó en 2011 cuando comencé a trabajar con muchas personas al mismo tiempo, lo cual me permitió informarme sobre tendencias emergentes, nuevos problemas, así como métodos y estilos de crianza. También descubrí que no hay un solo método para el entrenamiento para ir al baño, porque si bien todos los métodos exitosos tienen un mismo componente —para entrenar debes quitar el pañal al pequeño—, los niños son diferentes y responden a enfoques distintos. En este libro te voy a enseñar la forma menos dolorosa de quitar los pañales a tu hijo, pero lo más importante, te voy a dar las respuestas a cualquier pregunta que pueda surgir a partir de ese punto. En breve: las reacciones de los niños ante la ausencia del pañal varían, y eso, amigos, es lo que todos temen. Pronto entraremos en los detalles. Primero, debo refutar algunos mitos y tú necesitas prepararte mentalmente. Después te guiaré por los primeros días del entrenamiento para ir al baño. Por último, resolveremos todas las preguntas que surjan.

Antes lo denominaba *el plan de tres días*. Hay un motivo por el cual en internet hay millones de "métodos de tres días para aprender a ir al baño". Al niño promedio le toma tres días superar la dificultad del entrenamiento. Pero tu hijo es único, igual que tu relación con él. Todos los niños tienen su propia curva de aprendizaje y —esto es muy importante— es una apuesta emocional. Una de las razones por las que puedo enseñar a ir al baño al hijo de alguien más en un día es porque no tengo ningún interés emocional. No es mi hijo. Tu hijo y tú tienen un vínculo sólido y hermoso, lo cual es una ventaja y una desventaja a la vez. Desde luego, habrá algunos obstáculos. En el transcurso de los años he aprendido que algunos padres se obsesionan con enseñar a sus hijos a ir al baño en tres días. Esto crea la presión que quieres eludir en el proceso; si la ejerces, no saldrá bien.

Algo más: todos sabemos lo distintos que son los niños. Sin embargo, los medios de comunicación nos han hecho creer que existe una receta para el entrenamiento que funcionará para todos. Imposible. ¿Cómo podría funcionar un método en distintas personas? ¿No te parece extraño cuando lo piensas así?

A la mayoría de los niños les tomará entre tres y siete días adoptar el hábito de ir al baño. Para algunos será más tiempo, para otros, menos. No sabrás por anticipado cuál será el caso de tu hijo hasta que comiences; sin importar lo lento o rápido del proceso, todo está bien y es normal. Es igual que aprender a leer. Algunos niños aprenden rápido y parece que de forma intuitiva; otros demoran más en hilar letras para formar sonidos (por cierto, esto último es más común). Te brindaré indicadores para rastrear el avance porque eso es lo importante. Se trata del progreso, no de la perfección. La idea es llevar a tu hijo del punto "Hice pipí y no me di cuenta" a "Estoy haciendo pipí" y, por último, al "Tengo que hacer pipí". Es todo. Cada segmento tomará más o menos un día. Algunos niños pasan un bloque con facilidad y se quedan estancados en otro. De nuevo, no lo sabrás hasta comenzar.

Por favor, ten en cuenta que nada es definitivo. Estamos lidiando con seres humanos pequeños. Su cerebro aún no madura. Sin embargo, estas personitas son muy capaces de albergar sus propios pensamientos y tienen su propia personalidad. Me apasiona el entrenamiento para ir al baño porque hay muchas diferencias entre un niño y otro. Con esto dicho, debes tener siempre en mente la personalidad de tu hijo en el transcurso de este proceso. ¿De acuerdo?

Respecto a esto último, estás leyendo un plan de estudios. No tengo la llave mágica. Ésa la tienes tú. Soy experta en el entrenamiento para ir al baño, pero tú eres experto en tu hijo. Si digo algo que no te convenza, ignóralo. Hago todo lo posible por respaldar todo lo que propongo con una dosis saludable de *porqués*, pero a veces puedo equivocarme.

Algunas notas breves antes de comenzar. En este libro comparto muchas publicaciones de mi blog. Te sugiero suscribirte. Todos los días aprendo algo nuevo de mis clientes y con gran frecuencia actualizo mis ideas en el blog. Además, me han dicho que soy graciosa.

Cuando leas el libro, te recomiendo mucho que lo hagas de corrido hasta el capítulo 5, "¡Fuera pañales! Cómo hacerlo". He simplificado el *cómo* en la medida de lo posible porque muchas personas navegan hasta esta parte del proceso sin ninguna pregunta. El resto del libro es todo —en serio, *todo*— lo que sé sobre el entrenamiento para ir al baño. Es una serie abrumadora de supuestos y cómo resolverlos. Quizá te parezca una lectura entretenida, pero no te recomiendo preocuparte con problemas que tal vez nunca se presenten.

En el libro menciono a clientes y situaciones puntuales. Por motivos de privacidad, cambié todos los nombres. También he resumido varios escenarios en aras de la brevedad.

Digo malas palabras, me han dicho que mi sentido del humor es "asqueroso" y soy muy sarcástica. No es una falta de respeto. Vivo gracias a la popó; necesito cierta ligereza. No es mi intención ofender, tampoco me tomo un paso tan importante a la ligera. Aun así, a veces no hay sustituto para m**rda.

Me encanta que me hayas elegido para acompañarte en este viaje. ¿Estás listo para vencer al entrenamiento para ir al baño?

CAPÍTULO 1

En el inicio...

Lo primero: aunque reconozco que me gusta la palabra *caca*, con mi hijo uso *pipí* y *popó*, y esas son las palabras que utilizaré en este libro. Creo que son muy comunes y perfectas para este contexto. La decisión sobre la jerga familiar es tuya. No importan las palabras, lo importante es la regularidad.

Hablaré mucho sobre los mensajes confusos. Transmitimos a nuestros hijos mensajes confusos sobre el entrenamiento para ir al baño y creo que es uno de los motivos por los que se vuelve un suplicio. Las palabras que usas son un ejemplo. No me importa si dices *popó, caca, orina, pis*... no importa. Sé coherente. Ten en cuenta que es una palabra que se dirá en voz alta en la iglesia, la biblioteca, el mercado. Asegúrate de que sea una palabra con la que te sientas cómodo cuando la escuches a todo volumen y con demasiada frecuencia. He trabajado con papás que dicen *caca* en casa y después quieren decir "ir al baño" cuando están en público. La mente del niño no funciona así. No lo confundas.

Sé que muchos padres se oponen al término "entrenamiento para ir al baño". Hay quienes dicen que *entrenamiento* es para animales, no para niños. Para nuestros fines, "entrenamiento" es sinónimo de "aprender". A fin de cuentas, incluso como adulto, nos preparamos para aprender. Como analogía, cuando empiezas un trabajo nuevo recibes capacitación. Alguien capacitado te prepara para tus nuevas obligaciones. En tu primer día, ¿acaso tu jefe se sienta y espera que le indiques que estás listo? ¿Listo para qué? Cuando cometes un error, ¿tu jefe se molesta y te despide? No. Lo más probable es que te indique qué espera de ti y te enseñe a hacerlo. Cuando cometes errores, tu jefe te dice con calma lo que hiciste mal y lo que hiciste bien. Después de un tiempo, se espera que domines tus nuevas obligaciones. Así es el entrenamiento para ir al baño.

También me gusta comparar el entrenamiento para ir al baño con aprender a caminar. Siempre me ha fascinado cuando los niños aprenden a caminar. Aceptémoslo: se desplazan más rápido si gatean. Entonces ¿por qué aprender esta aptitud? Porque nuestra naturaleza humana dicta que caminemos erguidos. También hacer pipí y popó en zonas designadas para ello. Incluso las culturas que no cuentan con sistema de drenaje tienen lugares para el excremento.

Recuerda cuando tu hijo aprendió a caminar. Seguro lo vigilaste de cerca para que no se pegara en la cabeza. Lo colocaste entre tus piernas y lo tomaste de las manos para guiarlo. Lo animaste y lo llenaste de besos. Le presumiste lo que había aprendido a todo el que pasara por tu casa. Cuando se caía y lloraba, lo levantabas, lo sacudías y lo animabas a intentarlo otra vez. ¿Le regalaste calcomanías o M&M's por haber aprendido a caminar? ¿Le rogaste millones de veces al día que caminara? ¿Te pusiste como loco? ¿Consultaste con todos tus conocidos e investigaste sobre el tema sin parar? Seguro no. Sabías que tu hijo debía empezar a caminar a los doce meses, más o menos. Tal vez le compraste una caminadora de juguete para ayudarlo. Si a los dieciocho meses no hubiera aprendido o no hubiera mostrado señales de caminar, te habrías preocupado. En general, seguro te guiaste por tu intuición de padre y el conocimiento de tu hijo para ayudarle a aprender a caminar.

Lo ideal es que adoptes una filosofía similar respecto al entrenamiento para ir al baño.

Algo que siempre me ha parecido raro es que los padres suponen que los niños van a aprender solos a ir al baño. ¿Por qué habrían de hacerlo? Tal vez se den cuenta de que es parte de su futuro, igual que manejar. La necesidad de hacer pipí y popó es muy primitiva; aprender a hacerlo en un lugar específico es social, y las conductas sociales se enseñan.

Me gusta recordar a los padres que los niños no conocen la belleza del entrenamiento para ir al baño. *Lo único que conocen es la comodidad y la seguridad de traer un pañal.* Es territorio desconocido. Desde que salieron de la matriz sólo han conocido la calidez del pañal. En serio: a algunos bebés les ponen un pañal antes siquiera de que los amamanten por primera vez. Es la mantita más segura del mundo. Es particularmente importante recordar esto cuando encares la resistencia. Para un niño, no traer pañal puede ser raro, incómodo e inseguro. Tu labor es guiar a tu hijo por este nuevo territorio. A fin de cuentas, tú ya sabes usar el baño. O eso esperamos.

Vamos al grano. La pregunta que más me hacen es "¿cuál es el truco?". ¿Estás listo para que te lo diga? El truco para enseñar a tu hijo a ir al baño. Apréndetelo de memoria. Estúdialo de cerca. ¿Estás seguro de que estás listo?

TÚ.

Voy a repetirlo: tú, tú, tú, tú, tú, tú.

TÚ eres el padre. TÚ brindas seguridad y límites a tu hijo. TÚ eres el maestro. TÚ fomentas tu entorno amoroso en el que es seguro crecer. De nuevo, TÚ estableces los límites. Tu labor es criar a tu hijo y revelar su máximo potencial. Es tu labor inculcarle dignidad y autoestima.

Más que tú, es tu *compromiso.* Tu compromiso es muy importante. El entrenamiento para ir al baño no es ninguna ciencia. Te lo puedo repetir una y otra vez hasta que me quede sin voz, pero hasta que decidas comprometerte con el proceso no va a funcionar con tu hijo.

Cuando hablo de "compromiso" me refiero a tu compromiso con la regularidad. Es una nueva aptitud que le estás enseñando a tu hijo. Los seres humanos aprenden a partir de la repetición. Reitero: los seres humanos aprenden a partir de la repetición.

Incluso como adulto, ¿has aprendido una aptitud que después has perdido por no haberla utilizado de forma regular? Desde luego. Elige una habilidad. He intentado aprender a tejer desde hace años. Empiezo, no lo hago suficiente y se me olvida. Tengo que aprender todo desde el principio. Es un poco más fácil a la siguiente, pero no tanto. ¿Y tocar un instrumento? La práctica regular es vital. Muy pocas personas progresan de manera significativa tocando un instrumento una sola vez. Piensa en tu trabajo. En algún momento, aptitudes que ahora das por hecho alguna vez exigieron mucha concentración y reflexión. Tras suficiente repetición, las procesas.

Cuando enseñas a tu hijo a ir al baño debes ser constante y firme. Es decir, "decidido", no agresivo ni insistente. En estos días, *firme* puede ser una palabra muy polémica en el contexto de la crianza. Tengo muchos clientes que temen ser firmes. Ser firmes y hablar en serio es *bueno*, no tiene por qué parecer malo. Muchos padres modernos temen ser presencias autoritarias en casa. La mayoría de las veces es porque sus padres fueron demasiado autoritarios y eso les dejó un mal sabor de boca o resultó en años de terapia. Pero hay un punto medio. Tu hijo necesita que seas la figura de autoridad y que estés al mando. No tener límites es afrontar la vida en caída libre. Así que no temas ser resuelto y firme. No malo, tampoco agresivo ni insistente. Regresaremos a esto varias veces para que quede claro.

Los niños aprenden fácilmente gracias a la constancia. ¿Cuántas veces cantaste la canción del abecedario antes de que tu hijo la interpretara solo? ¿La cantaron varias veces cada dos semanas y luego esperaste que se la cantara solo a su abuela? No sé tú, pero creo que yo la interpreté veinte veces cada hora, una y otra y otra vez. Recuerda, *a los niños les gusta la constancia*. A todos los pequeños les gusta la rutina, incluso a los aventureros. Léelo de nuevo. Cántalo de nuevo. Constrúyelo de nuevo. Lo que repetimos transmite seguridad a los niños. Saben qué esperar y están preparados. Los niños muy animados necesitan y ansían la rutina.

Me parece asombroso que esperamos que un niño esté dispuesto a aprender a ir al baño sin esta constancia. Ejemplos de inconsistencia son dejarlos ir al baño a veces, pero otras ponerles pañal, o a veces exigirles que vayan al baño y otras dejarlo pasar. Esto resulta en un constante dar y quitar responsabilidad que desemboca en frecuentes luchas de poder. ¿Acaso no tiene sentido? Para mí, sí, y sin embargo suelo escuchar estas frases:

"Ahora mismo no nos preocupa."

"Vamos a esperar a que esté listo."

"Nuestra actitud al respecto es muy relajada."

"Ahora mismo no nos preocupa"

Creo que con esta frase la gente quiere decir que no está del todo comprometida, que ahora mismo no es prioritario. Y está bien. Pero hay que ser honestos. Si no es prioritario para ti, entonces tampoco lo será para tu hijo. En mis clases dedico mucho tiempo a este tema. Con frecuencia, los padres se dan cuenta de que temen comprometerse porque no saben qué hacer y les preocupa fracasar.

Sin embargo, con mayor frecuencia los padres piensan cosas del estilo de: "Mmm... no nos parece importante en este momento", "Estamos haciendo otras cosas" o "¿Cuál es la prisa? Terminará haciéndolo. No va a ir a la universidad en pañales, ¿o sí?". Es cierto, tu hijo no irá a la universidad en pañales. No obstante, a menudo trabajo con clientes que han tenido que retrasar el preescolar porque los niños no saben ir al baño. En septiembre pasado dos parejas de padres acudieron a mí porque expulsaron a sus niños del kínder por no saber ir al baño. Quizá no sea de vital importancia en este momento, pero lo será mucho más pronto de lo que crees. Y seguiré insistiendo: cuanto más esperes para enseñar a tu hijo a ir al baño, más difícil será.

Otro motivo que explica la actitud de indiferencia es que algo está pasando en tu vida y sabes que no puedes concentrarte en el entrenamiento. Es perfectamente comprensible, siempre que en algún momento vayas a tener un descanso. Recuerdo el correo de una mamá. Ella y su esposo eran médicos residentes y esperaban a su segundo hijo. Le parecía que las cosas eran demasiado frenéticas como para entrenar a su primer hijo. Le respondí: "Tu vida familiar seguirá siendo ajetreada durante un buen rato". Si se están mudando o viajando, quizá no sea el mejor momento, pero si tu vida es ajetreada de por sí, vas a tener que buscar tiempo.

No te voy a mentir. Este proceso exigirá tu atención y concentración. Sólo pensarás en el entrenamiento para ir al baño durante una semana, más o menos. Sin embargo, será —debería ser— natural para tu hijo.

¿Creo que debe ser prioritario sin importar lo que esté pasando en tu vida en este momento? Sí, absolutamente. Y estas son las razones:

1. **Medio ambiente**. En un año que un niño usa pañales desechables se consumen dos árboles adultos. Haz cuentas y es aterrador. No hay motivo para extender el uso del pañal. Incluso si sólo usas de tela —lo cual muy pocos hacen—, estás desperdiciando recursos valiosos como agua para procesar el algodón y lavar los pañales.

2. **Espacio en vertederos**. Se calcula que los pañales desechables se desintegran en un lapso de doscientos cincuenta a quinientos años. Se están acumulando en nuestros vertederos a un ritmo alarmante. Lo peor es que muy pocas personas echan la popó al escusado antes de tirar el pañal —¿sabías que se debe hacer?—, así que además tenemos el problema de aguas negras en los vertederos.

3. **La dignidad de tu hijo**. Este punto lo repetiré muchas veces. Sabemos lo inteligente que es tu hijo. ¿Acaso no merece la dignidad de no hacer popó en un pañal y, aún peor, sentarse en él? Reflexiona en ello. Piensa en qué etapa del desarrollo

se encuentra tu hijo y lo poco digno que es esto. Los padres hablan de criar a sus hijos con autoestima. La autoestima se obtiene al dominar una labor, al desarrollar dignidad y respeto. Enseñar a tu hijo a ir al baño le puede brindar todo esto.

"Vamos a esperar a que esté listo"

Caray. En lo que se refiere a pretextos para retrasar el entrenamiento para ir al baño, este es uno bueno. Diría que esta lógica en particular es responsable de más dramas durante el entrenamiento que ninguna otra. Si lo piensas detenidamente, no tiene ningún sentido. Primero, me gustaría señalar algunas realidades de los niños entre 12 y 36 meses de edad. ¿En qué otra etapa de su desarrollo esperas a que esté listo? ¿Esperas a que esté listo para irse a dormir? (En serio espero que no. Eso es material para otro libro.) ¿Y cuando tu hijo decida que está listo para jugar con cuchillos? Si tienes pendientes fuera de casa, ¿te quedas hasta que tu hijo esté listo para salir? Y si no está listo para subirse a la silla del coche, ¿arrancas de todas formas?

Por supuesto estoy siendo sarcástica, pero intento señalar que con los niños hay puntos que no se negocian. No dejamos que los niños decidan muchas cosas porque su cerebro aún no está completamente maduro. Constantemente tomamos decisiones por ellos, en beneficio de su bienestar, crecimiento emocional, desarrollo y seguridad. Estos puntos no negociables existen porque, como seres humanos más experimentados, comprendemos algunas cosas mejor que nuestros hijos pequeños.

Uno de mis libros favoritos sobre paternidad es *Crianza con simplicidad*, de Kim John Payne. El concepto más maravilloso que obtuve de ese texto es que, en general, ofrecemos a nuestros niños demasiadas opciones. Más aún, esperamos que tengan el razonamiento de un adulto. El lóbulo frontal de los niños no se ha desarrollado del todo y es el responsable del juicio. No podemos presentarles opciones ili- mitadas. Si lo hacemos, a la postre no tomarán buenas decisiones. Esperar que lo hagan es acelerar su infancia, una locura, si lo piensas bien. Me da la impresión de que la idea de "esperar a que estén lis- tos" está en la categoría de dar a los niños más opciones de las que pueden manejar.

En mi experiencia, "esperar a que estén listos" conlleva al desas- tre. A menos que hayas vivido en una cueva, quizás hayas escuchado que esto sucede en torno a los tres años. Pues no. Ya es tarde. Cuando un niño tiene tres años ya está muy avanzado el proceso de individua- lización, esto es, el proceso por el que comienza a darse cuenta de que es un ser autónomo, tiene libre albedrío y puede tomar sus pro- pias decisiones. Mmm, ¿qué crees que pasará si decide que no quiere usar el baño y que está muy cómodo con los pañales?

Te lo diré: un desastre con mucho dramatismo. Es muy difícil enseñar a un niño mayor de tres años a ir al baño. Tienen voluntad propia y saben cómo ejercerla.

De modo que la noción de "esperar a que estén listos" es un tanto absurda. Vas a tener que dedicar atención y concentración al entrenamiento, sin importar si lo haces cuando tu hijo tenga dos, tres, cuatro, cinco o seis años. Sin importar su edad, requerirá tu atención, ayuda y guía. Por favor, no esperes después de los cuatro años, ha- blando de inculcarle baja autoestima. Si esperas tanto, quizá deberías ahorrar para terapia, no para la universidad.

Te preguntarás qué significa "listo". Si estás esperando que lle- gue el día mágico en el que tu hijo decida que los pañales ya no son para él y que haga lo suyo en el baño, sigue soñando. Este niño es un personaje ficticio. De acuerdo, no es completamente ficticio, pero sí extremadamente raro. Y, sin importar lo que hayas escuchado sobre los niños de otros padres, tengo que ser honesta, creo que quienes dicen que sus hijos tomaron la decisión por su cuenta un buen día omiten detalles. Sé que esto es asombroso, pero algunas mamás son competitivas. Creo que los empeños del entrenamiento para ir al baño son como los dolores del parto: los detalles se van nublando con el tiempo.

Diría que mi mayor pelea como entrenadora es por este asunto de esperar a que estén listos. La única razón por la que peleo es por los niños. En mi trabajo tengo el dudoso lujo de ver muchos casos y sus consecuencias. Para ser honesta, esto puede derivar en desastres mayúsculos. Por ejemplo, niños de seis años que piden pañales para hacer popó. Un amigo me contó de un foro de crianza en donde una mamá contó que su hijo de seis años fue a su primera pijamada con calzones entrenadores. El niño culpó a su madre. Pese a esto, las otras mamás en el foro comentaban: "No te preocupes, lo hará cuando esté listo". Dios mío, a lo mejor sus hijos *sí* irán a la universidad en pañales.

El punto es que algunos niños nunca estarán listos solos. Y enseñar a un niño mayor a ir al baño es difícil. También sospecho que los músculos que se utilizan para controlar, aguantar y soltar la pipí y la popó se desarrollan en torno a los dos años de edad. Si esperas más allá de los tres años para entrenarlo es como si dejaras que los músculos aprendieran a *no* aguantar la pipí. Esta es mi propia teoría a partir de mis conocimientos sobre el desarrollo de los músculos, junto con una serie de problemas de incontinencia que he detectado en niños mayores de tres años.

El doctor T. Berry Brazelton es un pediatra muy famoso que se ha convertido en el principal defensor del entrenamiento tardío para ir al baño. Ha promovido el entrenamiento tardío y la "teoría de esperar hasta que estén listos" desde la década de 1960 y de manera muy agresiva. También resulta que era vocero en la nómina de Pampers. Un conflicto de intereses bastante claro, ¿no crees? Ten en cuenta que los pañales desechables son una industria con ganancias de 450 mil millones de dólares al año, así que el interés por eludir el entrenamiento para ir al baño es muy alto. Si quieres conocer mi punto de vista más radical (cada dos oraciones uso la palabra m**rda), puedes revisar la publicación "I'm Pissed and I'm Naming Names" en mi blog.

En vez de pensar en disposición, me gustaría que pienses en términos de capacidad. "¿Mi hijo es capaz de aprender esto ahora?"

Al expresar esta idea a los padres, con frecuencia pongo como ejemplo a mi hijo y cuando aprendió a anudarse las agujetas de los zapatos. Nunca me pidió que le enseñara y sin duda el velcro me facilitaba la vida. En todo caso, aprender eso suele pasar más o menos en el kínder y creo que es una aptitud muy importante. Por ello, hice un esfuerzo coordinado: cuando llegó a esa edad sólo le compré zapatos con agujetas. Sabía que si compraba velcro, cedería en las prisas de la mañana. La vida siempre se interpone, así que si queremos cambiar algo, debemos hacer un esfuerzo. Reservé treinta minutos en las mañanas para enseñar a mi hijo a amarrarse las agujetas. Hubo mucha frustración; la peor fue la mía, pues sentí que era inepta o que no era una buena maestra, pese a que llevaba años anudándome las agujetas. El proceso exigió mucha paciencia de ambos. Seis días después de dedicarnos a la tarea de forma constante, *voilà!*, mi hijo ya sabe anudarse las agujetas. ¿Mostró señales de disposición? No, ninguna. Más bien me dejé guiar por la edad y mi "sentido arácnido de mamá" para decidir que era *capaz*.

En mi experiencia, muchos niños que aún no saben ir al baño son capaces e incluso pueden mostrar señales de que están listos. Pero creo que en nuestra ajetreada vida esas señales sutiles pasan sin ser notadas. También creo que la mayoría considera que el deseo y la disposición de sentarse en el escusado e ir al baño aumenta con el tiempo. Como pidió ir al baño una vez, va a pedirlo todos los días. Insisto, en mi experiencia, si no aprovechas la oportunidad, al niño se le olvida. En otras palabras, el interés en ir al baño no aumenta con el tiempo, alcanza un punto máximo y luego desaparece.

La mayoría de las madres, quizá tú también, están leyendo este libro porque en el fondo saben que su hijo está listo. Sigue ese instinto. Te ayudaré a leer tu propia intuición al respecto del entrenamiento para ir al baño. Creo por completo en el instinto.

"Nuestra actitud al respecto es muy relajada"

Escucho esta fresa a menudo y, hasta cierto punto, está bien. Pero ten en mente que si tu actitud es relajada, la de tu hijo también lo será. Debo aclarar que con "relajado" no me refiero a una conducta laxa, sino que lleves a tu hijo a hacer pipí al escusado una o dos veces al día o que algunas ocasiones le pongas pañal y otras no. El problema con este enfoque es que llega un punto en el que eso ya no es pertinente. Tal vez el preescolar o kínder de tu elección no aceptará a tu hijo si no sabe ir al baño. O quizás el enfoque relajado te funcionó cuando tu hijo tenía dos o tres años, pero ahora tiene cuatro, y sientes que es hora de ponerse serios. Si te relajas demasiado habrás perdido la oportunidad, por consiguiente, se vuelve infinitamente más difícil entrenar a tu hijo. Te enfrentarás a luchas de poder y tu vida será un infierno.

También considero que "mantener una actitud relajada" envía un mensaje bastante confuso. Veámoslo desde el punto de vista de un niño. Recuerda que los niños entre 12 y 36 meses son como esponjas, aprenden muy rápido. También recuerda que piensan de forma lineal, no tienen claro el concepto del tiempo. Digamos que inicias con el entrenamiento de manera casual. Anuncias que le estás enseñando a ir al baño, pero a lo que te refieres es a que lo llevarás a hacer pipí al escusado cuando sea conveniente, como en la mañana antes de vestirlo. O en la noche antes de bañarlo. Tu hijo aprenderá que ir al baño quiere decir hacer pipí en el escusado *a veces*, no siempre.

Digamos que adoptas este enfoque todo un año, lo cual suele pasar. Entonces llega el momento en el que el entrenamiento ya debió haber concluido. Le dices: "Ahora sí vamos a ir al baño".

Tu hijo responderá con un infantilizado "¿De qué habla? Ya lo sé hacer. Hago lo que me pide". Cuando cambias de enfoque, añades un paso complicado al proceso. Como resultado tendrás que volver a enseñarle el concepto del entrenamiento para ir al baño. ¿Te das cuenta?

Creo que muchos padres esperan que un día su hijo se dé cuenta por sí mismo que va a hacer pipí y popó en el escusado, pero en realidad, es un salto conceptual enorme para un niño de esa edad. ¿Por qué llegaría a esa conclusión cuando desde que nació sólo ha conocido los pañales?

El enfoque relajado me molesta. Diría que 80 por ciento de mis clientes actuales son padres que adoptaron esa actitud y ahora tienen un niño grande en pañales. Y me tuvieron que llamar. No es fácil entrenar a los niños de cuatro o cinco años para ir al baño, créeme. No estoy juzgando, pero ES MUCHO MÁS FÁCIL CUANDO LOS ENTRENAS A LA EDAD ADECUADA. Son muchas mayúsculas, ya sé, pero me parece muy importante.

La mayoría de los niños entre dieciocho y veinticuatro meses comienzan a mostrar interés en el escusado. Con frecuencia tiene que ver con el escusado en sí, el baño, el papel higiénico que da vueltas, que con una función fisiológica. También les interesa porque copian a mamá y papá. Este interés no necesariamente indica que ya están listos para ir al baño, siempre busco otros indicios. Esto nos lleva al siguiente gran tema en el entrenamiento para ir al baño.

CAPÍTULO 2

Cuándo comenzar

Lo voy a decir con pocas palabras: *es más importante cuándo que cómo.* Sin duda, enseñar a tu hijo a ir al baño es más fácil entre los veinte y los treinta meses. Se puede hacer antes o después, con precauciones. Por ejemplo, la mayoría de los niños menores a veinte meses no captan las cosas como los niños mayores, por lo que deberás ser más responsable de actuar a partir de sus señales (a diferencia de que esperes a que actúen por su cuenta), no es el caso si son mayores.

No obstante, antes de los veinte meses es increíblemente más fácil que después de los treinta. Los niños mayores a treinta meses son mucho más combativos y hábiles en el arte de la manipulación. Conocen el poder de la elección y el libre albedrío. Mi madre dice: "Es mejor hacerlo antes de que sean conscientes de que tienen poder de decisión". Cualquiera con un hijo de tres años te puede decir que son muy buenos para imponer su voluntad. Tus luchas de poder serán enormes. ¿Y adivina qué? No vas a ganar.

Exactamente en medio de ese rango —veinte a treinta meses— es lo mejor para la mayoría. Lo ideal es en torno a los veinticuatro meses. A esta edad, a tu hijo le entusiasma más complacer, empieza a entender el mundo a su alrededor, todavía es maleable y le encanta tener más responsabilidades. Piénsalo. A esta edad a los niños les fascina ayudar y sentirse importantes. Quieren cocinar, limpiar y hacer labores en casa, es el momento perfecto para asignarles esta responsabilidad. Aprovecha esta fase. Es natural, buena y, por desgracia, desaparecerá. Confía en mí.

Siempre habrá excepciones. Recientemente he conocido a más mamás que saben que sus hijos son capaces de aprender a ir al baño antes de los veinte meses. Y, por supuesto, hay muchos niños que aprenden entre los treinta y los treinta y seis meses. En mi experiencia, en este rango de edad las cosas se empiezan a complicar. Y en caso de que no lo haya dicho suficiente, esperar después de los tres años te causará problemas. En los próximos capítulos abordaremos los conflictos específicos relacionados con niños mayores y menores.

¿Por qué este rango de edad?

1. En el desarrollo existen ciertas "ventanas de oportunidad" durante las cuales el niño puede realizar una labor con menos esfuerzo consciente de su parte. En la infancia hay muchas de estas ventanas. Por ejemplo, destetar. Muchos niños empiezan a comer sólidos a los doce meses porque suele ser muy fácil hacerlo a esa edad. Cuatro meses, doce meses, veinticuatro y treinta son ventanas de oportunidad documentadas para destetar con facilidad. ¿Se puede hacer en otros momentos? Claro, pero requiere más esfuerzo de parte de la madre y el niño. Del mismo modo, existe una ventana de oportunidad para aprender un idioma. Investigadores y padres saben lo fácil que un niño aprende un segundo idioma antes de los cinco años. Es el mismo caso de la lengua nativa. Una vez trabajé con una niña que había vivido cinco años aislada en un departamento con su madre drogadicta. Debido a su exposición social limitada, perdió la ventana de oportunidad de aprender su lengua nativa, el inglés. Al día de hoy, requiere terapia del lenguaje intensiva y se le dificulta la escuela. Si quieres enseñar a tu hijo a ir al baño con el menor

26

esfuerzo posible, la ventana de oportunidad es entre los veinte y los treinta meses. Es mucho más fácil.

Este periodo también es una ventana de desarrollo durante la cual parece haber una pausa en el aprendizaje de nuevas habilidades. Tu hijo ya aprendió las cosas elementales, como comer, caminar y superar la ansiedad tras la separación. Durante este periodo está afinando estas habilidades. En términos del desarrollo, no ocurre nada trascendente. Las ventanas están relacionadas, si tu hijo se retrasó en otros acontecimientos, es natural que lo haga para ir al baño.

2. Enseñar a un niño a ir al baño le concede dignidad y respeto por sí mismo. A esta edad los niños aprenden a la velocidad de la luz. Seguro ya te sorprende y divierte lo que es capaz de hacer. La clave es la capacidad. No subestimes su potencial. Muchos padres presumen orgullosos el genio de su hijo, mientras ese mismo niño se sienta en su propia popó. No está bien. Es un insulto a la inteligencia de tu hijo creer que no puede aprender a ir al baño.

3. Por distintas razones, si esperas mucho pasados los treinta meses, el entrenamiento se vuelve una carga, tanto para ti como para tu hijo. Habrá peleas, luchas de poder y las cosas pronto se pondrán feas. Te tardarás muchísimo más. En mi experiencia, si tu hijo no sabe ir al baño a los cuatro años, la probabilidad de que moje la cama se incrementa 50 por ciento. ¿Quieres un ejemplo de baja autoestima? Intenta ir a tu primera pijamada y hacerte pipí en la cama.

4. Como ya mencioné, después de treinta meses tu hijo habrá entrado en el proceso de individualización, ese mecanismo psicológico en el cual aprende que es un ser autónomo, distinto de ti. Este proceso es normal, pero las cosas se ponen feas si esperas hasta entonces para enseñarle a ir al baño. Se suscitará una lucha de poder y por primera vez, tu hijo tendrá todo el dominio, en la forma de su pipí y popó. No vas a ganar.

5. Este marco ideal para enseñar a tu hijo a ir al baño viene acompañado de otros indicadores, los cuales analizo incluso antes que la edad:
   - ¿Tu hijo se retira a una esquina o un lugar privado para hacer popó?
   - ¿Tu hijo puede cantar la canción del abecedario?
   - ¿Tu hijo puede comunicar sus necesidades? Es decir:
     - ¿Puede pedirte agua, jugo o leche cuando tiene sed?
     - ¿Puede pedirte un refrigerio cuando tiene hambre?
     - ¿Puede hacer berrinche en el súper si quiere un dulce?
     - ¿Puede hacer berrinche por lo que sea?

Si tu hijo se está retirando a un lugar privado —donde sea: debajo de la mesa, otra habitación, incluso si se voltea de espaldas— para hacer popó, sin lugar a dudas es hora de enseñarle a ir al baño. Esto quiere decir que tu hijo está equiparando hacer popó con la privacidad, un avance natural y adecuado. Tu hijo está mostrando vergüenza. Para ser clara, estas funciones fisiológicas son normales y no deberías avergonzar a tu hijo por ellas. Sin embargo, la socialización implica que te avergüenza realizar funciones fisiológicas frente a los demás. Si estuvieras sentado en mi salón y te hicieras popó en los pantalones, te daría vergüenza. Te advierto que si no reconoces esta señal y actúas como corresponde, tu hijo dejará de sentir vergüenza. Cuando esto sucede, terminas con un niño de cinco años a quien no le importa hacerse popó en los pantalones.

En mi experiencia, la canción del abecedario es un indicador —aunque para nada definitivo— para reconocer el desarrollo de tu hijo. Los niños que pueden cantar la canción han aprendido algunas palabras, probablemente tras repetirlas. Así que tal vez tu hijo todavía no hable con párrafos completos, pero si puede cantar el ABC, quizás esté listo. Una vez más, esto es a partir de mi experiencia. He identificado una relación directa entre la capacidad de cantar esta canción y la disposición para aprender a ir al baño.

Los niños hacen berrinches porque *quieren* algo —lo que sea— y no se los das. Si tu hijo es consciente de que tiene sed, hambre o quiere algo y puede reaccionar ante ese interés, entonces es perfectamente capaz de regular sus funciones fisiológicas, está listo para aprender a ir al baño.

En caso de que no lo haya dicho suficiente, lo repito. Entre los veinte y los treinta meses es el mejor momento para enseñar a los niños a ir al baño. Confía en mí. Es casi aterradora la resistencia que enfrentarás si lo intentas después de los treinta meses.

Digamos que tu hijo presenta todos los indicios que he mencionado, pero no estás convencido de que esté listo. O estás absolutamente inseguro. O no quieres regarla. O todo el mundo te dice que a los 24 meses es muy pequeño para aprender.

NO ME CANSO DE REPETIR ESTO: si quieres enseñar a tu hijo a ir al baño y estás dudando, NO resultará. Lo he visto una y otra y otra vez. DEBES ESTAR CONVENCIDO DE QUE ESTÁS HACIENDO LO CORRECTO. Debes saber que tu hijo es capaz. Es normal que te sientas un poco inseguro, pero debes ser resuelto. Si eres ambiguo, tu hijo también lo será. Ocurrirá un fracaso rotundo. No tengo otras palabras para explicar este fenómeno a partir del cual tu hijo lee tu actitud más que con palabras místicas como "vibra" y "energía". Si no estás decidido, tu hijo lo percibirá y también se mostrará ambivalente. Cuando recibo a un cliente cuya situación sugiere una falta de resolución, comienzo preguntando si está comprometido y seguro. Mi blog está lleno de publicaciones sobre la importancia de la resolución y abordaremos el tema más adelante. Utilizo la palabra *vibra* porque soy una persona idealista, pero si no lo eres, entonces digámosle *señales no verbales*.

Este es un concepto que resulta más sencillo si has convivido con animales, sobre todo, con perros. Antes no me gustaban los perros, pero desde que tengo uno me fascinan. Y desde que tengo un perro y un niño de cinco años es inevitable darme cuenta de las similitudes entre estos dos seres. Aprendí rápido cuánta información recibe nuestro perro de las señales no verbales. Este perro (lo adoro, pero no creo que sea especial en este sentido) reconoce los sonidos de mis sartenes y ollas y sabe cuándo le toca un premio. Sabe que cuando empiezo a preparar mi café, es hora de despertar y hacer pipí. Pero, sobre todo, percibe mi emoción, anticipación y temor. Y reacciona como corresponde.

Hace unas semanas íbamos a hacer un viaje en carretera para visitar a mi mejor amiga. Stella, mi perra, vendría con nosotros, pero no parecía entenderlo. Esa mañana estaba vuelta loca al vernos empacar, por la anticipación y la energía del viaje. Se nos atravesaba y lloriqueaba. La metí al auto para que nos esperara y se tranquilizó. Sabía que algo pasaba, aunque no estaba segura de qué era. Ya en el coche se tranquilizó. Entendió que vendría con nosotros.

NUESTROS HIJOS SON IGUALES. Están entendiendo el mundo que les rodea. Son sensibles y están atentos a la nueva información, sobre todo a partir de señales no verbales. Están observando, escuchando y, más aún, percibiendo lo que sentimos. Y reaccionarán en consecuencia.

Creo que la mayoría no se da cuenta de lo sensibles que son los niños porque *hablamos* con ellos y presuponemos que nos entienden. Incluso si estamos temblando de miedo, suponemos que si les explicamos qué pasa, los tranquilizamos. Pero no es así con los niños pequeños, perciben esa vibra mucho más que las palabras.

He visto que la simple mención del entrenamiento para ir al baño roba el color del rostro de los padres, causa pánico y desata un hilo frenético de publicaciones en Facebook. Muchos padres enfrentan el primer día del entrenamiento con esa misma vibra: pánico, temor y pavor. Y no se explican por qué su hijo se resiste y hace berrinche. ¿Por qué un niño querría hacer algo que altera tanto a mamá?

Imagina acudir a la primera visita al dentista de tu hijo muerta de miedo. Caray. Buena suerte.

¿Cómo arreglarlo? ¿Cómo mantener la calma y confiar en tu instinto?

Considéralo un logro en el desarrollo del niño, pues eso es, no una posible guerra. En el fondo sabes cuándo tu hijo es capaz de hacerlo. No publiques en Facebook cuando estés listo para empezar no esperes a recibir 64 opiniones distintas. Tu hijo es un individuo y tendrá su propia curva de aprendizaje. Reconoce que no hará lo mismo que los hijos de tu mejor amiga. Y que esto no es ningún barómetro de tus capacidades como madre o padre. Es otra cosa que le estás enseñando a tu hijo.

El pánico, el temor y el pavor dificultarán tu camino. La clave es relajarte.

Desde que comencé a escribir este libro, cada vez más padres deciden enseñar a sus hijos a ir al baño entre los dieciocho y los veintidós meses. Hace una generación esta era la edad esperada. Las madres modernas que entrenan a sus hijos durante este rango de edad tienen mucho éxito porque es otra de las cosas que el niño está aprendiendo, no supone ningún drama, como el drama de tener dos años. En el capítulo 15, "Menor de veinte meses, mayor de tres años", abordaré el caso de los niños menores de veinte meses y mayores de treinta meses.

Por ahora, vamos a desmentir algunos mitos y confusiones que pueden dificultar el entrenamiento para ir al baño.

CAPÍTULO 3

Mitos y confusiones

Bien, ya nos queda claro cuándo enseñar a nuestros hijos a ir al baño. Ahora me gustaría hablar de algunos mitos y confusiones comunes, algunas creencias muy arraigadas que seguro has escuchado o leído. Unas son tan comunes, que casi son ley. Se han infiltrado en las guarderías, parques y centros comunitarios. Otras son citas convenientes que he escuchado o leído. Las voy a deconstruir para aplicar la lógica.

Advertencia: tal vez debas poner en práctica el sentido común, así que prepárate.

Tómate un momento para pensar si estas afirmaciones son ciertas o falsas:

1. Es mejor esperar a que tu hijo te dé señales.
2. Es más difícil enseñar a los niños que a las niñas.
3. Es más fácil enseñarles primero a hacer pipí y luego popó.
4. Debes sacar el escusado de entrenamiento antes de comenzar para que el niño se familiarice con él.

Mito 1: Es mejor esperar a que tu hijo te dé señales.

Falso: más o menos ya abordamos la idea de "esperar a que estén listos", pero entremos en mayor detalle. ¿A qué se refiere un padre cuando dice: "Voy a esperar a que me dé señales de que está listo"? ¿Qué señales? Algunos niños que todavía no van al baño no se hacen pipí durante la siesta o se despiertan secos en la mañana, pero no es frecuente. Algunos niños se muestran interesados en el escusado, otros no. ¿Estás esperando que tu hijo ondee una bandera que diga "tengo que hacer pipí"? Recuerda, tu hijo sólo conoce el pañal. ¿Qué señal podría darte si desconoce qué debería indicar? Piénsalo. ¿Cómo dar señales de una acción completamente nueva? Cuando empieces a enseñar a tu hijo a ir al baño, por supuesto que podrá darte señales. Por ejemplo, bailar cuando quiera hacer pipí, brincará de un pie al otro. Otros "bailes" o señales incluyen que se quede completamente quieto. Tal vez te des cuenta de que parece nervioso o inquieto. Sin importar las señales individuales que te dé tu hijo cuando necesite hacer pipí, éstas se producirán hasta que después de haber empezado el entrenamiento para ir al baño, no antes. Esperar que tu hijo te indique si está listo para aprender a ir al baño es muy problemático.

Mito 2: Es más difícil enseñar a los niños que a las niñas.

Completamente falso. Este mito me molesta... mucho. Sobre todo porque mucha gente lo cree. Cierra los ojos y piénsalo bien. ¿Por qué sería cierto? Algunas personas en mi clase han sugerido que se debe a que supuestamente las niñas maduran más rápido que los niños. Tal vez sea cierto, pero esto ocurre mucho tiempo después, durante la preadolescencia. No tanto a los dos años. Entre un grupo de niños y niñas de dos años todos parecen iguales. Todos saben que no deben pegar y que deben compartir. De hecho, creo que es más fácil enseñar a los niños. Pueden hacer pipí prácticamente en donde sea. ¿Están en el estacionamiento y tiene ganas de hacer pipí? Bájale los pantalones y que haga sobre las llantas. Esta es una observación personal, pero como el equipo de los niños está por fuera y el de las niñas oculto, creo que cuando los niños bailan porque quieren hacer pipí es más notorio. Y me niego a creer que a esta edad mi hijo no es igual de inteligente que cualquier otra niña. Utiliza tu sentido común e intuición. No es más difícil enseñar a los niños que a las niñas. Hay diferencias entre los géneros, pero "diferente" no quiere decir "más difícil".

Mito 3: Es más fácil enseñarles primero a hacer pipí y luego popó.

Esto es completamente falso. Lo he escuchado y no se me ocurre cómo funciona el entrenamiento de esta manera: ¿le pones un pañal para hacer popó o cómo? Éste es uno de los mitos más peculiares, pero como circula, lo quiero abordar. Tu hijo identificará con facilidad que la pipí y la popó son funciones fisiológicas que deben realizarse en el escusado, aunque las sensaciones que los acompañen provengan de distintas zonas. Esto no quiere decir que a los padres y los niños no se les dificulte lidiar con la popó. En este libro la popó tiene su propio capítulo. Y es el más extenso. Es todo un tema al que hace poco se le dio aún más importancia.

Por ahora, recuerda que para tu hijo la popó es esa sustancia blanda que siente en las nalgas. Suena asqueroso, pero es la sensación que conoce y con la que se siente cómodo. Y el cuerpo de los niños pequeños produce una cantidad absurda de popó, sin ningún esfuerzo. La sensación de que sale la popó, pero no se queda en el pañal es completamente nueva y hasta escalofriante.

En general, somos una cultura que desdeña la importantísima función fisiológica de hacer popó y nuestros hijos aprenden eso mismo. ¿Es de extrañar que algunos niños no quieran hacer popó? Piensa cómo reaccionas ante la popó, la propia y la de tu hijo. Tienes que transmitir a tu hijo que es una función sumamente normal e importante. Desde que termines de leer este libro hasta que comiences a enseñar a tu hijo a ir al baño, debes permitir que tu hijo entre contigo al baño para hacer pipí y popó. Es fundamental que tu hijo vea que hacer popó es normal, que no duele y que su existencia no tiene que ser un secreto. Sugiero ampliamente que si a ti o a tu pareja les gusta leer el periódico en el baño, inviten a su hijo. Que se siente en el piso y lea o léanle. ¿Te parece raro? Si la respuesta es positiva, es un buen indicador de que tus valores en lo que a popó se refiere son un poco más estrictos de lo que creías. Suéltate... le ayudará a tu hijo.

A los papás les gusta decir cosas del estilo: "Nos encanta la popó. Nos sentimos comodísimos. Sí. Ningún problema". Y luego a su hijo le cuesta trabajo hacer popó. Cuando sugiero que lo lleven a hacer popó con ellos entran en pánico, les parece raro y asqueroso. Si piensas lo mismo transmitirás esa actitud a tu hijo.

En todo caso, tocaremos todo esto en el capítulo 10, "Popó". Seguro que no puedes esperar.

Mito 4 (¡lo reservé para el final!): Debes sacar el escusado de entrenamiento antes de comenzar para que el niño se familiarice con él.

Este es tan falso que me va a estallar la cabeza. Estoy segura de que lo habrás escuchado, si no es que ya lo estás haciendo. Te felicito por no sorprender a tu hijo y asustarlo, pero, por favor, lee esto con un poco de sentido común. El escusado de entrenamiento se inventó para ser una versión menos siniestra que la taza de porcelana. Por supuesto, un niño pequeño teme al escusado. El tamaño y la descarga son abrumadores y el trasero de tu hijo es demasiado pequeño para el asiento. Así que algún genio inventó una versión miniatura de la taza del baño.

Ahora te quiero hacer algunas preguntas. Primero, observa tu casa y presta atención a los artículos de bebé: periquera, carriola, mecedora y juguetes parlantes. Apuesto a que el escusado de entrenamiento es el objeto de plástico más anodino en tu casa. ¿Sacaste la periquera para que tu hijo se acostumbrara a ella? No, seguro la armaste, lo sentaste y te diste tu primer baño en semanas. ¿Sentaste a tu hijo en la periquera para "practicar"? No, seguro lo sentaste a comer. Y cuando terminó, seguro lo sacaste. ¿Dejaste la carriola en la sala para que se habituara a ella? No, lo subiste y saliste a caminar. ¡Piénsalo!

Otra pregunta, ¿dejarías que tu hijo jugara en el baño y en la taza para que se acostumbrara a estar ahí? ¿Lo dejarías tirar cosas al escusado? No, lo único que debe ir ahí es la pipí y la popó. No acostumbramos utilizar contenedores para materia fecal para otro fin.

Sacar el escusado de entrenamiento para que tu hijo se habitúe a él no sirve de nada y es contraproducente. Si ya lo hiciste, habrás notado que se ha convertido en red de basquetbol, carriola, sombrero, almacén de herramientas para dibujar, garage de cochecitos, banquito, alberca para muñecos. Tu hijo no necesita habituarse a ese escusado. Sacarlo antes de enseñarle a ir al baño disminuirá su magia. Es para un fin y nada más.

Si ya lo has hecho no te preocupes. Te diré cómo remediarlo en el capítulo 5: "¡Fuera pañales! Cómo hacerlo"

Cuando comienzo una clase me gusta preguntar a todos en qué parte del proceso de entrenamiento se encuentran. La respuesta más común es esta: "Bueno, sacamos el escusado para entrenar para que se acostumbre. A veces se sienta en él. A veces pide hacer, pero no con regularidad. Ayer pidió sentarse en la mañana y ya. Cuando está desnudo, se sienta ahí, pero cuando está vestido, no quiere. Así que sí, más o menos sabe ir al baño". La mayoría de los padres reportan esto como un éxito. ¿Te resulta familiar?

"Más o menos saber ir al baño" es como "más o menos estar embarazada"

Hacer pipí en el escusado una vez en la mañana no es saber ir al baño. Usar el escusado desnudo en casa, tampoco. Tengo que ser honesta:

la mayoría de los padres con los que he trabajado que sacan el escusado de entrenamiento para que se acostumbre a él lo hacen porque en el fondo quieren que el niño se arme de valor y decida aprender a ir al baño solo. Albergan esta fantasía de que en cuanto ese escusado esté fuera, el niño la sabrá usar. No están comprometidos con el proceso de entrenamiento para ir al baño.

De nuevo, usar el escusado es una habilidad que debe aprenderse, como todas las demás que el niño ha aprendido. Repetiré lo que ya dije en el capítulo 1: los niños aprenden a partir de la repetición. Por lo tanto, si sacas el escusado para entrenar deberás estar listo para enseñar a tu hijo a usarlo de forma regular.

Los padres que "intentan" enseñar a sus hijos a ir al baño carecen de consistencia y mandan mensajes mixtos.

Voy a citar a Yoda para añadir la referencia fortuita a *Star Wars*: "Hazlo o no, pero no lo intentes". Cita directa del sabio hombrecillo verde.

Va en la misma línea que mi teoría de "más o menos saber ir al baño". O "intentar" enseñar. Lo estás haciendo o no. Intentar no cuenta. Si lo estás "intentando", están dándote un pretexto. A veces lo comparo con fumar. Un fumador que intenta dejarlo sigue siendo fumador. Se permite fumar en momentos de estrés o cuando se le dificulta mucho. Un fumador que lo deja ya no fuma, sin importar la situación en la que se encuentre.

¿Estás "intentando" enseñar a tu hijo a ir al baño para ponerte una excusa? ¿Por qué? ¿Conveniencia? ¿Temor a fracasar? ¿No hacerlo bien?

Ten confianza en ti mismo y ten fe en tu hijo. Los dos pueden hacerlo, rápido, con dulzura y de forma eficaz.

Hazlo o no, pero no lo intentes.

Cuando estás "intentando" enseñar a tu hijo a ir al baño parece que le pides que haga pipí en escusado, pero le pones un pañal si te resulta más conveniente. Le pides que te avise si quiere hacer pipí, pero cuando lo haces, le solicitas que aguarde un minuto a que termines lo que estás haciendo. Sacas el escusado de entrenamiento para que lo use, pero no le enseñas a hacerlo de forma regular. Hasta que llega el día, después de meses de "intentarlo", cuando te hartas y lo haces en serio. Le dices: "Ahora sí es en serio". Pero tu hijo ya aprendió que no hablas en serio.

Mejor no saques el escusado de entrenamiento para que tu hijo se familiarice con él. Sácalo cuando vayas en serio. Cuando estés listo a enseñar a tu hijo a hacer del baño en él.

Confusiones comunes (o frases comunes)

Estas son algunas de las confusiones frecuentes que escucho como frases y que me llaman la atención para discutirlas. Pueden o no formar parte de tu lista de preocupaciones.

Frase 1: "No quiero obligarlo"

Quizás esta sea la segunda frase más frecuente en el contexto del entrenamiento para ir al baño, sólo superada por "espero a que esté listo". Primero, debemos examinar la procedencia de esta frase y después veremos qué implica en la crianza moderna.

No obligar a un niño a ir al baño, como esperar a que esté listo para aprender, comenzó como reacción a las técnicas comunes de enseñanza de la década de 1940, cuando a los niños se les amarraba a las bacinicas a los nueve meses de edad. Se les ponían supositorios de jabón para que hicieran popó. A menudo los dejaban horas sentados en su excremento. Daba pie a que ocurriera un accidente. Que quede claro: *eso* es obligar a un niño. Era horrible y agresivo.

Hasta que llegó el doctor Spock y una nueva corriente de pensamiento sobre la psicología infantil, la cual introdujo el concepto de que los niños son seres humanos pequeños con la capacidad no sólo de sentir dolor, sino de convertirse en adultos inadaptados en virtud de él. Los siguientes cincuenta años vieron nacer las filosofías de crianza moderna, entre ellas, el auge reciente de la crianza con apego (el cual no es para nada un concepto nuevo). Así que el péndulo comenzó a oscilar. Creo que hoy por hoy nos hemos alejado mucho de las filosofías de crianza del decenio de 1940.

Gracias a la estúpida revista *Time* y la infame portada en la que una madre amamanta a un niño (abril, 2012), algunas prácticas y filosofías de crianza moderna han resultado controvertidas. En lo personal, seguí los principios de la encarnación moderna de la crianza con apego, sobre todo durante el primer año de vida de mi hijo. Esto es, me lo "puse" en una cangurera casi siempre, lo amamanté cada que lo pedía y dormí con él. Luego dejé de leer libros y prestar atención a las "reglas" y comencé a actuar a partir de mi intuición. *El concepto del continuum*, de Jean Liedloff, es un recurso excelente, y no estoy segura de que recurra a la crianza con apego. El punto más importante que aprendí de ese libro es que los niños deben estar en el centro de la vida cotidiana para que sepan cuál es su lugar en el mundo. De este modo, aprenden que forman parte de un todo, ya sea una familia o una comunidad, y los acontecimientos de la vida diaria.

Gracias a mi labor enseñando a los niños a ir al baño, me doy cuenta de que en muchas tendencias de crianza actuales hay cosas que se han desequilibrado. En muchos casos, el niño *se ha vuelto* el centro, en vez de *estar en él*. El niño recibe toda la atención y con frecuencia, termina recibiendo un trato especial que es nocivo. Como mencioné en el primer capítulo, también creemos que nuestros hijos pueden tomar sus propias decisiones, que saben qué es mejor para ellos en el largo plazo.

A lo mejor esta postura te enfurece; está bien. Pero quiero reiterar que todos los niños necesitan que se les anime a aprender cosas nuevas. Somos seres humanos y nos gusta que las cosas que intentamos nos salgan bien. Los psicólogos saben que elogiar a ciegas a los niños puede incluso limitarlos a hacer sólo aquello en lo que son buenos. No nos gusta que las cosas nos salgan mal. Como resultado, los seres humanos —todos, los pequeños y los grandes— seguiremos el *status quo*, simplemente porque aprender algo implica hacerlo mal aunque sea al principio.

Como padres, somos responsables de enseñar a nuestros hijos y animarlos durante todas estas enseñanzas. Además, si todo en la vida de nuestros hijos marcha sobre ruedas, ¿qué motivación tienen para cambiar? ¿Por qué preferiría aprender a ir al baño que usar pañal? Considéralo desde la perspectiva del niño. No obtiene ningún beneficio. Ahora mismo te toca todo el trabajo sucio. Él no necesita pensar ni dejar de hacer lo que está haciendo. Tú limpias el mugrero. Para él, el *status quo* es una maravilla, ¿por qué cambiaría? Animarlo a cambiar depende de ti porque —como todo lo que exige aprendizaje y práctica— sabemos que, al concluir, estará mucho mejor.

Sin importar tu filosofía de crianza, entiendo que no quieras presionar a tu hijo. Sin embargo, animarlo no es presionarlo. La presión no tiene por qué ser agresiva. Puede consistir en darle seguimiento a las cosas cuando tu hijo no quiera. Las clases de piano y la tarea son dos actividades para las que, como padres, tenemos que ejercer presión. Sin ser agresivos tampoco, buscamos un punto intermedio.

También recuerdo enseñarle a mi hijo a esquiar. Tuve que animarlo mucho ese día porque tenía miedo, pero sabía que era capaz. No quería darme por vencida y regresar a casa. No lo "obligué", lo animé. Mucho. Estaba frustrado y se molestó conmigo, y yo estaba frustrada y me enojé con él. Los dos lloramos pero, caray, no me quería ir de la montaña sin haberle enseñado a esquiar. Así que me dejé guiar por lo que sé de él, relajé mis expectativas y lo hicimos juntos. Ahora le encanta esquiar.

Superar estas dudas y temores, los propios y los de tu hijo, es parte de la crianza. Por supuesto, pude haberme dado por vencida. Pero ese día *aprendió* algo que lo hizo *muy feliz*. ¿Acaso aprender algo nuevo no suele implicar temores y dudas?

Y siempre nos espera algo maravilloso después. Siempre.

Aprender algo nuevo es motivo de orgullo, lograr algo que no nos creíamos capaces de alcanzar, para ti y para tu hijo.

Cierto, durante la primera semana, más o menos, el entrenamiento para ir al baño acaparará tu atención por completo, pero también habrá valido la pena cuando veas el orgullo de tu hijo cuando haga algo que la semana pasada no sabía. Encontrarás cierta resistencia. La primera semana del kínder los niños se resisten tanto que parece que los están torturando. Gritan y patean. Sin embargo, por diversos motivos, deben ir a la escuela. En cuanto queda claro que no les queda de otra, se tranquilizan y terminan *adorando* el kínder. Cuando se vuelve parte de la rutina, es eso: rutina. ¿Te imaginas si los padres no los hubieran "obligado"?

Vamos a ahondar en el tema de la resistencia más adelante. Por ahora, no quiero que pienses que el entrenamiento para ir al baño implica obligar a tu hijo a hacer algo de lo que no es capaz. Nadie lo inicia con la idea de llevarlo al extremo. *Voy a enseñar a este niño, le guste o no.* Nadie lo hace así, no por lo menos quien haya comprado este libro. Esa clase de padres no suelen ser mis clientes.

Sin embargo, sí veo lo siguiente con gran frecuencia:

"Johnny, ¿quieres ir al baño? ¿Quieres hacer pipí ahora? Vamos, a hacer pipí. Por favor. Mami va a hacer pipí. ¿Quieres venir conmigo? Anda, Johnny, es en serio. Ya casi nos vamos y tienes que hacer pipí antes de irnos. Ya sé que quieres hacer pipí, no has hecho en toda la mañana. Vamos. Quiero que hagas pipí ahora. Mira, estás bailando. Vamos, cariño, a hacer pipí. ¿Por favor? ¿Tienes ganas? ¿Tienes ganas? ¿¿¿Tienes ganas???" Nooo, eso no es para nada agresivo.

Eso es lo que dicen los padres que no quieren "obligar" a sus hijos. No sé a ti, pero a mí me parece muy insistente. La mayoría no se da cuenta de lo mucho que presionan a su hijo con tal obstinación. Un aspecto fundamental del entrenamiento, como yo lo enseño, es dar a tu hijo la responsabilidad y confiar en él.

Frase 2: "Cuando tu hijo aprenda a ir al baño dejará de sufrir accidentes"

Esta me encanta. La veo seguido en los comentarios de Facebook. En publicaciones de blogs. La escucho en los juegos, comúnmente acompañada de cierta actitud sarcástica: "Un niño que ya sabe ir al baño no debería sufrir accidentes".

¿Acaso alguna vez tu hijo ha aprendido algo y después nunca ha cometido un error? Es ridículo, ¿no crees? Creer que tu hijo nunca tendría un accidente es peculiar. Me encantaría que hubiera un "interruptor mágico" para saber ir al baño y que al prenderlo, se quedara así para siempre. Sí, claro.

Desde una perspectiva lógica, todos sabemos que eso es falso. Desde luego, los accidentes ocurren. Aun así, me doy cuenta de que los padres no los esperan. La mayoría no se preparan para ello y diría que 90 por ciento de los padres que atiendo creen que en uno o dos días sus hijos sepan ir al baño perfectamente. A lo mejor en esos primeros días te ganas una medalla, pero te aseguro que habrá accidentes.

Aprender a ir al baño es un proceso. Tu hijo mejorará con el tiempo. Este libro te permitirá arrancar. Cada semana se facilitará más y tendrás que pensar menos en ello. Los accidentes ocurren, con mayor frecuencia porque los padres olvidamos —o ignoramos— que cuando los niños bailan es porque tienen ganas de ir al baño, o no los animamos. Es importante recordar que los accidentes son eso, no son intencionados. Me gusta aconsejar a los padres que estén listos. De todas formas, ahora cargas con una pañalera. ¿Es mucho cargar un mes más con una muda de ropa, por si acaso?

Me gusta referirme a los de la primera semana no como accidentes, sino como herramientas de aprendizaje. Tanto tú como tu hijo están aprendiendo. Por supuesto, algo anda mal si sólo le ocurren accidentes y nunca llega al baño. Tocaremos esto más adelante.

Es más probable que los "accidentes" de verdad sucedan a un par de meses del proceso. Cuando saber usar el baño ya no es especial. Ya no lo elogias verbalmente. Sabes que tu hijo reconoce sus propias señales y supones que te avisará si necesita ir al baño. Haciendo eso a un lado, las regresiones merecen un análisis adecuado. Ya que lo mencioné, vamos a detallarlo un poco más.

Regresión

Este problema suele surgir cuando los padres están esperando otro hijo y temen que enseñar a ir al baño al hijo mayor termine mal, pues tendrá una regresión cuando el recién nacido llegue a casa. La definición más sencilla de la regresión indica un movimiento hacia atrás. A veces los niños retroceden con la llegada de un hermano. Con frecuencia esto se manifiesta mediante accidentes. En lo personal, nunca he visto que un niño retroceda a tal grado que se le olvide ir al baño. Cualquier cambio importante —un nuevo hermano, una mudanza, un divorcio— puede fomentar la regresión. Es la forma que tienen los niños de "expresar" sus sentimientos porque son muy pequeños como para verbalizarlos. Con esta mala conducta pretende llamar la atención. Me entristece cuando escucho que la gente dice: "Ay, lo hace para llamar la atención". Pues entonces préstasela. Me refiero a casos un poco más serios que cuando tu hijo se porta como loquito frente a la abuela.

Aunque la regresión puede ser un problema, no deberías retrasar el entrenamiento por temor a la posibilidad de que se presente. Primero, puede que no se suscite. Segundo, con todo el trabajo que te dará el recién nacido por lo menos querrás haber adelantado el entrenamiento. Incluso si tu hijo retrocede es mil veces más fácil reencaminarse que empezar de cero.

Tampoco presupongas que tu hijo retrocederá y lo manifestará con este tipo de accidentes. Algunos niños reaccionan ante cambios importantes de otras formas. En el caso de nuevos hermanos tal vez le peguen al bebé, te muerdan o ignoren por completo al recién nacido. Algunos niños no reaccionan de ninguna forma. Hablaremos de casos específicos en el capítulo 19, "Recomendaciones y preguntas misceláneas".

Estos fueron los mitos y confusiones más notables. Por desgracia, la mayoría se repite mucho. Pero al ponerlos bajo la lupa se nota que tienen poco sustento. Así que ahora, amigos... vamos a prepararnos mentalmente.

CAPÍTULO 4

Preparación mental

En este capítulo vamos a asegurarte muy bien la cabeza para que no te explote, o sea, vamos a prepararte para el gran día.

Sé que te urge llegar a la parte del entrenamiento como tal, pero asegurarnos de que estés preparado es una parte esencial del proceso (de hecho, es esencial en la crianza en general).

Lo primero es deshacernos de cualquier noción que tengas de cuánto debe durar este proceso. Ya emití mi opinión sobre el entrenamiento mágico de los tres días. Sí, a un niño puede llevarle tres días aprender a ir al baño. También un día. O siete. Me resulta muy interesante que todos adoramos que nuestros hijos sean únicos —nos encanta que cada uno es diferente y especial, como un copo de nieve—; sin embargo, muchos padres quieren una versión de molde para enseñarles a ir al baño. No hay tal cosa. No existe. También me molesta que tu vecina que tiene dos hijos crea que sabe todo sobre el tema.

Si bien hay muchos "métodos" de enseñanza, sólo hay dos sistemas generales:

1. Recompensas
2. Constancia y compromiso

Es todo.

Vamos a trabajar con el segundo. Tu hijo es especial, tiene su propia composición genética. Su propio método y velocidad para aprender. Debemos respetarlo, ¿de acuerdo? Si sólo existiera una forma de entrenarlo para ir al baño —con garantías, sin molestias, en tres días— ya nos hubiéramos enterado en Oprah. Se haría viral en segundos. Ya todos lo sabríamos. Pero estamos hablando de seres humanos que reaccionan de manera individual y tienen sus propios procesos, aunque no parezcan lógicos, y que no sólo saben cómo sacarte de tus casillas, ellos inventaron esas casillas.

Usar el baño es una de las primeras cosas que enseñas a tu hijo de forma activa y una de las primeras que aprende activamente. En este proceso vamos a descubrir cómo piensa tu hijo. *Si tienes una noción previa de cuánto debería tomar esto, CON TOTAL HONESTIDAD, va a resultar contraproducente.* Sin querer, presionarás demasiado a tu hijo y te volverás loco. Confía en mí, sé de lo que hablo.

La gente se confunde mucho con esto. Quieres que el entrenamiento sea consistente, pero no que se lleve un año. Si soy realista, te puedo decir que a la mayoría le toma entre siete y diez días. Después de tantos años que llevo dedicándome a esto, creo que hay una ventana mágica que dura dos semanas en la vida de todos los niños durante la cual aprenderá a ir al baño con tal facilidad que resultará asombroso. Sin embargo, nadie sabe cuándo van a suceder esas dos semanas y no hay ninguna señal para averiguarlo. Así que cuando escuches esas historias milagrosas de tu amigo, vecino o hermana, ten en cuenta que tuvieron suerte, nada más.

Antes de comenzar, tienes que hacer un par de cosas a modo de preparación.

Elige una fecha

Debes elegir una fecha para empezar el proceso, la que sea. Normalmente recomiendo comenzar dos semanas después de haber leído el libro, pero si empiezas mañana, está bien. El periodo de dos semanas

48

de espera es para prepararte y darte un respiro. Es probable que hayas invertido mucho tiempo últimamente leyendo sobre el entrenamiento para ir al baño, pensando en el tema, preguntando en la escuela, eludiendo a las sabelotodo y sintiéndote un poco culpable cada que cambias un pañal. Date dos semanas para NO pensar en ello. Elige una fecha que te permita, y a tu pareja, centrarse por completo en el entrenamiento durante tres o cuatro días. Los puentes son ideales. Se trata del mismo periodo de preparación que la gente hace cuando elige una fecha para empezar a entrenar, hacer una dieta o dejar de fumar. Te da un último respiro. Elige la fecha y deléitate con los pañales esas dos semanas. El periodo de espera también te prepara para cualquier transición importante en la vida de tu hijo: de bebé a niño pequeño. Algunos padres temen soltar a sus bebés. Es una época agridulce y se presta a la introspección. En mi opinión, no debemos aferrarnos a nuestros hijos para satisfacer nuestras necesidades emocionales. En breve te daré consejos para ayudarte a ti y a tu hijo a hacer frente a las emociones de esta transición.

Compra un escusado de entrenamiento o, si ya lo sacaste, escóndelo

Todos los padres que han asistido a mi clase han cometido el error de "sacar el escusado de entrenamiento para que se acostumbre a él". Si no lo has sacado, no lo hagas. Si ya lo sacaste y tu hijo *sólo* lo ha usado para hacer pipí y popó, lo puedes dejar fuera. Si se ha usado para todo menos para hacer pipí y popó, guárdalo.

Tampoco te recomiendo dejar que tu hijo elija su propio escusado. Invariablemente escogerá uno con campanas y adornos y no es necesario. No es un juguete. En lo personal, me gustan mucho los escusados de BabyBjörn. Si tu hijo te pide usarlo antes de tu fecha elegida, permíteselo. Digamos que fijaste empezar dentro de dos semanas. Ha estado usando el escusado, pero de forma irregular. Como sea, el escusado de entrenamiento está en el baño y no es ningún juguete. Puedes dejarlo fuera. Durante las dos semanas entre hoy y tu fecha elegida, si te pide usarlo, déjalo. Pero no le des importancia. Sólo dile: "Gracias por usar tu bañito". No vas a mencionar el entrenamiento. No vas a elogiarlo. Basta con darle las gracias o una observación del tipo: "Usaste el bañito para hacer pipí, gracias".

Libera tu agenda una semana, comenzando por la fecha para arrancar

Para aclarar, digamos que decidiste empezar el entrenamiento dentro de dos semanas, un domingo. Vas a liberar tu agenda una semana entera, comenzando el domingo.

La expresión de las madres cuando les pido esto me mata de risa. Abren la boca, palidecen. ¡¿Qué?! Sí, libera tu agenda una semana. (Mamás que trabajan: no se preocupen, en breve hablaré de las guarderías.)

Los primeros días estarás en casa, saldrán poco. Después de eso querrás estar a entera disposición del baño de tu hijo por lo menos una semana. La razón es sencilla: si tienes cosas planeadas, es muy probable que te estreses. ¿Qué pasa si tu hijo tomó muchos líquidos en la mañana y no hace pipí y es hora de su clase de música, cuenta cuentos en la biblioteca, cita para jugar o lo que sea? Es probable que lo presiones o te estreses. Te arriesgas a tener un accidente en el auto. ¿Y si tu hijo tiene que hacer popó y estás en un lugar con un baño fuera de servicio? En este punto llevarás sólo tres días de entrenamiento: todavía faltará mucho para que tú y tu hijo reconozcan sus señales. Dispón de todos los recursos para que tengan éxito.

Sólo hace falta que liberes unos días de tu agenda. Hay padres que se han puesto como locos y me han dicho que bajo ningún concepto pueden quedarse en casa un par de días, a lo que he respondido que si no pueden hacerlo, tal vez sea hora de cambiar sus prioridades. A esta edad, tu hijo no debería tener demasiadas actividades ni estar sobreestimulado con opciones de entretenimiento. Si tú y tu pareja trabajan tiempo completo fuera de casa, tengo todo un capítulo dedicado a las guarderías, es un tema aparte. Cuando el niño pasa todo el día en la guardería, lo mejor es elegir un puente de tres días e incluso tal vez pedir un día más en la oficina. Cuanto más tiempo aprenda tu hijo en tu compañía, en el contexto familiar de casa, aprenderá mejor.

Una nota interesante para liberar tu calendario: apenas hace una generación los niños aprendían a ir al baño entre los diecisiete y los veintidós meses. Estoy convencida de que gracias a que nuestras mamás, sobre todo, eran amas de casa. No trabajaban desde casa, no tenían computadora para revisar su correo ni Facebook, tampoco celulares, identidades que cuidar, grupos de mamás, citas para jugar, gimnasia para bebés, clases de música, de natación, nada. Tengo cuarenta y tres años, así que tal vez mis lectores sean más jóvenes y tampoco estoy asegurando que nuestras madres tuvieran mejores métodos de crianza. Pero sí creo que el hecho de que fueran amas de casa facilitaba el entrenamiento para ir al baño. Entre mi mamá y sus tres mejores amigas tuvieron veinte hijos en un lapso de diez años. Las cuatro mamás usaron pañales de tela y ninguna tenía secadora. Y cada uno de esos niños ya sabía ir al baño a los 22 meses.

Si presionas a tu hijo resultará contraproducente y terminarás desesperándote innecesariamente. Hazte un favor y sigue mi consejo. Libera tu agenda. Por favor, no cometas el error de suponer que tu hijo será la estrella del entrenamiento para ir al baño. Existen, pero surgen cuando menos lo esperamos. No creas que lo estoy inventando. Muchos padres han caído en la fantasía de pensar: "Mi hijo es inteligente, aprenderá rápido. Voy a dedicarle tres días y ya. De vuelta a la normalidad. No tengo tiempo".

Confía en mí. Esa postura será motivo de lágrimas: las tuyas.

Una semana antes del gran día

Menciona que vas a tirar pañales, no hables del entrenamiento. No digas nada sobre el escusado, la pipí ni la popó. Sólo di que vas a deshacerte de pañales. "El domingo vamos a tirar tus pañales." Este mensaje debería ser en un tono sereno y cariñoso. No te muestres nervioso y no le des mucha importancia. El objetivo es no transmitir ansiedad. ¿Quién no puede tirar unos pañales? Ay, mamá... eso es fácil.

También es buen momento para iniciar la conversación bebé/niño. Empieza repasando la lista de cosas de niño que hace tu hijo. A los niños les encanta que les digas lo que pueden hacer ahora y no podían hacer de bebés. Con esto se preparan los dos para el fin de su etapa de bebé.

En esta fase en la vida de tu hijo también tu lenguaje puede enviar mensajes mixtos. A ver si reconoces estas frases:

"¿Quién es mi bebé?"

"No, cariño, eso no es para niños pequeños."

"Compórtate, ya eres un niño grande."

Entonces, ¿es un niño grande, pequeño o bebé?

A lo mejor no parece importante, pero reconocerlo y abordarlo será útil más tarde. A veces los niños necesitan mimos y es bueno cuando pueden distinguirlo y articularlo. Hace años trabajé con un niño que inventó la frase "Necesito amor de bebé". Me pareció genial y la adopté cuando entrené a mi hijo. Fue como magia. A los niños no les da miedo crecer, volverse "niños grandes", si saben que cuando lo necesiten pueden recibir "amor de bebé". Ahora mismo estamos en un limbo: sabemos que no son grandes, pero tampoco son bebés. Al día de hoy Pascal, mi hijo, pide "amor de bebé" (le dice "amor de mamá", pero es lo mismo). Dura unos treinta segundos y después se va a hacer sus cosas de "niño grande". De todas formas, nos da ese momento de amor y cariño que los dos necesitamos.

Entonces ya elegiste un día, idealmente con dos semanas de anticipación. Ya guardaste el escusado para entrenamiento. Ya liberaste tu agenda una semana. Y ya plantaste la idea, de forma muy casual, de que vas a tirar los pañales.

Entonces... ¿es el fin absoluto de los pañales? ¿En serio?

Esta es una sección adicional en el libro, después de la primera edición; porque antes no era un problema tan grande, sobre todo porque no teníamos tantas comunidades en línea. ¿Cuál es el problema? La duda. En la superficie no parece ser un problema, pero en realidad lo es y de los peores. Socava este proceso e imposibilita el entrenamiento. Siempre puedo percibir cuando la duda de los padres es el problema fastidioso que explica por qué un niño "nada más no puede". Hay toda clase de problemas que pueden suscitarse cuando enseñas a tu hijo esta habilidad nueva, pero "no entender" o "no poder" no debería ser uno de ellos. Si los perros tienen la capacidad de aprender a hacer del baño fuera de casa en menos de una semana, por supuesto que un niño también debe poder. Si te descubres diciendo —o tal vez ya intentaste entrenar a tu hijo y lo has dicho—: "no puede", es probable que tengas dudas.

Lo llamo el "fin, fin".

¿En serio estás listo para enseñar a tu hijo a ir al baño? ¿Es el fin de los pañales, o el fin, fin? Sé que vas a decir que es el fin de los pañales. ¿Pero lo dices *en serio*?

A la mayoría de los padres les urge que sea el fin de los pañales, pero también ellos mismos adoptan dos posturas en lo que se refiere al entrenamiento de su hijo: seguros e inseguros. ¿Cuál es la tuya? Piénsalo bien. Es el mejor indicador de cómo será el proceso para ti. Pregúntate lo siguiente para saber cuál es la tuya:

1. ¿Vas a empezar el entrenamiento con la idea de que lo intentarás a ver qué pasa? Ya hablamos un poco sobre la palabra

"intentar", pero lo digo en serio: no puedes adoptar esta postura. "Intentar" entrenar a tu hijo crea la expectativa de que no esperas que funcione. Entonces, ¿para qué intentarlo? Mejor, ¿por qué no fingir que me las ingeniaré para destruir todas las fábricas de pañales desechables. (Soy ambiciosa. Por supuesto para eso traigo puesto un *body* negro de látex.) Ya no hay pañales. Es broma... más o menos. No comiences con debilidad: "Lo vamos a intentar". Porque si piensas intentarlo, mejor no te molestes. Si lo intentas no va a salir bien. Saldrá bien cuando lo hagas. Recuerda a Yoda: "Hazlo o no, pero no lo intentes".

2. ¿No estás convencido de que tu hijo esté listo? ¿Te preocupa que sea muy pequeño? El objetivo de la mayoría de los primeros capítulos es asegurarte que no sólo es posible, sino que es preferible entrenar a tu hijo cuanto más pequeño sea. Pero si aún crees que es muy pequeño o no es capaz, el proceso será un fracaso total para ti. "Estar listo" es un concepto nebuloso. Mejor pregúntate: "¿mi hijo es CAPAZ de hacer esto?". Responde con el instinto. Todos querrán darte su opinión, créeme. No los escuches. ¿Qué te dice tu corazón sobre la capacidad de tu hijo? Escúchalo.

3. ¿Por qué quieres enseñar a tu hijo a ir al baño? Esto es difícil. Sí, casi todos los padres quieren dejar de comprar pañales. Es un buen motivo, pero no maravilloso. Es como comer sano para bajar de peso. Necesitas un motivo más sólido, de lo contrario la presión podrá contigo. La primera vez que una antigua cliente, "Elizabeth", acudió a consulta conmigo fue porque este proceso le había salido mal. Siguió las reglas. Y la curva de aprendizaje de su hija era lenta. Reconoció —con vulnerabilidad, lo que me parece admirable— que se sentía avergonzada. Quería ser la primera de sus amigas en entrenar a su hija y las cosas no iban bien. Ese no era el único motivo por el que iban mal, pero sí era importante. No entrenes a tu

hijo porque quieres a una estrella del entrenamiento. No lo tendrás. No lo hagas para demostrarle nada a nadie.

¿Cuál *consideras* una buena razón para enseñar a tu hijo a ir al baño? Darle autoestima y orgullo, tras haber dominado una habilidad. Mi agradecimiento favorito —y lo escucho a menudo— se parece a este: "Me ENCANTA la cara de mi hija. Está MUY orgullosa". Lo repito una y otra vez: la autoestima de tu hija no depende de ti. Ella la desarrolla cuando domina habilidades nuevas. Y *ese* es un motivo fantástico.

4. ¿Qué piensan todos tus amigos y familiares cercanos de tu entrenamiento? Es *importante* porque si todos los días son una batalla —todos en tu círculo cercano insisten hasta el cansancio en que tu hijo es muy pequeño— te va a generar dudas enormes. Entrénalo de todas formas, pero convéncete de antemano y mantente convencida en el proceso. No sería mala idea dejar de ver a tus amigos por una semana.

Es increíble lo mucho que un círculo de amigos y familiares inciertos minan tu resolución. En un principio intenté entrenar a Pascal a los dieciocho meses porque sé que es completamente posible hacerlo a esa edad. Soy madre soltera y en aquel entonces tenía una tienda. Sabía que su guardería no me iba a apoyar. A las cuatro horas de nuestro primer día de entrenamiento supe que él no lo estaba encontrando fácil. Me di cuenta de que aunque era posible entrenarlo, me iba a tomar más que un par de días. Así que desistí y lo hicimos hasta sus 22 meses con éxito. Te cuento esto porque mi círculo de "amigos" de entonces estaba ansioso por restregármelo en la cara. En serio. "Te lo dije". Aproveché para cortar mi relación con ellos. Al carajo. En serio. Deberías poder enseñar a tu hijo a ir al baño sin que todo el mundo se te venga encima. A veces mis clientes reconocen que si pudieran entrenar a sus hijos en una isla desierta durante dos semanas estarían bien. No permitas que tus detractores te denuesten. No sé por qué en este aspecto, la gente se siente con la libertad de señalarte qué hiciste mal. Me parece muy raro. ¿Nadie se metería en cómo disciplinas a tu hijo, no crees?

Creo que el problema de los detractores es más profundo. Si entrenas a tu hijo y lo consigues, entonces ellos quedan mal. Y habrás echado por tierra sus consejos de crianza. En otras palabras, tu fracaso tiene implicaciones emocionales para ellos. Así que cuidado con los amigos bienintencionados que te dicen que tu hijo es muy pequeño. O que lo estás haciendo mal. O que cada que hace popó deberías darle un caramelo. Si te sientes valiente, cuestiónalos: "¿Por qué te interesa tanto cuándo entreno a mi hijo?".

Además, dentro de poco tendrás derecho de presumirlo, y esto lo sé de Facebook. Pero que no sea tu único motivo, ¿de acuerdo?

Si respondiste estas cuatro preguntas sin dificultades, repítelas. Asegúrate de estar listo para hacer esto. Ten la seguridad de que tu hijo tiene la capacidad de hacerlo y que florecerá al aprender esta nueva habilidad. Enséñale a ir al baño por los motivos adecuados: porque es hora, porque es el siguiente paso en su desarrollo y sí, tal vez para vengarte de los pañales. Asegúrate de sentirte apoyada y evitar a quienes no te apoyan.

No me canso de expresar lo importante que son estos puntos. Sí, es normal sentirse un poco nervioso. Algunos han convertido el entrenamiento para ir al baño en un suplicio, sobre todo porque esperaron demasiado para hacerlo y ahora tienen que lidiar con verdaderos desastres. Sin embargo, en la mayoría de los casos, no es para tanto. Es normal preocuparse o tardar un poco. Pero no dejes que las dudas cobren protagonismo. Lo he visto muchas veces, muchísimas, y tu hijo imita esta actitud hacia el entrenamiento. No importa si le llamas "vibras", "energía", "señales no verbales", el hecho es que los niños absorben nuestra energía. Sienten el trasfondo emocional de cualquier situación. Perciben si estás triste, aunque pongas buena cara. Todos los niños son muy sensibles. No tienen las capas de armadura emocional que los adultos nos hemos puesto para no ser tan vulnerables. *Sienten tu vibra.*

Si dudas, ellos dudan, y parecerá que "no está saliendo bien". Si constantemente dudas de que esté listo, ¿adivina qué? Parecerá que no lo está o no está saliendo bien. Así las expectativas y los resultados serán muy inciertos. Le transmitirás mensajes mixtos y lo confundirás. Y no podrá expresar con palabras que le das dos mensajes y no está seguro de qué hacer. Más bien, "no entenderá" lo que se refiere al entrenamiento. Si le dices una cosa con la boca y con el corazón otra, lo confundirás. ¿Me explico?

Ahora quiero plantear un par de temas muy importantes de la actualidad. No son preguntas y respuestas como tal, pero abordarlos entra en la categoría de "convencerte".

Nada de estatus de Facebook por ahora

Por amor a todo lo que es sagrado, por favor no publiques en Facebook que estás a punto de empezar a enseñar a tu hijo a ir al baño. Cuando termines, publica lo que quieras. Si quieres que sea tu estatus todo el bendito año. Pero si publicas que vas a empezar a entrenarlo recibirás por lo menos treinta y cuatro comentarios de toda clase de "expertos". Qué gusto que tu amiga le diera caramelos a su hijo para enseñarle, pero tú sabrás. Los amigos con buenas intenciones te hacen dudar. Si tienes dificultades, dudas o te quieres quejar, entra en nuestra página de Facebook, Oh Crap! Potty Training, encontrarás a madres afines y apoyo del bueno. No esperes eso en tu página personal de Facebook.

El sueño

Sí, somos mamás. Somos la legión de las personas cansadas. Estoy hablando de ti, pero sobre todo, de tu hijo. En general, a nuestros hijos les hace falta dormir. Un niño de dos años necesita dormir doce horas al día y la mayoría ni siquiera se acerca. Lo más peculiar sobre el sueño es que un niño cansado se comporta raro. Así que cuando son cerca de las siete de la noche y crees que tu hijo no está cansado porque está dando vueltas persiguiendo al perro es posible que te equivoques y que tu hijo esté muy cansado. Otra señal importante de cansancio es si la hora de ir a la cama es un fiasco. La hora de dormir no debería ser un problema. Si lo es, quizás tu hijo esté agotado. Los niños agotados son más torpes, nerviosos y hacen más berrinches, molestan a otros y en general, están de mal humor. "Noooo, quiero el vaso rosa. No, el azul. No, el rosa", ya sabes. Por supuesto, los niños son inconsistentes, pero los niños cansados van más allá de la locura. *Antes de que empieces a enseñarle a ir al baño resuelve el tema del sueño. Siempre* es preferible que duerma más. Si tú y tu hijo tienen dificultades para dormir, por favor, abórdalas antes de empezar con el entrenamiento. Mi experta en cuestiones de sueño es Alanna Mc-Ginn, de la página The Good Night Sleep. Es asombrosa para lograr que los padres y los niños recuperen los hábitos de sueño saludables. No voy a hablar del sueño en todos los capítulos, pero es importante resolverlo antes de comenzar.

Entrena al niño que tienes

Este me gusta. Tienes al hijo que te tocó, no necesariamente al que querías. No puedes cambiarle las rayas a la cebra. Nos cuesta trabajo reconocerlo y recordarlo. Todos queremos un niño bien portado, cariñoso y cortés. Pero nos tocó lo que nos tocó. Y no importa, nuestro amor es intenso. Cuando estés en el entrenamiento no divagues en las fantasías: "Me gustaría que...". Afronta al niño y los problemas que tienes a la mano. Tus fantasías son irrelevantes. Desear que tu hijo fuera distinto no sirve de nada. La crianza depende mucho de la naturaleza. El objeto siempre es aprovechar las fortalezas de tu hijo. Cuando trabajo con un cliente nunca intento "arreglar" sus debilidades. Aprovechamos sus cualidades.

Hay otro aspecto para asegurarte de que estás entrenando "al hijo que te tocó". Si tu hijo tiene un "problema" particular antes de que empiecen el entrenamiento —digamos que se queja mucho, se resiste o es dramático o berrinchudo— vas a tener el mismo hijo y el mismo problema durante el entrenamiento. No es crítica. Todas estas conductas son normales y las he visto todas. De hecho, el comportamiento no es el problema. El problema ocurre cuando, de algún modo, los padres se convencen de que el entrenamiento para ir al baño ocurrirá en una burbuja, y que toda esa conducta que su hijo exhibe normalmente va a desaparecer como por arte de magia, mientras le enseñan a ir al baño. No sólo se hará presente, incluso puede empeorar durante un tiempo. Insisto, es normal. Pero espéralo.

Pantalones, ropa e independencia

¿Tu hijo se viste solo? Si no sabe, no es mala idea enseñarle. Me da la impresión de que ni siquiera pensamos en ello hasta que les enseñamos a ir al baño y nos desesperamos.

Es importante recordar que muchos niños todavía no saben cómo manipular su ropa. No hay nada más frustrante para ti y tu hijo que saber que tiene que hacer pipí, dirigirse al escusado y terminar enredado mientras intenta bajarse los pantalones. ¡Ahhhhh!

Algunos consejos pueden ser útiles. Primero, ¿quién diablos inventó eso de "*quítate* los pantalones"? A esa edad los niños son muy literales. Cuando les enseñes a ponerse y quitarse la ropa, mejor di: "*bájate* los pantalones". Eso es lo que hacen, ¿no?

Sin duda, enseña a tu hijo a vestirse solo es un paso enorme. Los empodera muchísimo. También los hace aprender habilidades. Cuando enseñes a tu hijo a vestirse solo puede que se requieran más palabras que "te estoy poniendo los pantalones". Recuerda que es algo completamente nuevo. Detalla lo que estás haciendo: "Estoy atorando el dedo en el resorte, ¿ves? Así los puedo agarrar y bajarlos".

A algunos padres les ha funcionado tener una especie de "fiesta de disfraces" en la que pasan una hora probándose varias cosas. ¡Hazlo divertido! La práctica es esencial y la mayoría de los niños a esta edad no practican mucho. La presión de la pipí acechante tampoco ayuda. Así que reserva tiempo para enseñarle a bajarse los pantalones. No sabes lo frustrante que es estar tan cerca de hacer pipí en el escusado y que los pantalones lo terminen arruinando.

También es buen momento para fomentar la independencia y poner expectativas. Da una tarea a tu hijo, como llevar su plato al fregadero después de cenar. Esto lo hará sentirse grande e independiente, pero también lo hace sentirse parte de un todo. Les encanta tener un lugar en el hogar.

Padres/parejas

Esto es extraordinario.

Por favor, asegúrate de que tu pareja te acompañe en todo el proceso. Esto es más fácil si la involucras antes de comenzar. Al final del libro hay un "Acordeón para padres". Me refiero a "padres", pensando en mayormente en los hombres, pero también en mujeres o en cualquiera que comparta la crianza entra en esta categoría. Puede ser mamá, si papá es el cuidador principal.

Me gustaría ser muy clara. Generalizo a partir de mi trabajo en el mundo real. El objetivo de esta sección no es evitar a los padres que estén leyendo este libro. Si lo están leyendo, son maravillosos. Me han dicho que algunos padres se sienten excluidos o ignorados en este capítulo y me disculpo. Por favor, dense cuenta de que hay muchos papás que no se involucran por completo en la crianza. Ha sido un problema de tal magnitud en el pasado que no puedo dejar de abordarlo. Gracias por su comprensión.

A algunos padres les encanta leer el libro e involucrarse, a otros no. Una buena señal de que tu pareja no está involucrado es si no lee este libro (o por lo menos algunas secciones). Te adelanto que será un problema.

Creo que hay un par de motivos por los que los papás no participan en el entrenamiento para ir al baño. Uno de los principales es que no están acostumbrados a encargarse de buena parte del trabajo relacionada con el baño. Muchas veces no cambian los pañales con frecuencia y no esperan enseñar a los niños a ir al baño, al menos no quieren ser los protagonistas. Es un chiste común que los hombres nunca piden indicaciones si se pierden. Este libro son "indicaciones". Y es probable que un hombre a quien no le gusta pedir ayuda, no le guste recibir consejos. Punto.

Además, la mayoría de los papás trabajan y sospecho que muchos regresan a casa y quieren ser "los buenos". Más aún, están cansados y de malas, así que lidiar con la popó no es nada divertido. Recuérdale que es temporal.

Algunos hombres piensan de forma muy lineal y no conectan muy bien con el caos de la mente de un niño de esta edad. He visto demasiadas veces esta situación: mamá lleva todo el día entrenando al niño. Lo deja veinte minutos con su esposo. El niño tiene un accidente. Mamá le pregunta a papá qué pasó y éste responde: "Le dije que fuera al baño y dijo que no". Creo que los papás esperan que sólo es necesario decir a los niños que deben hacer pipí en el escusado una sola vez y que el niño debería entenderlo y obedecer.

Si percibes que tu pareja se resiste, procura resolverlo antes de comenzar. Si comienzas con una pareja reticente, el entrenamiento se vuelve una locura. Dedicarás tu tiempo a pelear y a intentar demostrar que puedes en vez de enseñar a tu hijo a ir al baño. Este proceso de demostrárselo a tu pareja puede minar tu éxito pues te pone de nervios. Además, tu hijo se sentirá presionado y terminarás perdiendo.

Hay temas que generan resistencia, como que algunos papás están convencidos de que el niño está muy pequeño. A fin de cuentas, en estos días la norma (rara) en nuestro país es que los niños usen pañal mucho tiempo y retrasar el entrenamiento, así que podrías estar batallando contra la percepción de "normalidad" de tu pareja, o lo que es "correcto", si quieres entrenar a tu hijo ahora. Súmale que algunos papás creen que las recompensas son buenas, y como ya vimos, este entrenamiento para ir al baño no implica recompensas. Por otro lado, están quienes no se pueden comprometer con un proceso y ser consistentes. Tienden a desconfiar de cualquier procedimiento o libro, y creen que hay mejores opciones. Muchos padres han puesto en duda mi trabajo. Uno de ellos compró otros dos libros. Sólo tras leerlos se dieron cuenta de que mi método es bueno.

Así que digamos que te enfrentas a una negativa rotunda para participar o que percibes cierta resistencia. Lo primero es no ignorarlo. Sí, tal vez tu hijo será un as y te podrás reír en la cara de tu pareja dentro de unos días y hacer tu baile triunfal. Pero en mi experiencia, cuando uno de los padres no está convencido el proceso sale mal con el niño. Estará recibiendo dos fuerzas energéticas y se sentirá confundido. Tampoco esperes que tu pareja "no te estorbe". El problema es que, a menos que esté ausente mucho tiempo, lo hará tarde o temprano. Y en algún momento el niño quedará a su cargo.

Lo que puedes hacer es intentar tener una conversación franca, después del sexo. Es broma. Más o menos. Me refiero a que no menciones el tema en medio del caos, como en la cena o la hora de dormir. Intenta averiguar el motivo de su resistencia. Pon sobre la mesa los puntos que mencioné. Pregúntale directamente. No permitas que responda con vaguedades. Si tiene una objeción real, honesta, legítima, entonces es preciso que la resuelvan.

Si sospechas que no le interesa porque no es él quien se va a encargar del entrenamiento... no es suficiente. Creo que a veces las mamás pisoteamos a los papás porque somos las cuidadoras principales (es una generalización, pero sabes a qué me refiero). He trabajado con papás que se ofenden porque la mamá decidió dar este paso tan grande sin su opinión. Él es vital en este proceso, igual que tú, así que involúcralo desde el principio. Es fundamental comprenderlo y validar su sentir en este proceso.

Ah, y cuando su hijo sepa ir al baño, papá va a sentirse orgullosísimo y aceptar con entusiasmo las felicitaciones. En serio.

A propósito de los bañitos

Es buena idea comprar un bañito o escusado para entrenamiento incluso si te opones moralmente a ellos. El objetivo es fomentar la independencia. A tu hijo le falta mucho para desenvolverse solo en el escusado grande, incluso con un banquito. El bañito es temporal, dentro de poco habrá crecido para alcanzar el escusado "normal". Me gustan los escusados de entrenamiento y los complementos para el escusado. No es importante en dónde guardes este ni cuántos decidas tener. Si quieres uno en cada habitación, está bien. A estas alturas no me preocuparía por el protocolo para ir al baño. Sé que algunos padres insisten en hacer pipí y popó únicamente en el baño, pero en lo personal no es importante. Los niños necesitan la comodidad de tener un bañito cerca. La privacidad y el protocolo vendrán de manera natural con el tiempo.

Sin embargo, recomiendo mucho el banquito para el baño Squatty Potty. Es un producto maravilloso. No es mala idea comprar uno para utilizarlo como escalón. Daré más detalles en el capítulo 10, "Popó".

Cómo entrenar a un niño que está amamantando

Si sigues amamantando, genial. El enfoque será el mismo, pero con un pequeño giro: como no sabes exactamente cuánta leche consume, debes estar más atenta cuando la expulse. Para ser honesta, según mis observaciones, el organismo de un niño no trata la leche materna como una "simple" bebida, sino como un alimento. Esto quiere decir que si tu hijo toma 300 mililitros de agua o jugo, puedes estar segura de que va a expulsar por lo menos 180 mililitros de pipí. Con la leche materna las cuentas no son iguales. No intentes destetar a tu hijo antes o durante el entrenamiento. Enseñarle a ir al baño es una transición enorme y no podrá lidiar emocionalmente con las dos cosas al mismo tiempo. Además, podría necesitar la estabilidad y el consuelo de tu pecho mientras se aclimata a esta nueva etapa.

Tapetes, pisos o muebles valiosos

La mayoría de las personas que conozco que tienen niños no tienen objetos de mucho valor. Si tienes tapetes orientales costosos o muebles más caros que tu casa, no entrenes a tu hijo en las habitaciones donde se hallen. Ciérralas temporalmente. Si tu hijo hace pipí o popó en estas cosas vas a enloquecer y no hay mayor obstáculo durante el entrenamiento que los padres pierdan el control. La clave es ser desenfadado. Muchos padres —quienes rentan o tienen pisos de madera— restringen al niño a la cocina un día o hasta que aprenda lo elemental.

Estos son los puntos básicos que tendrás que afrontar para estar listo mentalmente. En cuanto los resuelvas, créeme, este proceso transcurrirá sin contratiempos. Si es necesario, relee el capítulo. Vale la pena dominar los pasos para la preparación mental antes de continuar. En cuanto estés listo, respira profundo y que se escuche el tema de *Tiburón*: tuntuntuntuntun...

CAPÍTULO 5

¡Fuera pañales! Cómo hacerlo

Ya hiciste la preparación mental. Estás convencido. Liberaste tu agenda y estás listo para deshacerte de los pañales.

Recuerda la cronología. Vamos a llevar a tu hijo de "Me hice pipí y no me di cuenta" a "Me estoy haciendo pipí" y por último a "Tengo que hacer pipí". Esta es la cronología del entrenamiento para ir al baño en pocas palabras. ¡Es todo! ¡Jajajaja!

Quiero que visualices el entrenamiento en bloques de aprendizaje. Los llamo bloques o fases, así de sencillo. Sin importar en dónde empieces, imagina el proceso de entrenamiento como una torre de bloques que estás construyendo. Si no se aprende adecuadamente cada uno la torre será frágil y se derrumbará. Con esto en mente el entrenamiento se vuelve un proceso más asequible. Desglosarlo en bloques también te dará una buena idea de dónde y cuándo empezaron a fallar las cosas, si más adelante te encuentras con dificultades. Los padres que no conciben el entrenamiento en bloques y se topan con un conflicto a veces no saben por qué salió mal. Por ejemplo: "¡Ah! Se aprendió el bloque uno de memoria. Cuando pasamos al dos empezó a titubear". Esto es muy útil para resolver problemas. Nuestros hijos no son robots, por lo que una variedad de emociones, conductas y lagunas en el aprendizaje pueden estropear la meta final. El método de los bloques nos permite separar las cosas para determinar el origen del problema. Además, el entrenamiento para ir al baño no parece tan agobiante cuando se desglosa en bloques pequeños.

Estos son los bloques o fases más importantes, en orden:

1. Hacer pipí o popó desnudo, con o sin petición.
2. Hacer pipí o popó vestido, sin ropa interior, con o sin petición.
3. Hacer pipí o popó en distintas situaciones, con o sin petición.
4. Hacer pipí o popó con ropa interior, con o sin petición.
5. Iniciativa propia constante.
6. De noche y durante las siestas (a menos que elijas hacerlo a la vez; más información adelante)
7. Universidad. Seguramente todavía necesita que se lo pidan de vez en cuando.

Vamos a ir bloque por bloque para desmenuzar cómo hacerlo y los detalles. Incluiré algunas sugerencias y advertencias sobre posibles problemas puntuales. En capítulos posteriores incluyo una lista más completa de problemas. No quiero arruinar el cómo hacerlo tocando todos los problemas posibles por adelantado porque muchos, muchos padres no tienen complicaciones. Okey, ¿listos?

Tu fecha de inicio: bloque uno

Antes recomendaba que este día fuera superimportante. Comida chatarra, mucho jugo y una atmósfera muy divertida. Pero en estos años he cambiado de opinión. Antes parecía que a los niños les encantaba salirse un día de la rutina, pero recientemente parece que cualquier desviación de la norma los hace ponerse alertas. También he corregido la recomendación de la comida chatarra. Comencé a entrenar a los niños para ir al baño antes de ser mamá, y los subidones de azúcar de los niños me parecían tiernos. Ahora que soy madre

—y un poco obsesiva de la comida sana— ya no pienso así, y tampoco creo que la comida chatarra sea necesaria.

Queremos que ir al baño sea la nueva norma para tu hijo y la mejor forma de lograrlo es normalizar el proceso para él. Por eso no queremos que el día que comienza el entrenamiento sea tan alocado ni atípico, para no inquietarlo. También tengo la teoría de que en estos días la vida pasa muy rápido. Como resultado, me da la impresión de que nuestros hijos viven en un estado constante de ansiedad. Creo que la economía y la política y todas estas preocupaciones adultas están conectando a nuestros niños a una "conciencia colectiva". Me da la impresión de que hay muchos asuntos asociados con esta vibra colectiva, incluso si como individuos nos esforzamos por combatirla. Pero, ese es tema para otro libro.

Por ahora digamos que lo mejor es comenzar el proceso de entrenamiento para ir al baño con la mayor estabilidad y consistencia posible. Con ese fin, sugiero hacerlo con fanfarrias mínimas, para *normalizar* el proceso en la medida de lo posible. Utilizamos el inodoro porque somos seres sociales. Quiero recordarte que hacer pipí y popó son conductas primitivas. No es necesario que enseñes a tu hijo *cómo* hacerlas. Cuando entrenas a tu hijo para ir al baño le enseñas en *dónde* poner sus desechos. Poner los desechos en un contenedor apropiado es una conducta social. Y en nuestra sociedad, el contenedor apropiado es el inodoro.

¡Aquí vamos! Para empezar el primer bloque de aprendizaje, quítale el pañal a tu pequeño. Si quieres puedes tirar todos los pañales frente a él, o simplemente decirle: "Hoy vas a ser un niño grande y poner tu pipí y tu popó en el bañito. Te voy a enseñar a hacerlo y ayudarte. ¡Sí! Es muy divertido". No tienes que usar esas palabras exactas, el punto es afirmar lo que está pasando con mucha claridad, y quieres sonar normal. Piensa cómo dirías que van al dentista, intenta imitar ese mismo tono. El objetivo es sonar normal y desenfadado, evitar transmitir que anticipas drama. Claro. Breve. Directo. No le pidas su opinión. No le preguntes si está de acuerdo. No le preguntes nada. No le queremos dar la oportunidad de negarse.

Vas a estar en casa *todo el día*. Tu hijo estará *desnudo todo el día*. Muchas personas me cuentan que a su hijo le choca estar desnudo. En cualquier caso, es necesario que tu hijo esté desnudo por lo menos de la cintura para abajo. El día consistirá en que sorprendas a tu hijo cuando esté haciendo pipí y lo lleves al baño de entrenamiento. Si tiene el trasero cubierto, para cuando veas la pipí será demasiado tarde, habrá vaciado la vejiga. El otro beneficio de tenerlo desnudo hoy es que es más probable que así veas sus señales. Todos los niños dan alguna señal justo antes de orinar. Puede ser sutil, pero existe.

Para el día de hoy sugiero líquidos extra. Un par de cajas de jugo sirven. No soy entusiasta de las cajas de jugo, pero son buenas para este primer bloque de aprendizaje. También puedes darle melón, otras frutas y paletas de hielo: cuentan como líquidos.

Si tu hijo tiene menos de veinticuatro meses, no le des líquidos de más. No sé por qué, pero los niños menores de veinticuatro meses no pueden digerir el consumo adicional. Basta con darle cantidades normales de líquido.

La idea del líquido adicional es practicar. Lo normal es que tu hijo orine unas cinco veces al día. Queremos aumentarlo un poco, de forma temporal.

Precaución: si tu hijo está tomando una cantidad ridícula de líquidos, será contraproducente. Su organismo estará tan fuera de control que no podrá aprender nada. Si esto empieza a suceder, disminuye el consumo.

La mamá de Elisa, una antigua cliente, se comunicó conmigo casi llorando. El primer día del entrenamiento, Elisa enloqueció con los líquidos y prácticamente hacía pipí mientras bebía. Aunque era una imagen graciosa, es demasiado líquido. Busca un equilibrio. Queremos más líquidos de lo normal, pero tampoco litros y litros. Queremos que practique hacer pipí.

Permíteme asegurarte que este será el día más agotador de tu vida. Hablo en serio. Tu labor de hoy es *no hacer nada más que vigilar a tu hijo*. Suena insoportable, pero recuerda la recompensa al final del arcoíris. No me canso de repetirlo: ¡HOY NO HARÁS NADA MÁS QUE VIGILAR A TU HIJO!

Planea proyectos divertidos. Jueguen con trenes, muñecos y rompecabezas. Vean videos, lean cuentos, bailen desnudos. No laves los trastes, no aspires ni sacudas, no laves. Vigilarás a tu hijo muy de cerca. Nada de computadora. Ni teléfono. Tampoco leas una revista ni un libro.

La cantidad de padres a quienes les sale mal el primer día es abrumadora. "Se hizo pipí en el piso." Repaso el día con ellos y sale a relucir que mamá "tenía que" hablar por teléfono por esto o aquello, o "tenía que" revisar su correo. Debes vigilar a tu hijo y ayudarle a llegar al bañito. Él no entenderá su necesidad de hacer pipí sin tu ayuda. Si tienes algún asunto urgente —alguien está en el hospital, una llamada, etcétera—, entonces *no elijas ese día para empezar el entrenamiento*.

Una forma de hacer que este día agotador parezca más sencillo es verlo como una oportunidad de establecer un vínculo emocional. En mi caso, después del primer día de entrenamiento me sentí más cerca de mi hijo que en meses. Sentí un vínculo similar al de amamantar. Aceptémoslo: en torno a los dieciocho meses nuestros hijos empiezan a demostrar independencia y eso nos encanta. Por primera vez desde su nacimiento podemos sentarnos un momento con un café a leer un artículo. Ya no vigilamos todos los pasos que da. La casa es segura para él, puede recorrerla sin lastimarse y nosotros podemos respirar. Toma este día como una oportunidad para reconectar. Recuerdo que me tomó por sorpresa. Había un montón de detalles de los que no me había dado cuenta. También me había estado preguntando qué había pasado a todos los Legos (estaban debajo de los cojines, ¿quién iba a decir que tenía un sitio secreto?).

Una mamá me reportó: "¡Nos divertimos TANTO ese primer día! Fue un lujo quedarme en casa y centrarme en él todo el día, sin tener prisa por hacer nada más. Jugamos de todo, la pasamos muy bien y lo hizo estupendo. ¡Me impresionó mucho!". Lo que me encantó de esta mamá fue lo mucho que admiró a su hijo, aunque para mí, el éxito de ese primer día se debe al esfuerzo de los dos.

Vamos a desmenuzar este primer día en los detalles más minuciosos, comenzando con esa primera pipí. Si estás haciendo tu labor, *vigilar a tu hijo*, verás esa pipí rápido. No entres en pánico, no grites. Di algo así como: "Oh, oh, aguanta un poquito, cariño...". Levántalo y llévalo al bañito de prisa. Con suerte llegarás a tiempo para que algo de esa pipí se quede ahí (sí, dejarás un rastro de pipí). En cuanto la pipí esté en el escusado de entrenamiento tienes varias opciones, según sea tu hijo. Pueden chocar las manos, bailar, dejarle que la vea y vaciarla, celebrar en grande o decir algo simple como: "Gracias" o "Guau, lo hiciste". No corras al bañito en pánico ni aterrado, sólo rápido. Sugiero mantener cerca el bañito siempre.

No preguntes a tu hijo si tiene ganas de ir. En la semana próxima, nunca le preguntes si tiene ganas. Lo vas a animar diciéndole: "Ven, es hora de hacer pipí".

Volvamos a esa primera pipí. Para ser honesta, los padres que esperan a que salga esa primera pipí y corren con el niño al bañito tienen más éxito que quienes sientan al pequeño en el mismo baño para intentar que haga. ¿Entiendes la diferencia? Algunos están convencidos de que si sientan al niño en el bañito más o menos cada media hora terminará haciendo pipí. Muchas guarderías les enseñan así. Puede funcionar, pero en mi experiencia es más eficaz esperar a que el niño empiece a hacer pipí para después llevarlo al baño. Creo que se debe a que así entiende más rápido la relación entre "sentir" y "hacer". Sentarse en el bañito a esperar a hacer pipí no le permite conectar los puntos así de rápido.

En el curso de las siguientes pipís ocurrirán dos cosas: tu hijo no reconocerá que está haciendo pipí (todavía no entiende) o se dará cuenta de que hizo pipí o que está haciendo pipí. La mayoría de los niños se brinca directo a la fase "estoy haciendo pipí", característica por su expresión, la cual revela, en parte, interés —fascinación por verse hacer pipí, sin duda—, pero también es probable que te mire como venado a punto de ser atropellado. "Oh, oh... y ahora qué diablos hago?" Busca esa mirada. Suele aparecer justo antes de la pipí y te puede ayudar a llevar a tu hijo al baño a tiempo.

El primer día sigue su curso. Para la tercera pipí, es probable que sepa que se aproxima uno o dos segundos antes. Corre al bañito. Cada que haga pipí, sabrá con un poco más de antelación, lo que te dará cada vez un poquito más de tiempo para llevarlo al bañito. Observarlo así de cerca este primer día también te dará una idea de sus hábitos de orina. Algunos niños hacen cinco pipís cortas después de tomar líquidos, otros esperan una hora para hacer una pipí larguísima.

Como estará desnudo, tu hijo entenderá rápido y se sentará solo. A propósito de los niños: por ahora siéntalo para hacer pipí. Sostén su pene y dile qué lo estás haciendo para que aprenda. Todavía no lo pongas de pie para enseñarle a apuntar.

En algún punto del bloque uno deberías identificar "esa mirada" sin problemas; en general, la acompaña alguna señal física que también empezarás a reconocer. A lo mejor notas que se queda quieto o deja de jugar. Puede hacer señas con las manos, articularlo, o no. Cuando identifiques la mirada o la señal, llévalo al bañito. ¿Ya te diste cuenta de cómo funciona? Con todos los líquidos que le estás dando debe haber un buen número de pipís. Aunque tu hijo sea como un camello, recuerda no preguntarle si tiene ganas de ir. Anímalo de vez en cuando. Y espera que todo salga bien. La mayoría de los niños con los que he trabajado "lo entienden" rapidísimo. Tal vez hasta te avise con unos segundos de anticipación que la pipí viene en camino.

Puede que las primeras pipís no se desarrollen exactamente en el orden aquí descrito. Tu hijo puede tardar un par de pipís, antes de reconocer esa advertencia segundos antes. Recuerda: en general, la idea es que cada vez sea más consciente, hasta que te avise antes de que tenga que ir al baño.

Si no ves este avance, está bien. Repito: está bien. Es muy difícil evaluar cómo van las cosas en estos primeros intentos. Es muy común que los primeros dos o tres días parezca un desastre y que después todo salga bien como por arte de magia. Como sea, si te preocupa que no haya avances, vale la pena tomarte un minuto para reflexionar. ¿Estás vigilando a tu hijo constantemente o te has distraído? ¿Le estás concediendo demasiada importancia? Hay un equilibrio delicado entre animarlo y no intervenir para nada. Recuerda, el entrenamiento para ir al baño debe ser un esfuerzo para ti, no para tu hijo. ¿Lo estás persiguiendo? Para él, debe ser un día especial de convivencia con mamá o papá y aprender algo nuevo. No permitas que el dramatismo y los nervios tomen el mando. Los niños se resisten cuando se sienten muy presionados. Como con la crianza en general, si durante el entrenamiento para ir al baño encuentras resistencia debes examinar tus propias acciones. No estoy culpándote, pero a veces no nos damos cuenta de cuánto presionamos a nuestros hijos. Recuerda, la presión puede ser verbal o no verbal, y los niños son maestros para interpretar las señales no verbales.

Pocos niños, o ninguno, pasan de este primer día del entrenamiento a avisarte con palabras que tienen que hacer pipí o popó. Es importante que lo recuerdes. Muchos padres esperan que el aviso verbal se presente mucho antes de lo que ocurre y les desconciertan todos los accidentes que tiene su hijo. Desde la fecha de inicio la mayoría de los niños se llevan unas tres semanas en adquirir total autonomía, incluso los que son muy articulados.

En cuanto a esa primera popó, recuerda lo raro que será para tu hijo, quien está acostumbrado a hacer popó en un pañal. Mi consejo, al igual que con la pipí, espera a que se aproxime en vez de recurrir a la rutina de "sentarse e intentar". Las señales de popó inminente son: mirada de concentración intensa, gruñidos, movimientos nerviosos, incomodidad física, sobarse la panza, mal humor repentino, esconderse en una esquina, debajo de la mesa o en un lugar privado. Entonces llévalo al bañito. Recomiendo mucho el escusado de entrenamiento, acuclillarse facilitará que salga la popó. Ten a la mano toallitas húmedas o papel de baño, selecciona uno o dos de sus libros favoritos y acomódate. Léele un cuento. Si gruñe o arruga la cara, gruñe con él. Sin hablar demasiado, lo puedes animar murmurando (porque en esencia es una función reflexiva). "Ya viene, tú puedes. Ah. Vamos, cariño, sácala."

Anímalo pero no lo presiones. Si se asusta y empieza a llorar, no lo pares del bañito, abrázalo. Míralo a los ojos, si eso lo ayuda —algunos niños necesitan que los mires a los ojos cuando se les dificulta, pero la mayoría prefiere lo contrario—, y consuélalo. Si no resulta, puede ser que la popó esté dura o que esté nervioso. Para las primeras popós —la mayoría de los niños hacen popó una vez al día— tal vez le tengas que leer un rato. Es normal. Otra sugerencia que mencionaré en el transcurso del libro y que puedes iniciar con la primera popó para que se vuelva rutina: coloca una pila de libros gruesos debajo de los pies de tu hijo. Queremos que sus muslos se acerquen todo lo posible al pecho. Esto imitará la posición en cuclillas que ya conoce y le encanta. Físicamente le ayuda a la popó a salir mejor.

Permítele que vacíe el bañito en el escusado. Es una recompensa. A la mayoría de los niños les fascina. Su popó le asombrará y se sentirá orgulloso, como debe ser. Si funciona con tu hijo, felicítalo verbalmente o choquen las manos. También recomiendo ayudarlo a entender la relación entre "sentir" y "hacer". "Guau, la panza se debe sentir BIEN después de esa popó tan GRANDE". Los niños responden bien a adjetivos y exclamaciones como "enorme", "muchísimo", "guau", "caray", etcétera, básicamente cualquier exclamación.

Elogios

Hay distintas teorías en torno a este tema. Algunos padres no creen en los elogios. Prefieren que sus hijos desarrollen un orgullo personal, que no dependa del aliento de los demás. Desde mi punto de vista, decirles "bien hecho" de vez en cuando está bien, aunque en mi propia crianza, procuro no exagerar, no repetirlo por hábito. Si no te sientes cómodo elogiando a tu hijo, puedes comentar sin emitir juicio: "Ah, hiciste pipí en el piso" o "Hiciste pipí en el bañito". Cualquier método está bien. Honestamente creo que hay un resultado deseable, tu voz debe transmitir aprobación o rechazo, según sea el caso. Esto se suele pasar por alto si no te gustan los elogios. Es necesario que le comuniques a tu hijo, de alguna manera, que hacer pipí en el piso "no está bien" y en el bañito, "sí está bien". No recomiendo estas palabras literales, pero debes encontrar la forma de transmitir la noción. De lo contrario, terminarás enseñándole que está bien orinar en donde sea, y el entrenamiento no consiste en esto. Me gusta cuando los papás dicen: "Lo lograste" o el niño: "¡Lo logré!". Este comentario le concede el éxito a tu hijo y para algunos niños, es más efectivo que un elogio normal o un comentario sin juicio.

Popó

La popó es un asunto importantísimo. IMPORTANTÍSIMO. Tanto que merece su propio capítulo (de hecho, es el capítulo más extenso en el libro). Pero por ahora abordemos nada más la pregunta más frecuente que recibo a propósito de la popó: ¿qué hacer si te perdiste la popó o tu hijo no hizo para nada el primer día de entrenamiento?

La mayoría de los niños muestran alguna señal de que van a hacer popó, pero algunos lo pueden hacer sin previo aviso. Si el primer día la popó no llegó al bañito, no pasa nada, el proceso no se derrumba. Recupera el ritmo. No permitas que mine tu confianza. Límpiala y di algo sencillo y directo. Aquí es útil un comentario sin juicio: "Hiciste popó en el piso. La popó va en el escusado de entrenamiento. Para hacer popó, hay que sentarse en el bañito". Simple y directo. No quieres regañar a tu hijo el primer día, pero es importante comunicar lo que esperas mediante el tono, la voz y el lenguaje corporal. Este concepto es completamente nuevo y tu hijo tiene que aprender las reglas del juego. Si la popó termina en el piso, no digas "no pasa nada" o "está bien". Para algunos niños estas palabras específicas sugieren permiso.

Si tu hijo no hace popó para nada en el primer día de entrenamiento o si normalmente hace popó en la mañana, menos hoy, no pasa nada. Dentro de poco vamos a tocar todos los detalles sobre la popó. Es normal que cambien los hábitos para hacer popó durante el entrenamiento para ir al baño. Cuando llevan pañal, muchos niños hacen hasta tres veces o más. Durante el entrenamiento se reduce a una vez. No sé por qué. Sospecho que es una consolidación natural y parte de la socialización. ¿Quién tiene tiempo de sentarse a hacer popó tres veces al día?

En cualquier caso, si hoy tu hijo no hace popó (o no hace a su hora de siempre), no hay motivo para preocuparse. En cuanto a aguantarse, sí, puede ser incómodo, pero casi todos los niños pueden resistir sin hacer popó muchísimo tiempo sin que sea motivo de alarma. Si tu hijo no hace popó uno o dos días, no hay ningún peligro. Te quiero recordar que todo depende de tu estado de ánimo. Si te pones nervioso o ansioso porque tu hijo no hace popó, se seguirá aguantando. Lo mejor es comportarse con total serenidad y asumir que tarde o temprano, hará popó.

A propósito de los accidentes, a estas alturas del primer bloque, cualquier pipí o popó que termine en el piso no es ningún accidente, es una herramienta de aprendizaje. Pídele a tu hijo que la limpie y no lo regañes. Recurre a lenguaje sencillo y positivo: "Estás aprendiendo, te hiciste popó en el piso. A la próxima, la popó va en el bañito".

Otra cosa que muchos no saben es que la pipí es estéril. Te podrías tomar tu propia pipí. Ya sé... a nadie se le antoja. Pero puedes. Una breve desviación: antes era trapecista. Era común que la piel de las manos y las piernas se nos descarapelara en la barra. La mejor forma de curarnos era con orina. No es broma. La orina curaba la piel en un día más o menos. Tenía una compañera que guardaba su pipí para bañarse. Asqueroso, sí, pero tenía la piel impecable. Todo esto para decir que sí, hay gente rarísima y no, no le tienes que temer a la pipí.

Bueno, llegó la hora de la siesta del primer día. Vas a seguir usando pañales para la siesta (y la noche), pero le explicarás con claridad a tu hijo qué está pasando: "Te voy a poner un pañal para la siesta porque sigues aprendiendo. Hoy lo has hecho muy bien y la siesta dura mucho. A lo mejor no te acuerdas cómo hacer pipí mientras duermes. Cuando despiertes, te lo vamos a quitar".

Lo has dicho con claridad para que tu hijo sepa qué esperar y por qué. Ningún niño con el que he trabajado ha cuestionado esto. Saben que estarán dormidos y sin control. Tampoco he conocido a ningún niño que mencione que hace cuatro horas habíamos tirado dichos pañales. De todas formas intentaría hacer pipí antes de dormir.

Antes sugería retrasar la siesta si no había popó en la mañana. Es tu decisión, pues tú conoces mejor que nadie la rutina de tu hijo. Si sospechas que se está gestando una popó, puedes retrasar un poco la siesta, pero he llegado a la conclusión de que tener a un niño cansado es la forma más fácil de sabotear el entrenamiento. Así que no la retrases demasiado. Necesitamos a tu hijo descansado. Si hace popó en el pañal mientras duerme, está bien, por ahora. Si se vuelve hábito, ya lo abordaremos, pero los primeros días no pasa nada. Esto no quiere decir que tu hijo se esté aguantando para hacer popó en el pañal. Está aprendiendo mucho y cuando se relaja mientras duerme, la popó sale de forma natural. Tira el pañal con popó como siempre. No sugiero pedirle a tu hijo que tire los contenidos en el escusado. El proceso del entrenamiento para ir al baño es enseñarle que sus funciones corporales van en el escusado. Que haga en el pañal y luego lo tire no es la relación que queremos que establezca.

Después de la siesta, continúa con el día como hasta ahora. Seguro estarás agotado. Es normal. Tu hijo estará rendido. También es normal. Ha tenido mucho que aprender sobre algo que, hasta hace poco, no le ponía ninguna atención. Muchos niños se ponen más dependientes o empalagosos. Si lo sigues amamantando, seguro querrá más leche de lo normal. Está bien, es de esperarse.

No me precuparía si los pañales de la siesta están mojados. Si tu hijo ha mostrado progreso durante el día, un pañal mojado no significa nada. A medida que mejore en aguantar a llegar al bañito, comenzará a mantenerse seco. La buena noticia es que esto pasa pronto. (Al final del capítulo detallaré el entrenamiento nocturno.) Además, en las primeras fases del entrenamiento para ir al baño es muy probable que no esté vaciando la vejiga por completo, así que los pañales de la siesta y la noche estarán más llenos que de costumbre. Esto se va compensando con el tiempo y la práctica.

Si quieres deshacerte de todos los pañales, incluso para las siestas y la noche, primero lee el capítulo seis: "Entrenamiento nocturno". Es el mejor método para enseñarle a tu hijo a ir al baño, pero entiendo que puede parecer agobiante intentarlo.

Si te gusta el alcohol, por favor, tómate una copa de vino al final del primer día. También es aceptable tomar el cereal con vino cuando entrenes a tu hijo. Te lo mereces.

Después de este primer día, deberías identificar cuándo y con qué frecuencia tu hijo va al baño. Lo más importante, él debería identificar cuándo, en dónde y cómo hacer pipí.

El bloque uno te habrá dejado eufórico o decepcionado. Quizá te entusiasme lo bien que les salió el entrenamiento o que tu hijo no entendió nada. Si sientes que este primer día no fue un éxito, analiza qué pudo haber pasado. Sé honesto, piensa qué pudiste haber hecho para obstaculizar el proceso. Es importante examinar tu propia conducta durante el entrenamiento, no nada más la de tu hijo. Muchos padres me han dicho que sus hijos son muy intensos, necios o cualquier cosa, pero —y esto lo digo sin juzgar— ellos suelen ser igual. Entonces los padres le heredaron estos rasgos al niño y ellos mismos actúan así durante el entrenamiento. Reconoce tu propio estilo y ten la disposición de hacer los ajustes necesarios. Intenta lograr un equilibrio entre la atención extrema, pero sin reaccionar exageradamente ni ser controlador.

A estas alturas también vale la pena mencionar un fenómeno particular que he identificado como mamá y entrenadora. La crianza se ha vuelto muy competitiva. La mayoría sabemos que no es saludable presionar a nuestros hijos para comprobar quién puede leer antes, escribir, o hacer lo que sea mejor y más rápido. De todas formas sucede algo peculiar de lo que estoy segura, pero la mayoría de los padres ni siquiera son conscientes, la competitividad a la inversa. Es como si los padres estuvieran compitiendo por tener al niño más especial por algo negativo: el que se niega a dormir, siempre está enfermo, es muy intenso, nunca ha hecho lo que hacen los demás, nunca me deja comer, etcétera. Por favor, no hagas a tu hijo especial por no entrenar. Es un ámbito en el que está bien ser promedio. De hecho, haz lo opuesto. Si tu hijo va a ser especial, que lo sea por hacerlo rápido y fácil.

En cualquier caso, si sientes que tu hijo no entendió el meollo del entrenamiento para ir al baño después del primer día, es normal. Nuestro sistema de veinticuatro horas dicta que continúes al segundo día, pero no importa si sigues en el bloque uno de aprendizaje. Los bloques se definen por el progreso logrado, no por el tiempo que ha transcurrido. No me canso de decir esto: *todos los niños son diferentes*. ¿Recuerdas la cronología de la que hablamos? ¿De "Me hice pipí y no me di cuenta" a "Me estoy haciendo pipí" y por último, "Tengo que hacer pipí"? Lo importante es el progreso, no la perfección. En estos primeros días, nada es problemático. Es esencial recordar que esto es muy nuevo para tu hijo. No podemos esperar que lo "entienda" sólo porque lo decimos. Es un proceso, ¿de acuerdo? Si necesitan un poco más de tiempo en el bloque uno, es natural.

Para los días subsecuentes en el bloque uno, volverán al consumo normal de líquidos y te enfocarás en llegar al bañito para hacer pipí.

***

78

Resultado final: para saber si concluyeron el bloque uno con éxito, tu hijo, desnudo, debe poder sentarse en el bañito para hacer pipí y popó. Esto se debe a que lo animaste, guiaste o él llegó solo. *Si no es así, sigues en el bloque uno y no deberías continuar hasta que el resultado final sea este.* No esperes la perfección, sin embargo, deberías presentir que tu hijo empieza a "entenderlo". El indicador más grande de que "lo entiende" es cómo te sientes. Tal vez te sientas cansada, sí, pero también optimista. Si estás decepcionada, incluso devastada, tu hijo necesita más tiempo en el bloque uno, y es normal. *El bloque uno puede tomar entre uno y tres días.*

En cuanto te sientas más optimista o presientas que a tu hijo se le prendió el foco, es hora de continuar y ponerle la ropa. No querrás quedarte demasiado tiempo en el bloque uno. Esto puede resultar en un niño que sólo sabe ir al baño desnudo, y a menos que vivas en una colonia nudista, ahí no concluye el entrenamiento. El bloque uno no tiene que ser perfecto. Continúa cuando presientas que progresaron en términos generales.

Son más importantes los bloques que los días, PERO, pero, pero..., en general, el segundo día del entrenamiento, no importa de qué bloque, puede suscitar resistencia. Lo vamos a abordar con más detalle en los capítulos 7 ("Dramas durante el primer bloque") y 8 ("Dilemas del bloque dos y tres"), pero quiero ponerte sobre aviso desde el principio. Para el segundo día, se acabó la diversión, el uso constante del bañito es en serio y para tu hijo se acabó la novedad... así que empieza a resistirse. Espéralo. Es común y vamos a resolverlo cuando ocurra.

Bloque dos

Este bloque todavía exige tu atención constante. Nuestro objetivo será vestir a tu hijo. Al iniciar este bloque los dos deberían saber cuando se aproxima la pipí. Es probable que el aviso no sea verbal. Ya sea una mirada o un baile, debería parecer que a tu hijo se le prendió el foco de algo, incluso si lo indican llorando o reconociendo que no llegaron al bañito. Reconocerlo es bueno.

Sin ropa interior

Tu hijo debería andar sin ropa interior, pero con pantalones más o menos un mes. Antes nada más lo sugería, pero en el transcurso de los años he llegado a la conclusión de que es un paso muy necesario. La ropa interior se parece mucho a los pañales. Un par de días de entrenamiento no es suficiente para reprogramar la memoria muscular de tu hijo. Esa memoria muscular dicta que cuando siente algo cómodo y caliente, es hora de soltar la pipí y la popó. Como es una función inconsciente, no la puede controlar. En otras palabras, en ropa interior querrá hacer pipí y popó.

Como los calzones le quedan justos, pueden contener un accidente, sobre todo popó. Aunque esto puede parecer ventajoso, no lo es. He visto a niños que tienen accidentes en calzones y no les importa. Sin embargo, como no llevar ropa interior es similar a ir desnudo, un accidente en pantalones sin calzones se siente muy diferente. Para ser honesta, se siente más asqueroso. La pipí les escurre por las piernas y se les pegan los pantalones. Estas sensaciones son buenas para el entrenamiento. Cuando los niños no traen ropa interior y tienen un accidente, se sienten avergonzados, lo que no sucede si traen calzones. Creo que se debe a que los niños consideran los calzones un tipo de pañales. Cuando digo que se avergüenzan, no estoy sugiriendo que avergüences a tu hijo, para nada. Sin embargo, durante el proceso de socialización, se desarrolla de manera natural el sentimiento de vergüenza y esta internalización de la vergüenza indica que la socialización está ocurriendo de forma adecuada. Cualquier niño puede ir sin calzones, con shorts y pantalones, y en las niñas, un vestido sin calzones es perfecto.

Otra posible razón por la que los niños parecen tener más accidentes en los primeros días del entrenamiento para ir al baño si llevan ropa interior: los calzones otorgan cierta privacidad. Si los genitales están escondidos cómodamente, al niño le parece que no lo puedes ver si tiene un accidente, lo cual reduce el sentimiento de vergüenza.

En cuanto a la limpieza, no llevar ropa interior es higiénico. Si esta sugerencia no te convence, pregúntate por qué. Nunca he visto que un niño contraiga una infección, como algunos padres temen. De todas formas, a muchos padres les pone nerviosos esta sugerencia. Si es tu caso, me atrevo a decir que se te va a dificultar enseñarle a tu hijo a ir al baño. Los calzones son una capa de tela, nada más. Los pantalones son una capa de tela. No pasa nada si no lleva calzones y te va a ahorrar muchas frustraciones. Cuando un papá o una mamá se ponen nerviosos por esto, me hace pensar que su actitud hacia los genitales y el entrenamiento para ir al baño es peculiar. Ninguno de estos impedimentos ayudará en el proceso de entrenamiento. Las guarderías y la ausencia de ropa interior son otro tema aparte que abordaré en el capítulo 12: "Guarderías y otros cuidadores".

¿Qué hay de los calzones de entrenamiento?

Los calzones de entrenamiento existen. Son ropa interior con una tercera capa de tela en la entrepierna. Los calzones de entrenamiento pasaron de moda hace un par de décadas cuando las grandes empresas de pañales sacaron las garras e inventaron los *pull-ups* (calzones de entrenamiento).

Los calzones de entrenamiento son útiles *cuando es hora de aprender a usar calzones*. Son una versión de los calzones.

Para citar a un cliente: "A todas las mamás les digo: cuando Jamie te indica hacer algo de cierta forma, su consejo se basa en mucha experiencia, ¡háganle caso! Intenté usar los calzones de entrenamiento de nueva cuenta el quinto día, cuando visitamos a mi mamá. ¡Seis accidentes en cuatro horas! Al día siguiente, volví a quitarle la ropa interior, y no tuvimos ningún accidente o uno insignificante con pipí. ¡Y ahora le va muy bien!".

Si sigues preocupado por la ausencia de ropa interior, adelante, prueba con los calzones de entrenamiento si tanto te incomoda. Pero si tu hijo empieza a tener muchos accidentes: te lo dije.

Tras un par de semanas, más o menos, tu hijo debería empezar a usar ropa interior sin problemas. Si ya has tentado a tu hijo con calzones atractivos de sus personajes favoritos o si él sabe que existen, escóndelos por ahora para evitar peleas. Si te ruega que se los pongas, adelante. Algunos niños tienen una integridad impecable y no se hacen pipí en sus personajes favoritos, si es el caso. Si les funciona, adelante. Si no, deshazte de ellos rápido.

También vale la pena resaltar que vas a deshacerte de mamelucos, overoles y pants o shorts con botones o pasadores complicados. Parece obvio, pero a veces a los papás se les pasa. Sugiero prendas con pretinas elásticas, por lo menos un rato. Tu hijo todavía te dará aviso de cinco o diez segundos, así que necesitas bajarle los pantalones rápido. Además, quieres facilitárselo por si quiere hacerlo solo. Si su ropa le estorba y no llega al bañito a tiempo para hacer pipí, es probable que se sienta muy avergonzado y se sienta abatido. Dispón todo para que los dos tengan éxito.

Lo último sobre calzones, la ausencia de ellos y todo el paquete: *los pull-ups son pañales, así de sencillo*. No me sirven de nada. Prolongan el entrenamiento de forma indefinida. Ningún niño usa los *pull-ups* como calzones. Si los calzones se sienten como pañales, ¿cómo se sienten los *pull-ups*? Como pañales. No pierdas tiempo ni dinero.

El bloque dos introduce la ropa. También se combina con el bloque tres y excursiones breves. Éstas deben estar planificadas y el objetivo es darte una idea de la diferencia entre salir de casa sabiendo ir al baño y salir de casa usando pañales. Repito, en los primeros días, deben ser salidas breves. No planees hacer la compra para la semana. Tampoco conducir una hora hasta casa de la abuela. No lo lleves a la biblioteca para presumir que ya sabe ir al baño. No intentes resolver un pendiente necesario. Me refiero a caminar una cuadra o ir a la tienda por una cosa. Estas salidas breves son para practicar.

Es normal que tu hijo moje un par de pantalones. Durante las primeras pipís es muy probable que moje los pantalones. No te decepciones. Ayúdalo a cambiarse de ropa y a limpiar. Es común, pero con frecuencia recibo llamadas de mamás casi llorando porque a sus hijos no les está yendo bien. No sabemos cómo están procesando la información que les acabas de dar. Los niños no pueden adoptar algo nuevo sólo porque se los pedimos. Hasta donde sabemos, están procesando la información y en cualquier momento, descubrirán el orden adecuado de las cosas.

En el bloque dos seguirás usando pañales para la siesta y la noche. Insisto: explícale con claridad por qué le estás poniendo el pañal y cuando se lo quitará. Todavía felicítalo o por lo menos reconoce lo que está aprendiendo.

Es común que cuando animes a tu hijo a usar el bañito, te responde con un "no" firme y claro. Es diferente que la resistencia (la cual se asemeja más a intentar meter a un gato a una cubeta con agua). Me refiero a un "no" rotundo, y cuando tu hijo se niegue, debes respetar una de dos cosas:

1. *Tal vez no tiene ganas.* Al término de los primeros días, ya debes reconocer sus patrones y sabrás reconocer al menos alguna señal cuando tenga que hacer pipí. Lo digo porque hay que evitar acosarlos. Lo ideal es saber reconocer, más o menos, cuando tenga que hacer pipí para obtener una respuesta positiva. Si te dice que no tiene ganas, respétalo. Sugiero esta frase: "Ok, confío en que cuando tengas ganas, me vas a avisar. Voy a estar en la cocina si me necesitas". Punto. Atención: dice "cuando" y "si me necesitas", esto implica que va a suceder, es sólo cuestión de tiempo (un cambio sutil en la expresión). No insistas, sólo dile en dónde vas a estar, esto es importante porque en las primeras fases del entrenamiento, tu hijo no puede aguantar tanto como para buscarte por toda la casa. Otra táctica es decir: "Bueno, vamos a intentar. Si no

sale nada, podemos insistir más tarde". No abuses e intentes cada diez minutos. Si intentas más o menos cada media hora, en algún punto va a hacer pipí.

2. *Tu hijo está muy concentrado haciendo algo.* Cuando quieras que tu hijo haga algo, dilo con claridad *y dale tiempo para procesarlo y responder.* Muchos padres acostumbran a dar esta instrucción: "Vamos, tenemos que irnos. Te pedí que vinieras. Ahora. Vamos. ¿Me oíste? ¡Vámonos ya!". Todo esto en un lapso de veinte segundos. Un niño entre los 12 y los 36 meses de edad tarda más o menos treinta segundos en escuchar, procesar y responder. Di las cosas una vez (por supuesto, después de treinta segundos, tu hijo podría estarte ignorando). En general no nos gusta cuando los niños nos piden que dejemos de hacer lo que estamos haciendo al instante para hacerles caso. Les pedimos que esperen y tengan paciencia. Pon el ejemplo. Dale oportunidad de terminar lo que esté haciendo. La mayoría de las veces, te hará caso rápido.

En la misma categoría que el segundo punto está el niño que teme perderse algo mientras va al baño. Quizá sea la causa más frecuente de accidentes tanto en las primeras etapas como después. Los niños se concentran mucho en sus actividades y se les olvida pensar en si necesitan ir al baño o no quieren perderse nada. Hay un par de estrategias para lidiar con esto. Puedes llevar la actividad al baño: "Puedes traer tu camión al baño". O dirigirte a la actividad (piensa como tu hijo): "Camión, espéranos aquí. Pascal va a hacer pipí y regresa". Dirigirte a objetos inanimados es una herramienta magnífica el primer mes del entrenamiento: "¿Quieres enseñarle a tu osito cómo haces pipí? Tráelo para que te vea". A los niños les encanta. Puedes acomodar las muñecas favoritas de tu hija frente al bañito para "enseñarles" cómo hacerlo. Sé creativo y piensa como tu hijo. Si están viendo un video, pídele al video que "espere", ponle pausa (obviamente es mucho más difícil con un programa de televisión).

84

En breve, sí, es normal que tu hijo se haga pipí o popó varias veces en los pantalones. Es normal un tiempo. Lo he visto cientos de veces. En general, quiere decir que está procesando toda la información nueva. Dale oportunidad de entenderlo.

No voy a mentir. El bloque dos, entre dos y seis días de la fecha de inicio, *es la fase más difícil*. En este punto, muchos desisten. La mayoría de los padres entran en pánico. El bloque uno (desnudo) sale bien y la ropa lo arruina todo. Sigue adelante. No estoy mintiendo. Saldrá bien. Como dice el dicho: "No te desanimes, muchas veces es la última llave del montón la que abre la puerta".

Si te descubres deseperándote, respira. A fin de cuentas, te estás tomando poco tiempo para hacer lo que el resto del país se tarda un año o más.

El bloque dos no sólo implica que tu hijo aprenda. También tú deberías estar aprendiendo. Conoce las señales o bailes de tu hijo para indicar que quiere hacer pipí, al igual que sus patrones. Algunos niños toman 120 mililitros de jugo y hacen siete veces pipí en la siguiente hora. Otros pueden tomarse cuatro tazas y aguantar hasta seis horas. En serio. El objetivo es encontrar el ritmo cotidiano de tu hijo y averiguar cómo encaja el bañito. Si hace pipí con frecuencia, cuando tome ese primer vaso de agua, tal vez no debas ir a ninguna parte. Pero si sabes que tienes un camello, puedes hacer varios pendientes. Por supuesto, no vas a conocer a la perfección los hábitos de tu hijo para ir al baño tras un par de días, pero es la meta final.

Si encuentras algo de resistencia durante el segundo bloque, lo más probable es que se deba a la edad. Se alteró su rutina. Recuerda que tu hijo sólo había conocido el pañal. Desde que nació ha usado pañal. Está un poco atado. Está bien. Tenlo en cuenta.

Cuando los padres que están entrenando sólo encuentran resistencia, se dan por vencidos, y deciden que el niño no está listo. Es un error. Si tu hijo es capaz de pelear por conseguir algo que quiere, está listo para aprender a ir al baño. La resistencia puede provocar un periodo corto de molestia, pero al terminar, se sortea el obstáculo.

Bloque tres

Este bloque de aprendizaje consiste en afianzar las aptitudes. No confundas los días con bloques. El bloque tres puede empezar al segundo día del entrenamiento. Pero lo más probable es que inicie entre el cuarto y el décimo día. Menciono los días porque sé que necesitas un marcador. En serio, olvídate de los días. El bloque tres es más de lo mismo: vigilar y animar. A estas alturas pueden ocurrir varias cosas. Bien podrías estar convencida de que tu hijo lo está "entendiendo", pero podrías seguir dudando. Está bien. Hace un par de días, tu hijo no tenía idea de en dónde iba la pipí y la popó. Como mencioné en el bloque dos, podría aumentar la resistencia. O bien podrían estar listos para hacer un vuelo de ocho horas sin pañales. Lo importante es mantener la calma sin importar en qué parte del proceso se encuentren.

No hay mejor manera para ayudar a tu hijo a afinar sus habilidades para ir al baño que sacarlo de la rutina. En este caso, quiere decir salir de casa más tiempo que para darle la vuelta a la cuadra. Para muchos, esto va a coincidir con la guardería. Las guarderías, como la popó, pueden ser uno de los aspectos más frustrantes del entrenamiento para ir al baño. También, como a la popó, le concedí su propio capítulo (véase capítulo 12, "Guarderías y otros cuidadores").

Salir de casa por más tiempo

Cuando salgas más tiempo, asegúrate de que haga una buena pipí antes de salir. No estoy sugiriendo que lo fastidies para que haga pipí. Espera a que haga esa pipí y entonces sal. Las direcciones firmes funcionan mejor. "Necesitas hacer pipí antes de que nos vayamos porque no me gustaría que te hicieras pipí en el coche". Si estás seguro de que tu hijo hace popó a las 11:00 a.m., no salgas a esa hora (recuerda, no es para siempre, están empezando). Lleva una muda de ropa. Sugiero tapar el asiento del coche con un pañal de tela o una toalla. Lleva toallitas húmedas. ¡Caray, lleva el bañito! Soy entusiasta de llevar el bañito o accesorio en el coche. No pesa mucho e incluso si tu hijo hace popó, la regresas a casa. No es muy distinto de cargar un pañal con popó. Anticipa los accidentes. Van a suceder y es normal. Pero si las salidas son breves, tal vez no ocurran.

Una de las parejas más maravillosas con las que he trabajado se tomó el entrenamiento para ir al baño como un operativo especial de la Armada de Estados Unidos. Tenían un plan en equipo. El segundo y tercer día, el papá llevaba al niño a las salidas de prueba. En serio. Iban al súper, el mercado y la biblioteca. Para practicar. ¿Y sabes qué? Salió superbien. Me encantó la dedicación de los dos para que esto funcionara, sin importar el entorno. Para tenerlo en cuenta.

Los bloques dos y tres son los más difíciles. El papá o la mamá deben sentirse increíblemente intensos o dementes. Es normal, pero procura relajarte. No me canso de decirlo: este proceso puede parecer un desastre total y de pronto mejorar. La cantidad de correos que he recibido en los que, primero, una mamá está casi llorando, y termina diciéndome: "Guau, olvídalo. Se acaba de sentar a hacer pipí".

En muchos casos, en algún punto del entrenamiento, las cosas van a parecer mal. *Los próximos dos puntos son sumamente importantes. Léelos varias veces.* Estoy segura de que es aquí en donde la mayoría de los papás que quieren improvisar se equivocan por completo. Pon atención. Es en serio, el meollo del entrenamiento para ir al baño radica en estos dos puntos. Abordan los aspectos en los que los papás suelen equivocarse: apresurar, no animar y presionar demasiado.

No insistas demasiado ni agobies. Casi toda la resistencia se debe a que el entrenamiento implica demasiado "proceso". Sin duda, es difícil entrenar más a unos niños que a otros. Sin embargo, en el caso de 95 por ciento de mis clientes, la resistencia es resultado de los padres que agobian a los niños. En vez de animarlo a ciegas —recuerda, no le estás PREGUNTANDO si tiene ganas—, busca señales. Intenta encontrar un patrón y un ritmo. Si es necesario recuérdate no atosigarlo cada media hora. Jamás, jamás, jamás, lo animes con un tono implorante, de persuasión o negociador. No estás jugando *Trato hecho*, lo estás animando a sentarse a hacer pipí. Punto. Puedes ser firme sin regañar.

Animar

Una queja común que recibo a los pocos días de empezar el entrenamiento para ir al baño es algo del tipo: "Va muy bien, pero nada más cuando le digo que vaya... ¿acaso este niño NUNCA nos va a avisar cuando tenga ganas?".

Mi respuesta es: ¡¡POR SUPUESTO que sí!!

Pero de momento, en las primeras etapas del entrenamiento, tu hijo te necesita. Si hace pipí en el bañito porque lo animaste, cuenta. Como cualquier otra cosa que aprenda o aprenderá, necesita tu apoyo. Recuerda cuando aprendió a caminar. Primero te agarró de las manos, tanto por el apoyo físico como por la seguridad. Después dio unos pasos tentativos, se alejó un poquito, pero de inmediato volvió a tus manos. En entornos extraños, te da la mano para llevarte a explorar lo que le produce curiosidad. *Animarlo a ir al baño es el equivalente a darle la mano.*

Algunos niños de inmediato son autónomos. Pero la mayoría lo hace gradualmente, en general, a tres semanas del proceso, puedes esperar que te avise. Hasta entonces, tendrás que animarlo tú. Después, algunos días te avisará quizá dos o tres veces que tiene que ir. Luego, de vez en cuando, se sentará solo en el bañito. Es progresivo. En situaciones bizarras, vas a tener que hacer más que darle la mano. Y un día despertarás y no estarás pensando en el entrenamiento. Juro por Dios que ese día llega.

Cuándo animarlo

El truco de animarlo es no excederse. Noventa por ciento de la resistencia se debe a que los niños se sienten atosigados. Así que la pregunta es con qué frecuencia animarlos sin abrumarlos (molestar, regañar y, en general, exagerar).

Al mismo tiempo que tu hijo está aprendiendo a usar el bañito, tú también deberías estar aprendiendo cosas: específicamente, su patrón para hacer pipí. Algunos niños pueden beber 120 mililitros de líquido y hacer pipí nueve veces en una hora. Otros niños son como camellos, pueden tomar casi un litro de líquido y hacer pipí dos veces al día. Algunos son camellos hasta que "se abre la llave" (¿recuerdas tus días de tomar alcohol en la universidad?). Entonces es nueve veces por hora. Todos los niños son distintos. Este patrón te permitirá recuperar tu vida cotidiana cuando terminen el entrenamiento. Si sabes que en la mañana tu hijo toma muchos líquidos y hace mucha pipí, no hagas mandados a primera hora de la mañana. Si sabes que tienes un camello, corre como el viento para hacer la compra.

También vas a aprenderte el baile particular de tu hijo cuando tiene que hacer pipí. Algunos niños hacen los clásicos brincos, como si trajeran hormigas en los pantalones. Otros se agarran la entrepierna. Hay quienes se quedan quietos y callados. Los primeros días del entrenamiento te debes aclimatar al baile de tu hijo. Es una buena oportunidad para animarlo y al mismo tiempo, señalarle su propio baile. Le puedes decir algo así: "Me doy cuenta de que quieres hacer pipí. Te estás agarrando el pene. Ven a sentarte en el bañito".

Recuerda: no le estás preguntando si tiene ganas de hacer pipí. Lo estás animando a sentarse en el bañito.

Hay otras ocasiones muy naturales para animarlo, que no implican presión. Hay momentos en el día en que todos tenemos que hacer pipí, así que no tienes que insistir y no interrumpes a tu hijo si está haciendo algo. Se denominan situaciones atrapafácil en la "comunicación de la eliminación" o EC (gracias Andrea, de EC Simplified), y suceden al: despertar y antes de dormir, antes de salir (de donde sea) y al llegar (a donde sea), antes y después de estar mucho tiempo sentado (periquera, asiento del coche, regazos y sillones) y antes y después de realizar una actividad.

También está bien y es muy natural posponer una actividad hasta que tu hijo haga pipí, sobre todo si estás seguro de que tiene que hacer. Puedes decirle algo así: "Sí, nos vamos a caminar en cuanto hagas pipí" o "Sí, puedes ver *Elmo*. Primero siéntate a hacer pipí". No hay que confundirlo con sobornos o premios, lo cual se escucharía así: "Te dejo ver *Elmo* si te sientas a hacer pipí para mami". No sobornes o terminarás con una lucha de poder.

También es útil aprovechar otras actividades para animarlo: "Por favor, recoge tus bloques. Es hora de comer. Ve a sentarte en el bañito y después nos lavamos las manos". Esto logra dos cosas. Primero, incluye el entrenamiento para ir al baño en las cosas que hay que hacer. Segundo, normaliza tu tono de voz y estado de ánimo. Sé que es asombroso, pero los papás se ponen ansiosos y nerviosos durante el entrenamiento. Una mamá muy inteligente en nuestro foro descubrió que referirse a ir al baño como algo "útil" surtió maravillas. A su hija le encanta ser solidaria, así que le pedía: "Pon tu tenedor en la mesa. Trae tu vaso a la mesa. Siéntate a hacer pipí. Gracias. Me ayudas mucho".

La delicada línea entre animar sin agobiar es importante. También es crucial recordar que esto es temporal. Muchos papás intentan apresurar la autonomía y terminan con muchos accidentes. No es deseable. Si tu hijo no parte de un escenario positivo o exitoso, se dará cuenta de que no lo está haciendo bien y se dará por vencido. (Lo mandará todo a la "***da"). Estás construyendo un entorno exitoso. Si comienzas a quitar los bloques de los cimientos, la torre se derrumbará.

Agobiar y tomar distancia

En general sucede esto: en torno al cuarto o quinto día del entrenamiento, recibo este mensaje: "¡No sé qué pasó! Todo iba bien. Ya lo tenía dominado. Se sentaba a hacer pipí y popó. Y ahora, de pronto, no se sienta en el bañito cuando lo animo y está teniendo accidentes por todos lados. ¡AYUDA!".

Cuando le estás enseñando a tu hijo a ir al baño, llega un punto en el que tienes que cederle el control. Esto sucede dentro de la primera semana. Una muy, pero muy buena señal de que tu hijo quiere que lo dejes tranquilo es cuando "ya aprendió" y de repente se resiste o empieza a tener accidentes.

La fase de aprendizaje de cualquier cosa es un fastidio. Nadie quiere "estar aprendiendo", queremos "haber aprendido".

Es un callejón sin salida y aterrador. Debes cederle el control y aún no demuestra poder con él. No delegar el control en el momento adecuado es un error clásico del entrenamiento: como tu hijo no está yendo al baño solo, crees que tienes que seguir vigilándolo.

La realidad es que necesitas darle espacio para tomar la decisión adecuada por sí mismo. Si lo estás vigilando constantemente, agobiándolo, intentando ayudar, no tiene espacio para apropiarse del acto de ir al baño. Esto tampoco quiere decir que lo dejes completamente solo. Seguirá siendo necesario que lo animes un poco más. Debes incitarlo sin agobiarlo, lo cual suena ridículo, pero es cierto.

Este es el truco: anímalo con la menor energía posible. Algo así: "Veo que tienes que hacer pipí. Ahí está tu bañito". Y no insistas. Aléjate y déjalo solo, mental y físicamente. Ahora puede tomar su propia decisión, lo cual quiere decir que no tiene a qué resistirse. Si no te importa, no tendrá motivos para pelear. Por supuesto que te importa, pero debes darle espacio para aprender a usar el bañito, elegir hacerlo y hacerlo solo. La razón noble es esta: el logro se vuelve suyo. La realidad: es más fácil así.

A veces tienes que ignorar el proceso durante el entrenamiento. Esta es una cita de Alisha:

Sin duda nos hacía falta adoptar el enfoque de no intervención. Creo que experimentar un poco nos ayudó a descubrir varias cosas. Primero, era necesario dejar de pensar en el entrenamiento durante él, si es que tiene sentido. Llegamos a un punto en el que nos enfocamos demasiado en ello, todos éramos demasiado conscientes de cada pipí/popó/gas que expedía en vez de ser una familia conviviendo. Hoy tratamos lo opuesto. No hablamos mucho del tema, salvo lo necesario, y el enfoque fue directo y breve. Supongo que el mensaje que me está transmitiendo es que puede hacerlo solo y que, de hecho, es mejor. Si me comporto con la disposición de ayudarlo, entonces depende demasiado de mí y de pronto ya no puede hacer nada solo.

Exactamente.

Al final del bloque tres deberías tener la seguridad de salir de casa con la ropa puesta (por lo menos la de tu hijo). Puedes planificar salidas un poco más extensas, tal vez a casa de un amigo. Aunque sigue atento a las señales de tu hijo. A estas alturas ya debería ser más sencillo identificarlas, pero no te abstraigas en una plática en otra habitación. Como dije, lleva el bañito en el coche. Recuerdo haberlo llevado en una ocasión a la playa. Pascal salió del mar para hacer pipí en el bañito. Me impresionó que no haya hecho en el agua. No creo que sea necesario llevarlo a lugares que tengan baño. Tampoco quieres fomentar apego a ese bañito particular (los niños hacen cosas muy raras). Recomiendo dejar el bañito en la cajuela si estás en la calle. Así puede hacer pipí en estacionamientos, a la orilla de la avenida o en donde sea. Más adelante hablaré sobre los baños públicos.

Quizá te estés riendo: ¿en la avenida? Este punto es crucial. Si tu hijo te indica que quiere hacer pipí, dejas de hacer todo y van. No me importa en dónde estén ni qué estén haciendo. ¡VE! En este sentido debes respetar a tu hijo. No puede esperar un minuto. No puede aguantarse. Tienes entre cinco y diez segundos. Si tienes que orillarte en el periférico, lo haces. Piénsalo. Has dedicado tiempo y esfuerzo, y por fin ves la recompensa: te está avisando. Arriesgarse a no poder aguantar y tener un accidente sería *devastador* para él, y no uso la palabra a la ligera. Además de evitar un accidente, con esto le demuestras que lo escuchas y respetas sus necesidades. Él hará lo mismo. No te preocupes, es temporal. Cada vez tendrás más tiempo de llegar al baño y dentro de poco, podrá aguantar, pipí y popó, hasta llegar a un baño normal.

En los primeros días del entrenamiento la advertencia de pipí terminará después de cinco o diez segundos (esto quiere decir que, por ahora, cuando tu hijo te indique que quiere hacer pipí, tienes entre cinco y diez segundos para llevarlo al bañito). De todas formas, pueden esperar un poquito si respondes rápido. Digamos que estás lavando los trastes en la cocina y el está jugando en la sala. Si te grita que quiere hacer pipí, sales corriendo mientras respondes: "Ya voy, por favor, espérame". Todavía vas a tener que vigilar a tu hijo por lo menos otro mes (aunque no con la intensidad del primer día). Lo más probable es que tu hijo te indique que quiere hacer pipí bailando, pero si no es así, ya habrás identificado su patrón para hacer pipí y sabrás en qué momento animarlo.

En general, bastan un par de semanas sin ropa interior y de llevar el bañito a todos lados. Luego de un mes las cosas deberían normalizarse. Por supuesto, juzga por ti misma. Si crees que necesitas hacerlo más tiempo, adelante. De nuevo, piensa cómo apoyar a tu hijo para que tenga éxito. Organiza las condiciones para que todo esté a su favor.

Bloques cuatro, cinco y seis...¡al infinito y más allá!

Ya deberías notar un progreso cuantificable. Se irá haciendo cada vez más fácil. En vez de tener notas (¡por amor del cielo, por favor no lleves una bitácora!), busca encontrar el ritmo. Lo ideal es estar en armonía con tu hijo, no perseguirlo todo el día. Los padres a quienes les va mejor, adoptan una actitud relajada y confían en su intuición. No se trata de darles un libro de reglas, sino del aprendizaje.

El proceso seguirá mejorando. Lo suelo denominar "acumulación de éxitos". Pon atención a los éxitos de tu hijo, no te centres en los fracasos. Si tu hijo está haciendo en el bañito la mayoría de las veces, va bien. Si hace cinco pipís en el bañito y no alcanza en dos ocasiones, va bien. Sí, debe mejorar, pero va bien. Está en la naturaleza humana centrarse en lo malo. Antes era propietaria de una tienda de ropa infantil. Casi todos mis clientes eran maravillosos, de todas formas, regresaba a casa quejándome del cliente que me arruinó el día. Todos lo hacemos, pero procura evitarlo mientras le enseñas a tu hijo a ir al baño. Sí, queremos resolver los problemas, pero no queremos fastidiar al niño constantemente.

Quizás estos sean los días más raros y difíciles de tu carrera como padre o madre. Puede ser tedioso lograr este equilibrio entre la vigilancia y la despreocupación. Te dará la impresión de que están tardando más de la cuenta. En general, estás enseñándole a tu hijo a ir al baño en poco tiempo. Me da horror cuando me entero de que hay gente que le dedica un año al entrenamiento. Enfrentarán las mismas dificultades que tú, sólo que durante muchísimo más tiempo.

Si te da la impresión de que hay progreso, pero mucho más lento de lo anticipado, está bien. Continúa a un ritmo más lento. Si parece que es un caos total y no estás notando avances, revisa las soluciones específicas en el capítulo 7 ("Dramas durante el primer bloque"). El entrenamiento para ir al baño no es ninguna ciencia exacta, pero tampoco se condensa todo en un escenario sencillo. Todos los niños son diferentes y me parece que he visto casi todas las situaciones posibles. Casi todos los problemas se pueden resolver aliviando cualquier tipo de presión, ya sea para cumplir un calendario social, demostrar que puedes, hacerlo bien o entrenarlo en tres días o menos.

La mayoría no tienen ningún problema. Lo más probable es que las señales de tu hijo serán claras para ambos. Seguro sentirás un nuevo vínculo con este niño grande. Te asombrará su amor propio. Te deslumbrará ver lo que es capaz de hacer. En serio, te va a encantar. Una de las cosas más increíbles de enseñarles a ir al baño es que te permite conocer su psique. Conoces sus métodos y curva de aprendizaje, y eso es maravilloso.

No todos los niños aprenden del mismo modo. Los buenos maestros lo saben. Cuando un alumno no está aprendiendo, encuentran alternativas creativas. Muchos padres intentan enseñarles a sus hijos a ir al baño —mal hecho normalmente— y en poco tiempo les vuelven a poner pañal porque "no lo hacen bien". Caray. Quedarían tres niños en la escuela si los maestros tiraran la toalla cuando los alumnos "no lo hacen bien". Cuando tu hijo no está aprendiendo algo, te concentras más en enseñarle, ¿no? No renuncias.

No tenemos manera de saber cómo procesará tu hijo esta enseñanza hasta que lo intentes. Es importante recordar que, con mucha probabilidad, es lo primero que le enseñas activamente y lo primero que él aprende activamente. Es decir, es la primera vez que le enseñas algo, y él lo aprende, que debe hacer en cierto orden y para lo cual sólo hay un resultado "correcto". En la medida que consideres que el entrenamiento para ir al baño es una enseñanza, te irá mejor.

La ropa interior, la autonomía, las noches y siestas secas, todo se conjunta en armonía, más o menos después de tres semanas de haber iniciado. Guíate por tu intuición y criterio como padre o madre. ¡Sé que los tienes! Ve un paso más allá. No temas. Recuerda que los protagonistas son tu estado de ánimo y energía.

Para recapitular, lo importante es avanzar en los bloques de aprendizaje. No lleves la cuenta de los días. Antes de pasar al siguiente bloque, asegúrate de cumplir las metas del anterior. La transición es de cero al bloque uno y del bloque uno al dos, en donde la mayoría de los padres entran en pánico. Es normal. Haz esas transiciones. El objetivo es el progreso, no la perfección. La idea es avanzar. Si tu hijo corre al bañito y tiene un accidente en el camino, genial, iba en la dirección correcta. Evalúa el éxito a través del lente de un maestro a quien le interesa el progreso.

Y ten a la mano una copa de vino o un buen chocolate.

CAPÍTULO 6

Entrenamiento nocturno

Antes de adentrarnos en el entrenamiento nocturno, quiero dejar muy claro que:

Separé el día y la noche porque a la mayoría de los padres les resulta agobiante la idea de entrenar para ambos turnos al mismo tiempo, sobre todo para los que trabajan de tiempo completo fuera de casa. *Sin embargo, la forma más efectiva de enseñarles a ir al baño es hacerlo para el día y la noche al mismo tiempo.* Será más caótico algunos días, pero a largo plazo, tendrás menos dificultades. Cuando no hay alternativa, no hay luchas de poder (no hay de otra, ¿para qué pelear?), hay menos confusión y retención de pipí y popó. Cuando utilizar el bañito se vuelve la nueva norma de día y noche, lo naturalizan más rápido. Depende de ti, y no criticaré ninguna de las dos decisiones, pero sí te puedo decir que entrenar para el día y la noche al mismo tiempo es la mejor forma de hacerlo. Para lograrlo al mismo tiempo, basta con seguir las instrucciones diurnas que describí en el capítulo previo, y agregues las instrucciones nocturnas que detallaré a continuación. Contémplalo antes de decidirte.

Lo más importante sobre la noche es que es muchísimo tiempo. Es la diferencia crucial entre las siestas y la noche. Los niños entre doce y 36 meses deben dormir entre nueve y trece horas cada noche, ¡es mucho tiempo sin hacer pipí! Piénsalo, la mayoría de los adultos nos despertamos a hacer pipí por lo menos una vez en la noche y sabemos usar el baño.

He buscado hasta el cansancio el truco mágico para la noche y no existe. No hay manera de evitarlo. Para el entrenamiento nocturno debes:

1. Monitorear la ingesta de líquidos antes de dormir o...
2. Despertar a tu hijo para hacer pipí, o ambos.

Lo siento. Me encantaría que hubiera un truco mágico. Sin embargo, sí tengo algunos consejos para facilitar el entrenamiento nocturno.

Debes monitorear los líquidos entre dos y tres horas antes de dormir y limitar la ingesta al mínimo. Si lo haces de repente, puede ser duro para tu hijo. Si está acostumbrado a tomar muchos líquidos antes de dormir, empieza disminuyendo la cantidad poco a poco, antes de intentar su primera noche sin pañal. Evita los vasos entrenadores y las mamilas (en serio, de todas formas ahora no se recomienda usarlos de noche). La succión anima a los niños a beber más de lo que tomarían si usaran un vaso normal. Un truco maravilloso es recurrir a los vasos miniatura: vasos para sake, tazas de té miniatura o incluso caballitos. Esto les da la ilusión de un vaso lleno, aunque contenga muy poco líquido. Además a los niños les encantan las cosas de su tamaño. Conozco a algunas mamás que han instaurado un encantador ritual nocturno de té (el té de manzanilla se recomienda ampliamente para dormir y relajarse). Los vasitos también son útiles para la clásica estrategia para no irse a la cama: "Necesito tomar agua". Si tu hijo recurre a ella, puedes usar un vasito para darle agua sin preocuparte de que tome demasiados líquidos.

¿Cómo reducir los líquidos antes de dormir? Piensa que el día consiste en dos pirámides invertidas. Una de ellas consiste en el tiempo entre despertar y la siesta; y la otra, desde que despierta de la siesta hasta la hora de dormir. El ancho de la pirámide representa la cantidad de líquido que tu hijo debe tomar: concentra la mayoría de los líquidos al despertar y limítalos al mínimo una hora antes de la siesta y por lo menos dos antes de dormir. Si tu hijo está acostumbrado a tomar un vaso grande de algo a la hora de la cena, este hábito necesita cambiar. Hacer el cambio puede ser complicado durante uno o dos días, pero tu hijo se acostumbrará. Vas a tener que retener los líquidos a partir de la cena. Si lo haces, tu hijo despertará con más sed por la mañana, lo cual coincide perfecto con la pirámide de los líquidos. La mayoría de los niños tienen hábitos de beber líquidos que se asemeja a una pirámide derecha. Están acostumbrados a una bebida de buen tamaño antes de dormir. Si tu hijo entra en esta categoría, dosifica los líquidos antes de comenzar el entrenamiento nocturno. A fin de cuentas, los niños no toman bien los cambios.

Si sigues amamantando de forma intermitente durante la noche, el entrenamiento nocturno puede ser un poco más complicado. Sin embargo, la mayoría de los niños a esta edad amamantan, no tanto por el volumen sino por el consuelo, así que la ingesta no es tanta. Además, podrías habituar a tu hijo a hacer pipí antes o después de amamantar. Elige la opción que le quede mejor a tu hijo. A algunos niños les gusta hacer pipí antes, a otros después. Da lo mismo, lo importante es la consistencia.

Si duermen en la misma habitación, la buena noticia es que el entrenamiento nocturno es mucho más fácil. Así tu hijo no tendrá que desplazarse. Normalmente se pone inquieto antes de tener que hacer pipí, lo cual te avisará con anticipación. Es mucho más fácil para ti sólo voltearte que recorrer el pasillo para llegar a su cuarto. Dicho esto, si nunca han dormido en el mismo cuarto, no recomendaría hacerlo sólo para facilitar el entrenamiento nocturno.

En cuanto a despertar a tu hijo para hacer pipí, recomiendo empezar con dos veces para establecer a qué hora hace pipí en la noche. ¿A las 10:00 p.m. y a las 2:00 a.m.? ¿A las 12:00 a.m. y las 4:00 a.m.? Algunos niños hacen pipí una hora después de quedarse dormidos, otros, una vez a las 3:00 a.m. Si despiertas a tu hijo dos veces durante una semana, más o menos —recomiendo empezar a las 10:00 p.m. y las 2:00 a.m., aunque puedes ajustarlo según sea necesario—, deberías comenzar a hacerte una buena idea de a qué hora hace pipí tu hijo. Por desgracia, a menos que quieras estar despierto toda la noche, es cuestión de adivinar; por eso, si te das cuenta de que tu hijo no hace pipí a las 10:00 p.m. ni a las 2:00 a.m., quizá debas ajustar los horarios para despertarlo. Incluso si tu hijo ha despertado varias veces con el pañal seco, recomiendo intentar despertarlo por lo menos una vez cada noche al principio del entrenamiento nocturno. La idea no es sólo que haga pipí en el bañito, sino entrenar a su cuerpo para despertar si necesita hacer pipí. Por desgracia, no puedes explicarle cómo despertar para hacer pipí verbalmente, debe aprenderlo haciéndolo, despertando. (¡Lo siento!)

Esta es la forma más fácil y menos perturbadora de despertarlo. Pon la alarma del celular para que no suene la alarma estridente del reloj en la madrugada. Coloca el bañito a un lado de su cama. Es mejor si le pones una pijama de dos piezas para simplificar las cosas, sobre todo en invierno. No lo despiertes poco tiempo después de que se haya dormido o poco tiempo antes de que despierte por la mañana. Así despertaría por completo y ¡nadie querría que pasara! A menos que tu hijo despierte por completo con cualquier ruido, no me preocuparía de que despertara si lo levantas para hacer pipí en la madrugada. Seguramente permanecerá medio dormido. Lo más difícil es sostenerlo de pie. Dormidos, la mayoría de los niños son como espagueti mojado. Pesado y mojado. Llévalo al bañito, sostenlo y susúrrale al oído que haga pipí. Siempre me ha resultado útil hacer un sonido similar al de la pipí (sshhh) al oído. Incluso medio dormido, tu hijo te puede indicar si no tiene ganas. Súbele la pijama y regrésalo a la cama. Un buen truco es usar un vaso de plástico de un solo uso, grande (o cualquier contenedor reutilizable del mismo tamaño). Así paras a tu hijo —también funciona con las niñas— y que haga pipí ahí. Es más fácil sostener a los niños dormidos así, porque así ellos cargan un poco de su peso, y el proceso transcurre rápido y sin complicaciones.

Me parece obvio, pero igual lo diré: no prendas luces radiantes ni intentes jalar a tu hijo al baño (por esto sugiero poner el bañito a un lado de su cama). Si lo haces, tendrás una fiesta a las 2:00 a.m. con una niña completamente despierta. No, gracias.

Cuando calcules más o menos a qué hora hace pipí en la noche, puedes despertarlo una vez. Me ha resultado útil decirle —justo antes de que se quede dormido— que se aguante hasta que vayas por él. Es su último pensamiento consciente y se cuela a su subconsciente. Podrás ir aplazando la hora de hacer pipí un poco cada noche, hasta que llegues a dos horas antes de que despierte por la mañana. Si logra llegar a dos horas antes de su hora habitual de despertar por la mañana, es una buena señal de que puede aguantar toda la noche.

Tarde o temprano, tu hijo podrá aguantarse toda la noche o despertará para avisarte que tiene que hacer pipí. Sabrás que está listo para aguantar toda la noche si han pasado varios días cuando lo despiertas para hacer pipí y dice que no quiere o niega con la cabeza. Incluso si parece que ya puede aguantar en la noche, sigue limitando los líquidos antes de dormir. Si muestra la capacidad de despertar (solo) para hacer pipí, ya no tienes que ser tan cuidadoso. Cualquiera de los dos escenarios es igual de aceptable.

El entrenamiento nocturno puede tomar más que el diurno, aunque no necesariamente. Todos los niños son distintos y el compromiso de cada padre, también. Sé benévolo contigo mismo y realista sobre tus capacidades. Al igual que con el entrenamiento diurno, los factores esenciales son la repetición y la consistencia. Si estás seguro que eres incapaz de despertar para ayudar a tu hijo, entonces tendrás que ser superexigente con limitar las bebidas antes de dormir. Lo contrario también es cierto, si no puedes limitar los líquidos antes de dormir, entonces comprométete a despertar en la madrugada. En algún momento tendrás que lidiar con el entrenamiento nocturno.

¿Es necesario el entrenamiento nocturno?

Sí. O tal vez no. ¿Te parece una respuesta sólida?

Muchísimos niños empezarán a mantenerse secos solos a medida que van controlando y consolidando sus hábitos diurnos. Un excelente indicador de que un niño está listo para el entrenamiento nocturno es cuando empieza a mantenerse seco durante la siesta. *Sin embargo, no es el caso de todos los niños.* Así que no tienes que esperar a que esto suceda. Sin embargo, si tu hijo empieza a despertar seco después de la siesta, ¡adelante!

En este sentido, no existe el entrenamiento *sólo* para la siesta. Puedes ponerle un pañal para la siesta, pero no hay manera de despertarlo a media siesta para que vaya al baño.

Lo mejor es deshacerte de todos los pañales a la primera oportunidad. Sin embargo, el entrenamiento nocturno puede resultar delicado por la incertidumbre de si la vejiga del niño puede aguantar y consolidar tanto tiempo.

El punto es que el entrenamiento puede ser secundario hasta los tres o tres años y medio. Si para entonces no ha ocurrido de forma natural, *debes abordarlo.* La vejiga se desarrolla a esta edad y si se desarrolla por completo sin la práctica de aguantar y consolidar, esos músculos se atrofiarán y mojará la cama indefinidamente.

No puedo asegurar que esto le ocurre a todos los niños. Es imposible predecirlo. Pero sí he visto tendencias en miles de niños con los que he trabajado. Una tendencia real y seria que he presenciado es que pasados los cuatro años, el entrenamiento nocturno se vuelve casi imposible.

Con frecuencia recibo a clientes, entre ellos pediatras, con niños entre los cinco y los siete años que usan pañal de noche (*pull-ups,* o sea pañales). Creen que el entrenamiento nocturno no es urgente y lo postergan por tiempo indefinido. Hasta que los músculos del niño se atrofian y el entrenamiento nocturno se vuelve sumamente difícil.

Por supuesto hay casos excepcionales y muy difíciles. Pero la cantidad de niños mayores de cuatro años que usan pañal de noche no está bien. No se trata de que los niños no puedan hacerlo. Sino de la absorción de los desechables, de que el niño no se sienta mojado y de la publicidad agresiva de las grandes empresas de pañales.

En conclusión, no, no tienes que iniciar el entrenamiento nocturno si no te sientes con energía o si tu hijo ha tenido problemas de insomnio. O si tú estás teniendo insomnio. Pero no me canso de repetirlo: *no esperes hasta pasados los tres años y medio para resolverlo.*

Por cierto, si tienes más de treinta y dos semanas de embarazo, está bien si aplazas el entrenamiento nocturno hasta que el bebé cumpla entre cuatro y seis semanas. Necesitas descansar, guardar energía para el parto y el nacimiento y acoplarte a un recién nacido. Puedes abordar el entrenamiento nocturno cuando despiertes para darle de comer al bebé recién nacido. No es necesario estresarte ahora con el entrenamiento nocturno. A menos que quieras hacerlo. Si es así, adelante.

Accidentes nocturnos

Los accidente nocturnos son inevitables. Algunas noches tu hijo habrá tomado demasiados líquidos y otras, quizá se te olvide despertarlo o te quedes dormido. Como estos accidentes son inevitables, he descubierto una buena forma de resolverlos: mientras tu hijo vive la transición entre una noche con y sin pañal, guarda un juego adicional de pijama y una manta gruesa de lana cerca de la cama. Si tiene un accidente, cámbiale la pijama y siéntalo en el bañito por si tiene más pipí, es común que no haya vaciado la vejiga por completo. En vez de cambiar las sábanas en la madrugada, coloca la manta sobre la sábana mojada. La lana evitará que la pipí le empape la pijama seca. A a algunos les parecerá asqueroso, pero sin duda es mejor que cambiar las sábanas cuando los dos están medio dormidos. Por supuesto, cambia las sábanas en la mañana. Una cosa más: los accidentes nocturnos generan culpa. La capacidad de aguantar la pipí hasta la mañana o despertar a hacer pipí se desarrolla con el tiempo y si tu hijo todavía no puede hacerlo, no puede hacerlo. Tienes que despertarlo para que haga pipí hasta que su cuerpo esté listo para consolidar y aguantar toda la noche.

Si tu hijo está teniendo accidentes nocturnos constantes (es decir, todas las noches), haz ajustes. No tienes que abandonar el entrenamiento nocturno del todo. Sin embargo, tal vez debas cambiar los horarios en que lo despiertas o ser más estricto para monitorear los líquidos. Ponte creativo y haz lo que funcione mejor para ti y a tu familia.

Si después de una semana de intentarlo, el entrenamiento es un desastre rotundo —duermes mal y de todas formas no está haciendo pipí en el bañito—, tal vez tu hijo tenga el sueño sumamente profundo. *Advertencia*: no es común. Si sospechas que es así, puedes buscar alguno de los productos de alarma en el mercado. Estas alarmas despiertan a tu hijo cuando comienza a hacer pipí. En lo personal nunca las he usado, pero he escuchado reseñas excelentes de padres que las conocen.

CAPÍTULO 7

Dramas durante el primer bloque

En este capítulo, abordaré los problemas frecuentes durante la primera semana del entrenamiento para ir al baño. Si estás teniendo dificultades, revisa estos capítulos. Los problemas pueden surgir en cualquier momento del entrenamiento, no nada más durante el primer bloque. Divido las complicaciones por bloques para organizar de algún modo una cantidad agobiante de información.

Entonces, estás en el primer bloque del entrenamiento. Estoy segura de que estás exhausto. Es rarísimo lo agotador que resulta vigilar a tu hijo, ¿no?

Seguro estás leyendo este capítulo porque no estás seguro de cómo van las cosas. O estás convencido de que no van bien. Tal vez te sientas de maravilla o estés devastado. O confundido. O inseguro. Sí, la siguiente semana vivirás todas las emociones posibles. Sin importar cómo te sientas, no permitas que una pipí o popó exitosa (o fallida) en el bañito determine tu estado emocional. De hecho, es buena idea no permitir nunca que la conducta de tu hijo determine tu estado emocional, aunque por supuesto es más fácil decirlo que hacerlo. Recuerda que el progreso durante el entrenamiento para ir al baño no es una medida de tus capacidades para la crianza ni de lo inteligente que sea tu hijo.

Dicho esto, repasemos e identifiquemos en dónde estás y si es que necesitas hacer las cosas de otro modo. Recuerda la cronología del entrenamiento: "Me hice pipí y no me di cuenta" a "Me estoy haciendo pipí" y por último, "Tengo que hacer pipí". Nuestro objetivo es el progreso, ¡no la perfección! Voy a hablar de "bloques" y "días" porque, sin importar lo mucho que quiera que lleves cuentas del progreso por días, vas a tener que hacerlo.

Con franqueza, durante el primer par de días del entrenamiento no hay desastres reales. No puede haberlos, es demasiado nuevo. Están cambiando de rutina, un hábito que ponen en práctica desde hace más o menos dos años. El cambio no se manifestará en un día.

No hace popó: el motivo más frecuente para que los papás se pongan mal es no ver popó el primer día. Habrás notado que la popó tiene su propio capítulo. Sí. Así de superimportante es la condenada. No te preocupes si el primer día tu hijo no hace popó. Cuando usaba pañal tal vez hacía hasta tres veces al día. Casi todos los niños con los que he trabajado disminuyen a una popó al día durante el entrenamiento para ir al baño. Creo que la consolidación de popós es natural. La mayoría de los adultos sólo hacen popó una vez al día, si acaso. Desde el punto de vista médico, no tienes de qué preocuparte si tu hijo no hace popó uno o dos días. Para muchos niños, el primer día del entrenamiento es muy extraño —tanta atención a algo que antes se ignoraba— y es normal que esto les genere ansiedad.

Si no hace popó, no te preocupes. Sigue con normalidad. Sin embargo, ten en cuenta que la popó llegará tarde o temprano. Revisa el capítulo 10, "Popó", para ver si algo te llama la atención. Pero, con total honestidad, es normal, sobre todo el primer día.

Muchísima pipí: si tu hijo parece estar todo el día orinando sin darse cuenta, probablemente te pasaste con el consumo de líquidos. Lo mejor es retomar la cantidad normal. Recuerda, en especial los niños menores de veinticuatro meses no digieren bien la ingesta excesiva de líquidos. Por otro lado, asegúrate de monitorear la ingesta de líquidos de alguna manera. Esto no quiere decir que los restrinjas, más bien, fíjate cuándo y cuánto líquido toma con respecto a cuándo y cuánto orina para que entiendas sus patrones normales.

Casi nada de pipí: le diste a tu hijo cinco cajas de jugo extra, lo que normalmente produciría ocho cambios de pañal. Sin embargo, sin pañal, tu hijo se ha convertido en camello. Si el primer día sólo obtuviste un par de pipís, es normal. Algunos niños pueden aguantar mucho. No asumas que está reteniéndola, sólo que puede controlar su vejiga. Maravilloso. Es preferible un niño que aguante a uno que tiene que ir al baño cada que tenga una cantidad de pipí en la vejiga, por mínima que sea. No tienes que aumentar el consumo de líquidos, más bien procura entender sus patrones. Comienza por estimar más o menos cuánto aguanta después de beber, para que puedas predecir los momentos más apropiados para animarlo. El marido de mi mejor amiga hace pipí una vez al día: no es broma. Y nunca en su vida ha tenido una infección en las vías urinarias. Algunas personas son camellos. Dicho esto, cuidado con el camello... en cuanto se abre la "llave", por así decirlo, muchos camellos hacen pipí varias veces en un lapso breve.

Ninguna sensación de que hizo pipí: ya entendiste la noción de progreso en vez de perfección, estás cómoda con la idea de que tu hijo no va a dominarlo en un día, no estás nerviosa... pero caramba, este niño *no* parece darse cuenta que acaba de hacer pipí. ¿Qué demonios? Esto le pasa sobre todo a los niños menores de veintidós meses. Sin importar la edad, cerciórate de que en serio no se da cuenta y no que lo está ignorando. No darse cuenta es... no darse cuenta. ¿Te gustó esta definición tan precisa? El niño que hace pipí y finge que *no* pasó se da cuenta. ¿Ves la diferencia? Quien de verdad no se dé cuenta, se hará pipí mientras camina, se resbalará y caerá, todo sin saber qué pasó. Si al final del primer día, sigue así de despistado, no pasa nada. Lo único que quiere decir es que sigues en el bloque uno. Sin embargo, si tu hijo hace pipí y finge que no sucedió...

Hace pipí y finge que no sucedió: en el caso de este niño, recuérdale que la pipí va en el bañito. Frunce el ceño o haz otra expresión facial de desagrado y dile: "La pipí no va en el piso. La pipí va en el escusado entrenador". En ese orden, el *resultado deseado* va al final. Los niños parecen recordar mejor lo último que dijiste, se les queda grabado. No lo regañes ni te enojes, sólo expresa que hacer pipí en el piso NO está bien, y hacer pipí en el bañito SÍ.

En cuanto a solucionar el accidente, no entres en pánico. Ayúdale a limpiar y a sentarse en el bañito para terminar de hacer pipí. Puedes decir algo así: "sé que estás aprendiendo y la pipí va en el bañito". *No digas*: "está bien". Hago mucho énfasis en esto. Para algunos niños, esta frase implica permiso (de hacer pipí en el piso), incluso si lo que quieres expresar es: "no me va a explotar la cabeza ni nada". Lo importante es reconocer que está aprendiendo y al mismo tiempo, resaltar constantemente la idea de que la pipí va en el bañito.

Los dos segundos que volteaste... apenas has respirado, vigilando como halcón para identificar el baile, una señal, un parpadeo, algo. Nada. tienes que hacer pipí o ir por más café (o cerveza) y los *dos malditos segundos* que volteas, se hace pipí en el piso. ¡Ah! ¿Cómo es posible? Buenas noticias: este niño va por buen camino para aprender a ir al baño. Si puede aguantarse hasta esos dos segundos que te distraes, sí, casi está listo. Piénsalo. Lo más seguro es que sea su manera de pedir privacidad. Recuerda, aunque no lo pensamos así, un pañal oculta las funciones corporales, así que brinda cierta privacidad, ¿no? A pesar de que veamos y limpiemos el pañal sucio después, durante el acto de evacuación tuvo su privacidad. Ahora que lleva el trasero al aire, no la tiene. Es muy normal querer privacidad. Es la progresión natural del entrenamiento para ir al baño. Así que dásela. Cuando creas que es hora de que vaya al baño, acomódalo en el bañito y convenientemente "olvida" algo en otro cuarto. Si está usando el accesorio en la taza, es lo mismo, puedes cerrar la puerta a medias. Nueve de cada diez veces, hará pipí en cuanto salgas del baño. Es el mismo caso con la popó.

Además, en las primeras fases del entrenamiento, cada que necesites hacer pipí, que tu hijo te acompañe. Es excelente hacerlo juntos. Normaliza y demuestra la conducta. Todos ganan.

El niño no da ninguna señal, ninguna: okey. De nuevo, estás vigilando como un halcón y *no identificas* ninguna señal, lo juras. No quiero llevarte la corriente, pero todos los niños dan señales. No estoy sugiriendo que no lo observaste bien, sé que sí. Pero para algunos niños, la señal es muy sutil. Una antigua cliente estaba convencida de que su hija Jessie no tenía señal. El segundo día del entrenamiento —Jessie seguía desnuda— al fin la vio: Jessie cruzó el dedo gordo del pie sobre el medio cuando tenía ganas de hacer pipí. ¿Raro, no? Sutil y casi imperceptible, y para nada en una zona del cuerpo relacionada con la pipí o la popó. Por eso insisto tanto en por lo menos un día de desnudez. Todos los niños hacen una pausa o dan una señal justo antes de que necesitan hacer pipí. No tiene que ser obvia ni dramática, pero si observas de cerca, verás algo. La señal anterior a la pipí podría ser una pausa en el habla, una mirada, un tic en la mandíbula o muchísimas posibilidades más. Si de verdad no puedes verla, intenta ver a tu hijo con la vista entrecerrada, si tiene sentido. ¿Recuerdas esos carteles de ilusión óptica en los que tenías que encontrar el pez en los colores psicodélicos y la única forma de hacerlo era entrecerrar los ojos? Sí, más o menos así. Muchos papás se enfocan en los genitales —tiene sentido, es el meollo del asunto— o imaginan cuál podría ser la señal. Olvídate de las nociones preconcebidas. Mira con los ojos entrecerrados. Y sobre todo, ten en mente el patrón de tu hijo para hacer pipí. Si sabes más o menos cuando va a hacer pipí, es más fácil buscar la señal.

El que gotea: este niño es una llave que no deja de gotear. Esto es más común en los varones, tiene más sentido, ¿no? Pueden hacer gotitas de pipí todo el santo día o justo antes de hacer pipí. Los primeros días no debe ser motivo de angustia. Recuerda que ayer, no era consciente de cuándo y cómo hacer pipí. Hoy se está habituando a algo completamente nuevo. No sabemos cómo hacía pipí cuando traía pañal. A lo mejor soltaba la pipí poco a poco hasta que se llenaba el pañal. Para este niño, el entrenamiento es una consolidación natural de esas pipís por goteo a un chorro grande. Sucede de manera natural mientras se acostumbran.

No se sienta lo suficiente para hacer pipí: esta queja es muy común. Intenta entretenerlo mientras está en el bañito. Mis sugerencias: cantar una canción, contar hasta un número (el 50 es bueno) o leer libros. Una frase fantástica es: "Necesito *escuchar* más pipí". Por alguna razón, hacen más caso que si les dices: "siéntate y termina de hacer pipí". Creo que se debe a que a los niños les motiva darte más que pipí. Quieren darte el *sonido* de la pipí. Sí, así son los niños a esa edad.

Pero en este punto, las filosofías sobre la crianza pueden arruinar un poco las cosas. Tu hijo está llegando a una edad en la que comprueba los límites. Debes ser firme y hacerle saber que hablas en serio. Sin embargo, a algunos padres les incomoda "ser firmes". Está bien serlo. No hace falta ser malo para ser firme. Cuando menos le des vueltas, mejor. A veces los padres se esmeran tanto por intentar que el niño se siente a hacer pipí, que terminan entreteniendo mucho al niño. No conviene convertirlo en hábito. Si estás haciendo hasta lo imposible por llevar al niño al bañito, hueles a miedo. Los niños pueden oler el miedo a kilómetros de distancia, pueden reaccionar con miedo o comerte vivo.

¿Qué hacer? Distraerlo un poco está bien. Pero no con la televisión. No pongas el bañito frente a un video o programa y lo dejes ahí sentado. Podrás convencerlo para que se siente, pero es un método demasiado pasivo. Si hacen pipí en el bañito es casualidad, porque terminaron sentados ahí. Lo que deben aprender es a reaccionar cuando tengan ganas de hacer pipí.

Si es estrictamente necesario, los juegos en el teléfono, tablets y otros aparatos electrónicos como entretenimiento están bien los primeros días del entrenamiento. No los sugiero, pero algunos padres me han preguntado. Pero que no se haga costumbre. Al igual que con la tele, con estos aparatos hacer pipí o popó es un acto pasivo y pronto puede resultar en manipulación (el niño exige una recompensa para hacer pipí o popó). El punto es que si tu hijo puede jugar en un aparato electrónico, entonces le sobra capacidad para poner la pipí y la popó en el bañito.

Recuerda, la idea es normalizar el uso del bañito, no convertir este hábito en un juego o en algo especial.

El frasco relajante: esta distracción funciona para varias situaciones. Fabrica una a partir de un frasco o una botella de plástico transparente. Llénala con agua, brillantina mediana y aceite o glicerina. El resultado es una especie de bola de cristal con nieve. Muchos padres usan el frasco en vez de hacer una pausa: el niño lo sacude y ve cómo se acomoda la brillantina, una actividad relajante y breve. Es excelente para los niños que no tienen mucha paciencia para sentarse en el bañito, se entretienen y permanecen sentados. También es útil para los niños a quienes les cuesta hacer pipí o popó. Los que se sientan en el bañito pero no hacen, luego se levantan y se hacen pipí en el piso. Aunque parezca que lo hacen por molestar, no es así, necesitan permanecer más tiempo sentados. El frasco le ayudará a relajarse y a soltar la pipí.

Miedo al bañito: te has portado indiferente y relajado. Sabes que no estás presionando a tu hijo. Aun así, le teme al bañito. Lo primero, *no* invalides sus sentimientos. Al igual que el miedo a la oscuridad, el monstruo debajo de la cama o la aspiradora, es un miedo real (por ilógico que parezca). No queremos alimentarlo, pero tampoco invalidarlo. Nunca le preguntes a un niño si le tiene miedo al bañito. Responderá que sí y tendrás un problema mayúsculo. Mejor dile algo así: "Cariño, sé que esto se siente raro. Que es muy nuevo. Mira el bañito. ¿Ves? Es de plástico". Permite que practique vertiendo agua en su interior y luego vaciándola en el escusado. Practica con algunos juguetes o muñecas, que le "ayuden" a usar el bañito. He tenido mamás que se sientan en el maldito bañito para mostrar que no muerde (mamás muy flexibles, por cierto). Hasta puedes hacer que se siente en ella (cuando no tenga que hacer pipí) para practicar. No fomentes el miedo, pero sí reconócelo. Para los niños, el reconocimiento es muy importante. Es buen momento para usar una oración que incluya "y": "Sí, ya sé que se siente raro y es donde va tu pipí". Sí y sí.

Revisa el capítulo 10, "Popó" para mayor información. Hay muchas cosas que contribuyen al temor al bañito. Tienes que lidiar con este miedo y quizás exija cierta creatividad. Tal como el monstruo debajo de la cama no impide que los niños vayan a la cama, el miedo al bañito no implica que vuelvan a usar pañales. Intenta llegar al origen de su miedo. ¿Le teme al bañito o la sensación de hacer popó? Es útil saber qué le preocupa para abordarlo mejor.

Identifica si se trata de un miedo real o simplemente un poco de resistencia. El niño que de verdad le teme al escusado entrenador es un caso excepcional y debería distinguirse de un niño que muestra resistencia. Para el niño con miedo profundo, el bañito podría estar lleno de lava hirviendo, no se acercará. Desde el inicio gritó y lloró y lo tuviste que arrastrar al bañito. El miedo verdadero se manifiesta desde el inicio del entrenamiento para ir al baño. Un niño que muestra resistencia después de usar el bañito un par de veces, no tiene miedo. Muchos niños se resisten a usar el bañito. El miedo es distinto. Si lo ves lo reconocerás, porque no es frecuente. En todos los años que me he dedicado a esto, sólo once niños han entrado en esta categoría. Ni siquiera me parece que deba mencionarlo porque no quiero que todo el mundo se dé por aludido. Hablaré con más detalle del miedo en el capítulo 17, "Circunstancias especiales".

¿Identificas a dónde quiero llegar? En caso de que estés demasiado exhausto como para sacar conclusiones, lo diré fuerte y claro.

El primer día del entrenamiento *nada* está "mal". Ayer, tu hijo podía hacer pipí y popó cuando quería y en dónde quería. Ahora, no le quitas los ojos de encima y esperas, que de un día para otro, adopte este cambio tan grande. Sólo recuérdalo.

Nunca subestimes el poder del sueño. En la noche, mientras duerme, se logrará mucho. El cerebro procesa la información y puedes empezar como nuevo en la mañana.

Si sientes que el bloque uno salió bastante bien —hubo progreso, cierta comprensión—, genial. Continúa al bloque dos: pantalones, sin ropa interior y pequeñas excursiones. Si te sientes un poco inseguro o no tan triunfante, está bien alternar entre los bloques uno y dos. Recomiendo dejar que tu hijo ande medio vestido y medio desnudo. Lo denomino...

Cómo facilitarle el éxito a tu hijo

A menudo los papás no están muy seguros de cómo está procesando su hijo lo aprendido durante las primeras fases del entrenamiento para ir al baño. Si entras en esta categoría, está bien darle más tiempo desnudo. Sin embargo, para progresar, es preciso ir acumulando éxitos. Aprender a ir al baño se parece mucho a aprender a leer. No puedes aprender una letra y seguir adelante. Debes estudiar la letra, escucharla muchas veces, escribirla en mayúsculas y minúsculas, muchas, muchas veces. (Tengo el equivalente a una pequeña selva en hojas para demostrarlo.) Para fomentar el progreso en el entrenamiento para ir al baño, debes animar al niño con la expectativa de que puede estar a la altura del siguiente desafío, y al mismo tiempo, debes estar seguro de que entendió el paso anterior. Es un acto de equilibrio, sin duda.

Una forma de facilitarle el éxito en el bloque dos es empezar con tu hijo desnudo (por lo menos de la cintura para abajo) y asegurarte de que haga una buena pipí en el bañito. Después, vístelo para una salida breve. Organiza las actividades del día en torno a las pipís y procura asegurarte de que estés en casa y tu hijo esté desnudo de la cintura para abajo cuando necesite ir al baño. Entre las visitas al bañito, haz mandados breves o actividades afuera. A muchos papás les parece que es hacer trampa, pero no lo es. O sí, pero no importa. El resultado más valioso es que tu hijo se sentirá orgulloso de que cumplió la misión. *Y esto le infundirá motivación constante.*

Entre el bloque uno y el dos, los papás suelen apresurar las cosas. Le ponen los pantalones al niño. Lo sacan de casa. Termina el entrenamiento. Parte del motivo para liberar tu agenda social es relajarte. Si apresuras las cosas, derribarás esos bloques que determinarán el éxito.

Por último: asegúrate de cuidarte. Sí, este es un proceso cansado. Tómate una copa de vino, pero no te desveles ni te pases con la comida chatarra. Te necesitamos sano y descansado para que puedas ser el maestro más eficaz posible, ¿de acuerdo?

CAPÍTULO 8

Dilemas del bloque dos y tres

A estas alturas, deberías sentirte muy seguro de que tu hijo, mientras está desnudo, se puede sentar en el bañito para hacer pipí y popó. Recuerda, es normal si lo sigues animando. Motivarlo es parte del éxito y tu hijo lo necesita. También recuerda: no lo agobies (respira). Tal vez ya empezaste a entrenarlo con pantalones o tu hijo sigue con el trasero desnudo o a lo mejor estás alternando entre los dos.

Resistencia ¡Yupi!

Esta fase del entrenamiento puede suscitar resistencia. Sin importar en qué bloque te encuentres, la resistencia suele manifestarse el segundo día del entrenamiento. Tu hijo podría estar pensando: "Estuvo bien cuando empezamos. Pero ahora... ay no, creo que esto de hacer pipí en el bañito va en serio". Es normal que los padres que no planificaron (ejem, la razón de este libro) se den por vencidos el segundo día del entrenamiento. Creen que la resistencia es señal de que su hijo no está listo. En realidad, es lo opuesto. Si tu hijo está dispuesto a pelear por algo que quiere, está más que listo para hacer pipí en el bañito.

Son tantas las veces que he escuchado alguna versión de lo que escribió una antigua cliente, Aislinn: "¡No lo puedo creer! Parecía un desastre TOTAL. Juro que estaba lista para darme por vencida. Gracias a Dios que no lo hice. Hacerle frente a la resistencia no fue divertido, pero vamos en el cuarto día y ya LO TIENE. ¡Síiiiii!".

El motivo más grande por el que tu hijo se resiste es por tu insistencia. Seguro no te das cuenta de lo mucho que lo estás presionando, pero la mayoría de los padres pasan por esto en algún momento. Es inevitable. No piensas en otra cosa y estás de nervios. Si tu hijo se resiste, seguramente es porque lo estás agobiando.

¿Recuerdas los párrafos que leíste sobre animar y agobiar? ¿Los que dije que eran importantísimos? ¿Los que seguro leíste hace dos semanas cuando estabas pensando en la teoría del entrenamiento, pero aún no te lanzabas? Léelos otra vez, ahora que estás metida hasta el fondo. No bromeo cuando digo que la mayoría de los problemas se pueden solucionar con la información de esos dos párrafos. Te ayudarán a lograr un equilibrio entre agobiar y dejarlo tranquilo.

Para algunos niños, todo "cobra sentido" durante los primeros días del entrenamiento, pero no es así para la mayoría. Antes de abordar los dilemas puntuales, debemos repasar un par de cosas. Lo primero, recuerda que hace un par de días, tu hijo no era para nada consciente de esto. Sé que lo repito mucho, pero es importante que lo entiendas. Debemos darles tiempo para aprender. Algunos padres se dan cuenta de esto, pero hasta cierto punto, porque siguen teniendo la esperanza de que todo se resolverá para el segundo o tercer día. Como con todos los otros logros importantes, dominar el bañito toma su tiempo y tener "a un prodigio del bañito" es muy excepcional. Sucede, sí, pero no quiere decir que te sientas raro o que estás haciendo mal las cosas si no sucede.

Estoy convencida de que el dolor del entrenamiento para ir al baño se parece al del parto. Con el tiempo se vuelve confuso. Quienes aseguran que un buen día su hijo decidió, por su cuenta, dejar de usar pañales, tienen un hijo mayor que el tuyo. O se acaban de mudar a tu barrio. El caso es que no puedes comprobar su versión. Las mamás en el parque siempre hablan del "prodigio del bañito".

Pero en realidad, conozco a muchas mamás y me dedico a entrenar a los niños para ir al baño, y aún tengo que conocer a ese niño que aprende solo a ir al baño en horas. Quiero que lo sepas, para que no enloquezcas.

Otra cosa importante: todos los niños tienen sus propios métodos y curva de aprendizaje. Está bien si tu hijo no aprende tan rápido como esperabas. No quiere decir que no sea inteligente.

Dicho esto, estos son algunos problemas comunes durante el bloque dos del entrenamiento para ir al baño.

Se hizo pipí en los pantalones

A tu hijo le fue de *maravilla* en el bloque uno. *Maravilloso*. Sabías que estaba listo para continuar. Lo despertaste, le quitaste el pañal, lo primero que hizo fue hacer pipí, le pusiste pantalones y los acaba de empapar. Son las 11:30 a.m. y tienes siete pantalones empapados. ¿¡Qué pasó, Jamie?!

Lo primero: ¿sabe ponerse y quitarse la ropa? Esto es elemental, sin embargo, tendemos a olvidarlo. Lo abordé en el capítulo cuatro, pero tal vez lo pasaste rápido porque hace dos semanas cuando empezaste el libro, no te pareció importante. Lo es y mucho. Si tiene que hacer pipí y le cuesta trabajo bajarse los pantalones, perderá segundos vitales. Deben practicar que se baje los pantalones cuando *no* necesite ir al baño para que lo pueda hacer cuando haya prisa.

Ponle pantalones holgados, con pretina elástica, shorts o mallas. Para las niñas, lo mejor son los vestidos sin calzones. A los niños les encantan los boxers, pero que no lleven más ropa interior. Esto quiere decir que si le pones boxers, que sean como shorts, no ropa interior. La idea es que necesitan la menor cantidad de tela posible en el trasero. Ya sé que ya hablé de esto, pero vale la pena repetirlo.

La sensación de querer hacer pipí

Empieza a usar la frase: "la sensación de querer hacer pipí..." con tu hijo. Algunos niños no se dan cuenta de que primero necesitan sentirla, después ir al bañito, después bajarse los pantalones, luego sentarse y hacer pipí. La mayoría de los niños responde mejor a órdenes breves y directas. No tienes que gritar como si estuvieras entrenando a un perro, pero sé conciso y directo, y *di las cosas en el orden que quieres que las haga*. Esto es vital. El entrenamiento para ir al baño es lo primero que aprende tu hijo que exige un orden con un resultado posible. Ese orden lo puede confundir, asegúrate de que le quede claro: Ve, quítate los pantalones, siéntate, haz pipí.

Muchos niños te escuchan decir: "¡Ve a hacer pipí!" y lo hacen. Siempre me recuerda a la película *Parenthood*, con Steve Martin. Su hija se siente mal y él le pregunta: "Cariño, ¿tienes ganas de vomitar?". Ella responde: "okey" y le vomita encima. Sí. Las indicaciones deben ser específicas y breves para indicar lo que debe hacer.

Veamos otras versiones de mojar los pantalones. A veces, se debe a que tu hijo aún no domina el primer bloque de aprendizaje. Debería poder hacer pipí en el bañito cuando lo animes o solo, desnudo. Si no puede o no quiere hacerlo, no le pongas los pantalones. No te apresures y creas que los pantalones son el equivalente del éxito. Sencillamente se trata del siguiente bloque de aprendizaje. No podemos pasar al "bloque de los pantalones" hasta no dominar el "bloque desnudo". Por supuesto que no quieres que tu hijo sólo sepa ir al baño desnudo, lo tienes que animar. Si no estás seguro de qué hacer, prueba con los pantalones. Si los moja, "facilítale el éxito", como lo detallé al final del capítulo anterior.

Si crees que tu hijo está intentando llegar al bañito, pero no llega, no te rindas. Intentar y no llegar a tiempo es una muy buena señal. Si está mojando algunos pantalones, pero eres optimista, sigue adelante. Muchos papás han manifestado lo que alguna vez me dijo una antigua cliente, Amy:

Quería animar a quienes se sienten frustrados. Los primeros días tuvimos muchos accidentes. Mi hija Katherine (de veintidós meses) empezaba a hacerse pipí en el piso, se detenía cuando le pedía que se detuviera, no hacía pipí en el bañito y de inmediato tenía un accidente. En el segundo día tuvimos siete pantalones mojados en siete horas (y dos accidentes sin ropa interior, a Kat le gustaba estar desnuda). Lo que más me ayudó después del primer par de días fue leer la entrada de tu blog en la que relatas que los papás tienen que comprometerse con esto, no pensar que no están listos y esperar más meses. Hoy en la mañana desperté resuelta a que hoy era el día. Le recordé a Kat que ya es una niña grande y que ya no usa pañales (salvo para dormir, pero esto no se lo recordé). En las comidas también se está comportando como niña grande, no quiere usar babero y me pide cubiertos y platos de adultos. Empezó a hacerlo desde el entrenamiento para ir al baño. Está amamantando más seguido, pero creo que tanta responsabilidad de niña grande le está afectando. Me tengo que acordar de no decirle "mi bebé". Jamie, quería darte las gracias. ¡Me alegra no haberme rendido!

Mojar los pantalones puede ser parte del proceso de aprendizaje. En general, si el niño no está haciendo pipí en el bañito, lo que debes buscar son señales de:

Disgusto: debería darles asco y mostrarlo.
Arrepentimiento: cualquier manifestación de que lo sienten.
Consternación: les molesta lo ocurrido.
Vergüenza: se intentan esconder de ti (también puede ser negación total de que se hicieron pipí en los pantalones).

Cualquiera de estas señales demuestra que tu hijo es consciente de que se hizo pipí en los pantalones y que su reacción es negativa. Aquí conviene usar la técnica mitad desnudo/mitad vestido. Tal vez necesite un poco más de aprendizaje y confianza en sus propias capacidades.

Si tu hijo se hace pipí en los pantalones y no parece darse cuenta, sin duda le hace falta otro día desnudo. Por lo menos uno más. Recuerda la cronología: "Me hice pipí y no me di cuenta" a "Me estoy haciendo pipí" y por último, "Tengo que hacer pipí".

Sigue sin hacer popó

Bien, estás en el bloque dos y sigues sin ver una popó. Tu hijo puede manifestar señales de incomodidad o mal humor. Mantente alerta, pues seguramente la popó viene en camino. *Si aún no hace popó, cuidado al ponerle pantalones.* La ilusión de privacidad que brindan los pantalones da pie para que se hagan en ellos.

Incluso si para el segundo día no ha hecho popó, es normal. No entres en pánico. Uno de los mayores problemas con la ausencia de popó es que tú, el padre, se empieza a poner como loco y ansioso. También empiezas a agobiarlo. Dirígete al capítulo 10, "Popó" para mayor información.

Berrinches tremendos

No es poco común en un niño de dos años que no se está saliendo con la suya. En este caso en particular, "la suya" es la rutina del pañal, las cosas como eran antes. Los berrinches no son muy satisfactorios para tu hijo si no le das cuerda. Este es un berrinche habitual durante el entrenamiento para ir al baño: lo animas a ir al baño. Mientras te acercas, se tira al piso, se pone superrígido o como espagueti, empieza a gritar si lo tocas y...ya te la sabes. La solución: anímalo. Es decir, recuérdale y luego aléjate. El único motivo por el cual se está luciendo es porque lo estás viendo. Si lo animas y te alejas de verdad —sí, suena arriesgado—, le das espacio y tiempo para tomar una buena decisión por su cuenta. Si está ocupado peleando contigo, dedica toda su energía a pelear contigo y no a tomar una buena decisión. Anímalo y retírate. Un niño nunca hace berrinche en una habitación vacía. La naturaleza de la bestia es que alguien tiene que estar viéndola.

El agujero de la hora de dormir

Así como en el juego Candy Land hay agujeros como el pantano de chocolate en el que te puedes atascar, en el entrenamiento hay un agujero clásico al que le llamo "el agujero de la hora de dormir".

Puede suceder en dos momentos: antes de desechar los pañales nocturnos para siempre y después de hacerlo. Para mayor brevedad, me referiré a la hora de dormir, pero ocurre lo mismo con la siesta.

La situación es esta: Aaron tiene un gran día. Angela, su mamá, ya puede confiar en que usará el bañito durante el día. Ya sea que le avise que tiene ganas o que baile con claridad. El día va bien. Aaron se va a dormir a las 7:30. Normalmente le cuentan tres cuentos y le cantan dos canciones. Papá le cepilla los dientes y le pone la pijama. Todo parece ir de maravilla, es casi una película. Hasta que Aaron dice: "tengo que hacer pipí". Okey. Le quitan la pijama, el pañal y Aaron se sienta a hacer pipí. Para sorpresa de todos, no hace. Le vuelven a poner el pañal y la pijama. Lo meten a la cama... casi salen del cuarto. "¡Pipí! ¡Tengo que hacer pipí!". Fuera pijama. Fuera pañal. Lo sientan a hacer pipí. Mmm. Nada. Y así sucesivamente... hasta... el... cansancio. Incluso mejor, pide hacer popó, y entonces eso resulta en cuarenta minutos de lectura mientras se sienta en el bañito a hacer popó.

Es un clásico. Y agotador. Ya son las 8:30 y es tarde, así que se está portando de maravilla. ¿Pero qué hacer? ¿Le haces caso? Digo, después de tanto esfuerzo durante el día. ¿Y si es en serio? ¿Y si no?

Mi experiencia es que el agujero nocturno es una parada fabulosa. Aaron tiene a mamá y a papá en la palma de su mano y lo sabe. En el transcurso de su corta vida nunca ha tenido el poder que tiene ahora. Cuando dice que tiene que hacer pipí, mamá y papá saltan.

Aaron no es tonto, es muy inteligente. Y va a utilizar ese poder en la medida de lo posible, sobre todo para entretenerse.

Si te encuentras en el agujero de la hora de dormir, dale a tu hijo tres oportunidades (o como lo hayas dispuesto). Dile que tiene un número limitado de oportunidades. Por ejemplo: "Aaron, es la última vez que te sientas a hacer pipí. Si no tienes que hacer, te puedes aguantar a que mami venga por ti en la mañana". Puede o no hacer pipí. No le digas: "Última oportunidad o vas a tener que hacer en el pañal". Por lo menos enséñale la noción de que se puede aguantar y que depende de él. Tiene dos opciones: A o B.

Otra cosa que podrías hacer si parece que tu hijo va a recurrir al agujero de la hora de dormir es empezar las preparaciones desde temprano para que les dé tiempo. En el caso de Aaron, podrían empezar la rutina alrededor de las 6:45. Recuerda, ¡es temporal! Todos encontrarán su ritmo pronto. Si te anticipas para este retraso, es menos probable que te genere ansiedad. Los restrasos son molestos por sí mismos, pero además nos ponemos ansiosos porque la hora de dormir se posterga y sabemos que el niño necesita dormir o al día siguiente pagaremos los platos rotos. Así que contempla tiempo para maniobrar.

No temas a poner límites firmes. Cuando no tiene a quién presionar, el juego deja de ser divertido. Como siempre, hazlo con una actitud serena e indiferente. Incluso si pide a gritos hacer pipí mientras estás saliendo de su cuarto, le puedes responder: "Okey, espera hasta mañana. Te amo. Buenas noches". Así, reconoces que lo escuchaste y que le crees (aunque sea lo contrario), pero estableciste reglas y las estás respetando. Esto, amigos, es crianza responsable.

Y no te preocupes si se hace pipí en el pañal, no va a arruinar el proceso. Es un tope conductual menor. Primero, lidia con el juego del retraso y después el entrenamiento nocturno.

Por supuesto que sin pañal nocturno las cosas se complican por el temor muy real de que se haga pipí en la cama. ¡No conviene lidiar con miedo! Lo recomendable es dejar el bañito en su cuarto y después de la rutina para acostarlo, le puedes decir: "Buenas noches. Te amo. Si necesitas hacer pipí, aquí está el bañito". Si tu hijo te nota temeroso e inseguro, te garantizo que esto se volverá un juego para él.

He descubierto que para la rutina para acostar a los niños en general, lo mejor es salir del cuarto si quiere llamar la atención. Mientras acuestas a tu hijo pregúntale con tranquilidad: "¿Te tomaste tu último vaso de agua? ¿Qué cuento quieres? Ve a hacer tu última pipí. Lávate los dientes. Gracias". Lo único que jamás, jamás, jamás funciona es enojarse. Esto saca de quicio a los dos y no lograrás nada más que mantenerlo despierto.

Luchas de poder

Existe otro apartado fundamental en la lista de problemas relacionados con el entrenamiento para ir al baño: la lucha de poder. Las luchas de poder pueden poner las cosas un poco de cabeza en tu casa. La familia promedio experimenta varias luchas de poder al día, así que las relacionadas con el entrenamiento no deberían sorprender. De todas formas, lo mejor es evitarlas en la medida de lo posible, por eso es tan importante no agobiar a los niños, pues resulta en luchas de poder.

Si te encuentras en una, necesitas identificarla y eliminar la causa. Voy a ser muy clara: no puedes ganarle a un niño en una lucha de poder relacionada con el entrenamiento para ir al baño.

Recuerdo una clásica que tuve con Pascal. Estaba a medio metro de mí y le pedí que se acercara, con un tono relajado. Me respondió: "No, tú ven". No tardé en contestarle: "No, tú ven". Y así seguimos un rato, yo me empeciné y el también. Por fin pude usar mi cerebro adulto un minuto y me di cuenta de que peleábamos *por medio metro de espacio...* ¡y ni siquiera necesitaba que se acercara! ¡Caray! Qué bárbara, mami.

No finjas, te ha pasado algo similar. Así que como puedes imaginar, si las luchas de poder pueden surgir de la nada, piensa el potencial con algo tan grande como el entrenamiento para ir al baño. Es un caldo de cultivo para una pelea.

A diferencia de otras posibles causas de las luchas de poder, cuando se trata del entrenamiento para ir al baño, tu hijo tiene todo EL PODER, en sentido literal. A veces nos da la impresión de que nuestro mundo gira en torno de nuestros hijos y que ellos lo controlan. Sin embargo, la realidad es que no tienen ningún control. Les decimos en dónde, cuándo, por qué y cómo hacer prácticamente todo. Es normal. Sin embargo, lo único que no controlamos son sus funciones corporales. Ellos tienen la llave de la pipí (o la popó), así que tienen el poder.

Si consideramos una lucha de poder como un juego de tira y afloja, sin lugar a dudas, la mejor manera de salirse es soltar tu extremo de la cuerda. Esto no quiere decir que cedas a todo lo que tu hijo quiere, sino soltar tu necesidad de controlar la situación. Con los niños entre doce y 36 meses, las luchas de poder nacen del deseo de "hacerlo solo". Esto también es pertinente para el entrenamiento para ir al baño. Cuando te encuentres en una lucha de poder durante el entrenamiento, la manera de soltar tu extremo de la cuerda es permitirle a tu hijo que se apropie de ir al baño, que sea su idea. Por ejemplo, podrías recurrir a uno de esos "recordatorios de pasada" que mencioné en capítulos previos. Recuérdale y distánciate. No quieres insistir hasta el cansancio lo mismo una y otra vez. No funcionará y las cosas empeorarán.

Demasiada conversación

Sí, hablar con tu hijo es bueno. Y sí, contarle lo que están haciendo también es bueno. Pero como todas las cosas, hablar es bueno con moderación. Existe una tendencia actual que favorece hablar demasiado. Algunos padres quieren explicar hasta el más mínimo detalle a sus hijos, dar una minidisertación sobre todo lo que sucede. Creo que en parte se debe a que nos esmeramos mucho por enseñarles de manera "activa" a nuestros hijos. También en parte —sobre todo cuando se trata del entrenamiento para ir al baño— es para ocultar nuestro propio miedo.

Mientras estás hablando, no escuchas. Mientras estás hablando no permites que tu hijo hable consigo mismo. Hablar con uno mismo es crucial para el desarrollo del lenguaje y el pensamiento. Cuando tu hijo habla consigo mismo, aprende a controlar sus impulsos. Y con el paso del tiempo esta voz se convierte en su voz interior. Algunos especialistas sugieren que los niños que desarrollan la habilidad de hablar con ellos mismos toman mejores decisiones en la infancia. Ahora estamos hablando de pipí y popó, pero con el tiempo, será de fumar, las drogas y el sexo. Con el constante bombardeo de ruido en nuestro entorno, sumar nuestras voces a esta cacofonía de la sociedad moderna no siempre es útil. Cuando tu hijo habla consigo mismo, lo hace para procesar la información que recibe y apropiarse de ella. Está aprendiendo a tomar buenas decisiones. Si hablas, esto no puede ocurrir.

Más aún, cuando hablas con tu hijo —sobre el entrenamiento o lo que sea—, te preocupa que te escuche, que entienda. Esto añade otra capa al problema de hablar, implica emoción. En lo relacionado con el entrenamiento para ir al baño, es probable que esa emoción sea temor y ansiedad (de tu parte). Los niños se fijan más en tu estado de ánimo que en tus palabras.

En resumidas cuentas, muchos papás relatan a sus hijos los pasos que implica el entrenamiento para ir al baño una y otra, y otra vez. Y muchas veces, los niños se aprenden los pasos de memoria. Si tu hijo te puede decir en dónde van la pipí y la popó, pero sigue haciendo pipí en el piso, es hora de dejar de hablar. Mejor recurre a instrucciones sencillas que no conlleven explicaciones. Después guarda silencio para darle oportunidad de procesar la información por su cuenta.

Se le dificulta hacer u odia el bañito

El truco del vaso de plástico rojo

El truco del vaso rojo al rescate. Famoso gracias al *country* y a los universitarios fiesteros de todo el país, el vaso rojo es mucho más que un recipiente que no se rompe. También es un bañito portátil.

No te rías, hablo en serio.

Lo primero, no tiene que ser rojo ni un vaso. Cualquier recipiente profundo de borde ancho sirve. El truco funciona mejor con los niños... pero es sorprendente lo bien que funciona con las niñas.

Descubrí este truco porque en mi casa tengo un baño. Invariablemente —en serio, siempre—, en cuanto me sentaba a hacer pipí, mi hijo anunciaba que él también tenía que hacer pipí. Para entonces, ya había dejado el bañito, y no quería fomentar que hiciera pipí en la tina, por ejemplo. Así que empecé a guardar un vaso de plástico debajo del lavabo, escondido para no despertar la curiosidad de las visitas y que nadie lo confundiera con un vaso para beber.

Estas son algunas ideas para el vaso rojo:

En las primeras etapas del entrenamiento, es muy útil si tu hijo necesita "un cambio", a veces empiezan a resistirse a usar el bañito porque se fastidian del bombo y platillo que la rodea.

El vaso es excelente si a tu hijo le cuesta trabajo relajarse y hacer pipí. Le permite concentrarse sólo en soltar la pipí, no en sentarse.

Es fácil guardar un vaso en todos los cuartos, para emergencias. Recuerda, al principio sólo tienes unos segundos para llegar al bañito.

Si tu hijo se resiste a dejar la actividad en la que está inmerso, le puedes ofrecer el vaso como alternativa.

Si tu hijo está en la tina y tiene ganas de hacer pipí, ten el vaso a la mano. La pipí es estéril y no pasa nada si tiene que hacer pipí en la tina, pero si te está avisando, es mejor reconocer su petición y responder. El vaso te permite ahorrarte el traslado entre la tina y el bañito y de vuelta, empapando todo (además, es tal el alboroto que cuando llega al bañito, no se puede relajar y hacer pipí).

El vaso también es práctico en el coche para hacer pipí rápido antes de llegar o después de haber salido de algún sitio. (Hazte un *favor* y guarda en el carro un frasco con tapa, por si acaso). Es fácil sacarlo en la playa o el lago —o al esquiar en la nieve— es fácil sacarlo y permitirle a tu hijo hacer lo suyo sin que nadie se dé cuenta.

A veces, para los niños que no les gusta el bañito, el vaso es mucho más divertido.

Muchos papás se oponen a la idea de que su hijo haga pipí en un vaso. En cambio hay a quienes les parece que es un truco maravilloso y les preocupa que su hijo sólo vaya a querer hacer pipí en un vaso. Se trata de un truco temporal para usar el bañito. Nunca he conocido a un niño que se aficione al vaso más tiempo de lo normal.

Agobiar en vez de animar

Ya leíste con cuidado los dos párrafos en el capítulo anterior sobre alentar y dejarlo tranquilo. Estás segura de que no estás agobiando, pero de todas formas notas cierta resistencia cuando animas a tu hijo. Lo que quizás esté ocurriendo es que después de animarlo, insistes demasiado. Es decir, tal vez lo alientes a ir al baño y te quedes de pie a su lado, esperando o llevándolo físicamente al bañito —según su edad, tal vez sea necesario hacerlo, pero si tiene más de 24 meses, no lo es— y lo observes para asegurar que se siente a hacer pipí. El truco es recordarle/alentarlo y *marcharte* (la misma reacción frente a un berrinche). Podrá parecer arriesgado, pero tienes que dejar que él decida solo. Alentar es un recordatorio, no una orden. Si te comportas como si no te interesa, no tiene por qué resistirse.

Como ya detallé, el meollo del asunto está en los bloques dos y tres. Son el núcleo del entrenamiento para ir al baño. Deberías notar el progreso, aunque sea minúsculo. Puede ser que en estos bloques haya un día o dos en los que te parezca que están estancados o in-cluso hayan retrocedido. Es normal. Sin embargo, si no has notado progreso alguno, revisa los capítulos 13 ("Conducta *vs* entrenamiento para ir al baño") y 16 ("Reiniciar") antes de darte por vencida. Si tu hijo tiene menos de veinte meses o más de treinta, también lee el capítulo relevante para esas edades.

CAPÍTULO 9

Cuarto bloque y todo lo demás

Este capítulo aborda todos los detalles raros que se pueden presentar en las últimas etapas del entrenamiento o después. Nunca se sabe cuándo los encontrarás, así que reuní todos aquí.

Baños públicos

Para resumirlo en una palabra: asqueroso. Un truco que funciona tanto para los niños como las niñas: levanta el asiento, sube a tu hijo al borde y que haga pipí de pie. Los niños se pueden sacar el pene, pero las niñas se tienen que quitar los calzones (cuando las niñas están de pie con las piernas abiertas, la pipí sale en un chorro derecho). Esto sólo funciona para la pipí, cuando se trata de popó, no hay muchas opciones salvo sentarse. He intentado cargarlos por la parte trasera de la rodilla, con el trasero al aire, pero crea demasiada conmoción para la mayoría. También puedes cargar con paquetes de viaje de toallitas sanitizantes o accesorios portátiles para el escusado (se venden en las tiendas con artículos para bebés). Como ya mencioné, soy partidaria de llevar el bañito en el coche. Si tu hijo tiene que ir al baño, seguro no estarán muy lejos del carro. Sin importar lo que decidas hacer, recuerda, la pipí es estéril y la popó, no.

Otra recomendación excelente de una mamá: lleva post-its en la bolsa. Los puedes usar para cubrir el sensor del desagüe automático en los baños públicos para evitar la descarga mientras tu hijo está sentado. Como los niños son pequeños, no es frecuente que la descarga se active mientras están haciendo popó. Si sucede, buena suerte para lograr que use el escusado después de eso.

Se acabó la novedad

Esto es pertinente para el niño que iba superbien con el bañito y empezó a tener accidentes, al parecer de la nada. La luna de miel terminó.

Recuerdo hace años cuando dejé de fumar. Los primeros meses fueron fáciles. Estaba muy orgullosa y recibí mucho apoyo. Si estaba insoportable, le podía echar la culpa a la abstinencia. Todos los días me llamaban mis amigos. Pero todo eso se fue disipando. Ya era no fumadora —una no fumadora gorda e insoportable— y nadie te celebra eso. Pasó la novedad. Lo mismo sucede con el entrenamiento para ir al baño. Sabes que lo aprendió, él sabe que lo aprendió. A medida que se empieza a sentir más confiado, es posible que espere demasiado para ir al baño. Vuelve a observarlo y recordarle que vaya.

Esto no quiere decir que regresen al inicio, pero procura averiguar el motivo de los accidentes. Muchas veces los niños se concentran mucho jugando y se les olvida ir o no se quieren perder de nada. A veces esperan demasiado y se hacen un poco en los pantalones. O no pueden ir al baño de inmediato y se abren las compuertas de par en par. Hay algunas ideas para resolverlo en el capítulo 19, "Recomendaciones y preguntas misceláneas".

Si tu hijo empieza a tener muchos accidentes de la nada y en casa no hay motivos de estrés evidentes, piensa en otras opciones. ¿Tiene una nueva maestra en la guardería? ¿En la escuela lo están acosando? ¿Su alimentación ha sufrido cambios radicales? A menudo, si le preguntas, te va a contar. Las preguntas sutiles y estar informado de todos los aspectos en la vida de tu hijo es muy útil. A veces, lo que para nosotros es trivial, para ellos es fundamental (¿¿¿a veces???).

Pondré el ejemplo de mi hijo. Ya sabía ir al baño por completo y de pronto empezó a tener un par de accidentes nocturnos en la semana. Para entonces ya no estaba monitoreando su ingesta de líquidos antes de dormir. Él se despertaba a hacer pipí si tenía ganas. Así que era raro y empecé a observarlo de cerca. Me terminé dando cuenta de que los accidentes se debían a que había cambiado de guardería. El cambio no había resultado dramático, pero sí era más estructurado que el anterior. Los niños sólo tomaban líquidos en la comida y el refrigerio, y sólo un vaso de tamaño estándar. Mi hijo no sabía que podía pedir más. Entonces llegaba a casa y se tomaba cinco vasos enormes de agua. Incluso las estrellas del entrenamiento para ir al baño no pueden procesar tantos líquidos en la noche. Le dije que podía pedir agua en la guardería cada que tuviera sed, llegó a casa, tomó lo que acostumbra y el problema se resolvió. Creí que para él sería obvio pedir más agua si tenía sed, pero no fue así. Es curioso que en casa no se le dificulta pedir más.

Lo último sobre los accidentes: ¡no le vuelvas a poner pañal a tu hijo! No me canso de repetirlo. En cuanto comience el entrenamiento, aunque sean las primeras etapas, envía un mensaje fuerte y claro: "No confío en ti. Todo el día te estoy diciendo que puedes y que confío en ti, pero la realidad es que no confío en ti". Esto es extremadamente nocivo para el proceso. Si no confías en tu hijo, él nunca confiará en sí mismo.

Si tiene un accidente, no lo castigues ni lo regañes. Ayúdalo a limpiar y asegúrale que sabes que a la próxima, llegará al baño. Por supuesto, esto es pertinente para los accidentes ocasionales. Las regresiones graves indican un problema mayor que abordo en el capítulo 17, "Circunstancias especiales".

No está "bien"

Este es un punto delicado para muchos padres. Quieres que tu hijo se sienta aceptado y arropado, pero debes dejarle claro que no está bien hacer pipí en el suelo. Si llevan más de un par de días de entrenamiento y sigues encontrando mucha pipí en otros lugares además del bañito, quizás éste sea tu problema. Muchos padres no quieren usar un lenguaje negativo ni fomentar sentimientos negativos en torno al tema del baño. Sin embargo, la realidad es que los niños entre doce y 36 meses piensan en blanco y negro; son incapaces de pensar en grises. De ti depende decirle qué está bien y qué está mal. A esta edad, se consigue con expresiones faciales, el tono de tu voz y las palabras. Llega un punto en el proceso de entrenamiento para ir al baño que debes establecer que hacer pipí en el piso está mal, y hacer en el bañito está bien. Debes comunicárselo a tu hijo. Tú decides cómo hacerlo. Si empleas exactamente la misma expresión, el tono y las palabras para las pipís que llegan al baño y las que no, tu hijo va a asumir que las dos son aceptables.

Piénsalo en estos términos: cuando tu hijo le pega a otro niño, empleas una expresión, un tono y palabras para comunicar que esa acción está mal. Le dices: "No, no pegues". Intervienes físicamente y detienes los golpes. Seguro frunces el ceño o adoptas una expresión facial que comunica disgusto. Es lo mismo con el entrenamiento para ir al baño; no tienes que regañarlo, pero sí ser claro. Hay dos formas de hacerlo: una correcta y una incorrecta. Y debes enseñarle a tu hijo la correcta.

Aprenden, se les olvida
Aprenden, se les olvida

Esta situación es muy similar a la anterior. En cuanto tu hijo ha tenido varios éxitos seguidos, sabes que puede hacerlo. El proceso de aprendizaje ha terminado. Sí, puede haber accidentes, pero en general tendrán una explicación clara. Si no la hay, dirígete al capítulo 13, "Conducta *vs* entrenamiento para ir al baño" y contempla las ideas que ahí presento. En cuanto tu hijo empieza a usar el bañito adecuadamente, sabes que *puede* hacerlo. A partir de entonces, las reincidencias inexplicables suelen ser un problema de conducta, el resultado de la resistencia o la "flojera".

Hacer popó en el pañal nocturno o para la siesta

Llevas un par de semanas de entrenamiento y notas que tu hijo está reservando la popó para el pañal nocturno o para la siesta. Podrá parecer que lo hace a propósito o que ha reajustado sus tiempos. Para la mayoría de los niños, esto se arregla solo. Si para nada estás listo para abordar el entrenamiento nocturno, está bien si lo dejas pasar un poco. Para la mayoría de los niños, se trata de relajarse. Cuando el entrenamiento es tan novedoso, sólo se relajan por completo en la noche. A medida que las idas al baño durante el día van mejorando, empezarán a hacer popó también de día. Sin embargo, si ya estás listo para iniciar el entrenamiento nocturno, la solución es prescindir de los pañales por completo. No es una solución difícil porque la mayoría no se despierta en la madrugada a hacer popó. Así que la naturaleza está de tu lado. Dirígete al capítulo 6, "Entrenamiento nocturno" y empieza pronto. Recomiendo muchísimo acostarlo un par de noches desnudo de la cintura para abajo, no nada más sin calzón. Esto es porque durante el sueño, tu hijo necesita recordatorios sólidos e inconscientes para levantarse o aguantar (además de despertarlo dos veces como recomiendo en ese capítulo). Los calzones o la pijama sin calzones ayudan a contener el accidente, pero de hecho, pueden causarlo (porque sentir la tela en el trasero se parece al pañal y detonan la memoria muscular). Es un círculo vicioso y es tu decisión. En todo caso, en la noche acuesta a tu hijo encima de manta impermeable o toalla. En cuanto le quites el pañal, esta medida no será para siempre, pues el problema de hacer popó en el pañal suele resolverse en una o dos noches. Prescindir por completo de los pañales también ayuda a resolver los pequeños inconvenientes del entrenamiento.

Pipí de venganza

Digamos que tu hijo hizo algo malo y lo sentaste en la silla para una pausa. Ahí sentado, tiene un accidente (pero no queda claro si fue un "accidente"). Si está histérico, es muy probable que la pipí sea parte de esa emoción. Podrías intentar que haga pipí antes de la pausa (buena suerte). Si te da la impresión de que el "accidente" fue una venganza, puedes hacer dos cosas. Espera a que termine la pausa y después límpialo. No soy partidaria de dejar a los niños sentados en su pipí y jamás lo recomiendo. Sin embargo, a esta edad, la pausa no debería superar los dos minutos, así que no pasa nada. Necesitas una ventaja, no puedes suspender la pausa porque se hizo pipí. Si lo haces, no habrás logrado nada, sólo enseñarle que si se hace pipí, se libra de la medida disciplinaria. Durante el entrenamiento, aconsejo contemplar otras medidas en vez de pausas. Para ser clara, asumo que el "crimen" original fue algo como pegar, nada relacionado con el entrenamiento. Si sospechas que estás experimentando mal comportamiento relacionado con el entrenamiento para ir al baño, dirígete al capítulo 13, "Conducta vs entrenamiento para ir al baño".

Cuando manda todo al diablo

Si llevas un par de semanas de entrenamiento y sigues viendo uno o más accidentes al día de manera consistente, es hora de regresar y repetir el bloque uno. Un niño que tiene tantos accidentes no ha aprendido a ir al baño. Lo más probable es que algo haya salido mal en el proceso y tu hijo tiene una laguna en su aprendizaje. No es preciso repetir todo el proceso, pero sí cubrir los puntos elementales. El problema es este: si un niño tiene una laguna en su aprendizaje o comprensión, pronto mandará todo al diablo. Es la actitud de apatía que provoca sentirse estancado y no saber cómo salir del lodazal. Recuerda al punk de la preparatoria que respondía y se iba de pinta. Nueve de cada diez veces este niño tenía un trastorno de aprendizaje u otras circunstancias que interferían con su capacidad para que le fuera bien. La actitud era una máscara. Lo mismo sucede con el entrenamiento para ir al baño. A los humanos nos gusta ser buenos en lo que logramos. Cuando no podemos hacer algo bien, fingimos que no nos importa. Desde luego que no es un proceso mental consciente ni lógico, pero es la explicación. Repite los bloques uno, dos y tres con tu hijo, y averigua en dónde está la laguna de aprendizaje. (Apuesto que la encuentras entre estar desnudo y usar ropa.)

Estas son las crisis más importantes que puedes experimentar en tu primer mes de entrenamiento. Todavía hay mucha información en este libro, además de algunas preguntas misceláneas (y sus respuestas) en el capítulo 19, ingeniosamente titulado, "Recomendaciones y preguntas misceláneas".

CAPÍTULO 10

Popó

Todo lo que hemos hecho como madres, padres y humanos —graduar-nos, tener carreras profesionales, viajar por el mundo, crear arte, dar la vida a alguien— culmina con nuestra derrota porque nuestro hijo hizo o no popó en el bañito. Si alguien te hubiera dicho hace cinco años que te encontrarías aquí, seguro te hubieras reído a carcajadas. Pero aquí estamos. La popó. La imploración. La persuasión. La mira-da de águila en busca de señales. Si la popó te ha hecho llorar, este capítulo es para ti.

No eres el primero, ni el último, en obsesionarte con la popó. La popó es el tema infinito en el entrenamiento para ir al baño, lo cubre todo: escasez, aguantarse inconscientemente, hacer popó en el piso a propósito, enormes luchas de poder por pedir un pañal para hacer popó. Por eso la popó tiene su propio capítulo en este libro y vamos a ahondar en muchas cosas: sociedad, filosofía, mitología y sí, caca. Para entenderla, debes ponerte en lugar de tu hijo y verla con sus ojos. Habrá que tener en mente un par de cosas.

Lo primero, tu hijo sólo conoce la sensación de la popó embarra-da en el trasero. Segundo, para él, hasta ahora, nadie le había pues-to tal atención a esta función tan primaria y privada. Tercero, hacer popó de pie o en cuclillas es mucho más natural que sentado. Cuarto, cambiar hacer popó en un pañal por hacer en un bañito puede ser

ES HORA DE IR AL BAÑO

aterrador. Se requiere paciencia. Tu hija aún no conoce la belleza de un trasero limpio. Está bien, ya lo hará.

Piensa en tu popó. En esas popós colosales. Con las que sientes que bajaste dos kilos y medio en una sentada. En lo personal, me encantan esas popós, pero imagina la sensación que le generan a un niño pequeño. Caramba, debe sentir que se le salen los intestinos. La popó puede ser aterradora. Para hacerla un poco menos repugnante, animo a los papás a que permitan que sus hijos vacíen el bañito en el escusado. Te vas a divertir (o te va a dar asco); casi a todos los niños les fascina su popó. Llevarán el bañito al escusado sin dejar de mirarla, olerla y observar todos los detalles, superorgullosos: "¿Yo hice ESO? ¿ESO salió de MI trasero? ¡Guau!".

El problema principal con el entrenamiento para ir al baño y la popó es que los niños se empiezan a aguantar. El otro es que la dejan salir en el momento inadecuado. Por desgracia, cuanto más se aguantan, es más probable que salga en el peor momento posible. ¿Hasta aquí todo bien?

Vamos a tomarnos un minuto para diseccionar la situación moderna de la popó. En las últimas décadas la popó se ha vuelto más problemática. Si tu mamá te dice lo fácil que fue para ella enseñarte a hacer popó en el bañito, bien. Eso fue entonces, estamos en el presente. Vivimos en un mundo distinto y somos padres distintos, ¿de acuerdo? Me dedico al entrenamiento para ir al baño desde 2002. Escribí la primera edición de este libro en 2009 y en 2011 empecé a asesorar a muchísima gente. En fechas recientes, la popó se ha problematizado. Lo sé.

También me fascina saber por qué, en una generación, las cosas han cambiado de forma tan drástica. Por qué la popó es tal calvario, y por qué la situación se agrava año tras año. Así que he dedicado tiempo excesivo en diseccionar el problema para hacer popó. Voy a compartir sólo lo más destacado porque, en serio, nadie está dispuesto a escuchar todo lo que tengo que decir a propósito de la popó.

Sir Thomas Crapper

A este individuo se le acredita el invento del inodoro con descarga en el siglo XIX. De hecho, era plomero y terminó comprando la patente. El inventor verdadero fue Sir John Harrington, quien inventó el primer inodoro en 1596. En todo caso, es información por completo inútil y me apego a la versión de que el inventor fue Sir Crapper. Suena mejor. En fin, el inodoro ha existido desde hace mucho. He viajado por el mundo y he visitado países en los que la norma son los inodoros turcos en los que hay que acuclillarse. Con franqueza, es mejor hacer popó en cuclillas. Y hay una explicación. El ángulo anorrectal (el ángulo del túnel que lleva la popó al ano) se enrosca cuando te sientas. Sin embargo, no cuando te pones en cuclillas o de pie. Esto facilita la evacuación, casi sin esfuerzo.

Creo que el hecho de que culturalmente nos sentemos a hacer popó es parte del problema de los niños y la popó. Los adultos ya nos acostumbramos, pero para los pequeños, la transición entre hacer popó de cuclillas o de pie (lo que hacen con frecuencia cuando traen pañal) y sentados se resalta durante el entrenamiento para ir al baño. Sin embargo, este fenómeno no explica la gran dificultad para hacer popó. A algunos niños no se les dificulta sentarse a hacer popó, y la realidad es que el inodoro existe desde hace mucho. Si la postura fuera la única causa de los problemas con la popó, hace mucho ya nos habríamos desecho del inodoro.

De todas formas, sentarse contribuye a las dificultades, así que hasta que alguien diseñe el bañito perfecto —estoy en ello—, cuando tu hijo se siente a hacer popó, puedes colocar unos libros debajo de sus pies para acercar sus muslos al pecho. Esto ayuda a crear un alineamiento anorrectal adecuado y facilita muchísimo hacer popó. En lo personal me gusta el banquito para baño el Squatty Potty. Podrías considerarlo para ti y tu hijo, cuando crezca; a mi hijo de seis años le *encanta*.

En breve, la postura correcta para hacer popó es importante, pero no es el único origen de los problemas relacionados con la popó.

Hacer popó es un acto primitivo

Hacer popó es una función muy primitiva. Nuestra popó es parte de nosotros —literalmente— y expulsarla exige una privacidad que si lo piensas, el pañal concede. Cuando un niño tiene el trasero cubierto, se siente oculto y privado. Al principio, traer el trasero descubierto, como hacemos durante el entrenamiento, ocasiona que hacer popó se sienta incómodo, muy público. Los adultos acostumbramos a meternos a una habitación pequeña dedicada a hacer popó y cerrar la puerta. No nos gustan los intrusos. Nuestros hijos tienen esos mismos deseos. Si tu hijo se resiste a hacer popó, lo primero que deberías concederle es privacidad. El nivel de privacidad que puedes otorgar depende de la edad del niño. La edad también determina cuánta privacidad requiere tu hijo. Los niños menores de 24 meses suelen necesitar menos. A partir de los 24 meses, cada mes desarrollan mayor consciencia de ellos mismos. Esto quiere decir que necesitan más privacidad. Otorgarle privacidad a tu hijo puede ser sencillo, por ejemplo, olvidar algo en otra habitación en cuanto esté acomodado en el bañito. O bien, cerrar la puerta del baño.

Con demasiada frecuencia, sobre todo durante el entrenamiento, una función muy personal recibe demasiada atención. Pero, de nuevo, se trata de una pieza pequeña del enigma de la popó.

Tus valores fecales

¿Qué diablos son los valores fecales? Es un concepto que inventé para describir la opinión que tiene tu familia de la popó. ¿Te gusta? ¿En tu casa hacer popó es un chiste? (Es mejor que lo sea.) Cuando alguien entra al baño y lo apesta, ¿hablan de ello o lo ignoran? ¿Son el tipo de familia que cuando alguien se tira un pedo, todos fingen que no sucedió? ¿Eres la clase de persona que sólo puede hacer popó en casa? En breve, ¿te avergüenza la popó o te parece normal?

En general, somos una cultura que desdeña la popó. Al margen de las actitudes, es una función corporal vital que nos permite eliminar los desechos de la digestión. Para citar a John Robbins, "No eres lo que comes. Eres lo que no cagas".

Le transmitirás a tu hijo tus valores fecales, punto. Si no te gusta la popó, a tu hijo tampoco le gustará. Si la consideras lo más asqueroso del mundo, también lo hará tu hijo. Si sólo puedes hacer popó en casa, tu hijo será igual.

Nada de esto es crítica. Es un hecho. Algunos papás son raros en lo que respecta a la popó, pero esperan que su hijo haga popó sentado en su bañito en la sala. Pues no.

Ahora, tal vez creas que tu actitud hacia la popó es relajada. Está bien. ¿Pero es en serio? Una buena señal de tu verdadera actitud es tu respuesta a la sugerencia de que tu hijo te acompañe al baño cuando hagas popó. Si no te incomoda (o si ya lo hacen en casa), genial. Si te opones a la idea, pregúntate por qué. Quizá sea un buen indicador de que tu actitud no es tan relajada como creías.

Sugiero que antes de iniciar el entrenamiento para ir al baño, permitas que tu hijo te acompañe al baño mientras haces popó. Es la mejor manera de transmitir la conducta en el baño que vas a enseñarle. Así podrá darse cuenta de que, a veces, hacer popó puede ser cosa de varios minutos. Que algunas personas gruñen o hacen caras. Y ver que la popó sale de tu cuerpo, cae en el inodoro y nadie muere por ello. Todas son razones válidas para que tu hijo te acompañe al menos una vez. No tiene que ser siempre. De hecho, es muy valioso que de vez en cuando, anuncies que vas a hacer popó y que te gustaría tener privacidad. Es una buena manera de presentar esta palabra y noción.

Alimentación

Desde luego no podemos discutir las dificultades para hacer popó sin hablar de la alimentación. La mayoría de los niños tiene una alimentación bastante sana (en general, diría que hasta los 24 meses, más o menos). La mayoría de las mamás se esmera por darles frutas, verduras y otras cosas saludables. La mayoría permite un dulce o un jugo artificial de vez en cuando. Sin embargo, me he dado cuenta de que en cuanto cumplen dos años, la mayoría de los papás empiezan a "ceder" un poco más. Aumentan las invitaciones para ir a fiestas de cumpleaños, y con ellas, el consumo de pastel. Los papás empiezan a permitir un poco más de dulces o jugo o según sea el caso. En general, vamos cediendo un poco más.

Alrededor de los dos años los niños empiezan a ser quisquillosos. A mostrar preferencias, y les suele gustar la comida chatarra. A esta edad empieza la fase de "no come nada que no sean macarrones con queso". También de la comida para llevar. Seguro tu hijo ya come sin que tengas que observar cada bocado que se lleva a la boca para comprobar que no se ahogue, ¿verdad? Así que le das colaciones en el coche y el parque con más seguridad. Estas colaciones suelen ser prácticas, no pegajosas, como galletas saladas y cereal.

Sé que este no es un libro de nutrición, pero sería negligente si no incluyera un párrafo sobre alergias alimentarias en la sección de popó.

A uno de cada tres de mis clientes con dificultades para hacer popó se les diagnostica alguna alergia alimentaria. La más frecuente es el glúten, y en segundo lugar, los lácteos. *Si tu hijo está estreñido con frecuencia o sus heces son de consistencia más bien líquida*, hazte un favor y visita a un alergólogo. *Si tu hijo evacúa diarrea más de cuatro veces al día...* algo no anda bien. Más aún, tu hijo no está digiriendo sus alimentos, lo cual puede provocar desnutrición.

Sé qué las alergias alimentarias son una verdadera *lata*. Lo sé. Pero he conocido a muchísimos padres que identifican la causa en algún alimento, lo solucionan y milagrosamente desaparece el problema para evacuar.

En cuanto a las grasas, la moda de los alimentos bajos en grasa no es sana, sobre todo para los niños pequeños. Asegúrate de que consuma grasas saludables y adecuadas. En mi opinión, buena fuente de grasas son el aceite de coco, el aguacate, el aceite de oliva, las cremas de semillas o nueces, la mantequilla de buena calidad y el yogurt natural con grasa. El consumo de grasa saludable contribuye a evacuar y me da la impresión de que mejora la capacidad de los niños para centrarse y comportarse.

En lo personal, sigo la dieta paleolítica o del cavernícola y nunca he gozado de tan buena salud. No como granos y tampoco mi hijo. Cuando modifiqué su alimentación, juro por Dios que empezó a portarse casi como un ángel. También está más concentrado todo el día y no tiene hambre constantemente. Desapareció el eczema que le laceraba la piel. Insisto, este no es un libro de nutrición, así que hasta aquí con los consejos.

Si a tu hijo le está costando hacer popó, quizá tengas la tentación de aumentar la ingesta de fibra. Está bien, pero no todos los frutos secos (un recurso frecuente para aumentar la fibra alimentaria) son ricos en fibra, y algunos pueden tener el efecto contrario y estreñirlo (también se pegan en los molares pequeños). En lo personal, he descubierto que el coco en cualquiera de sus presentaciones —aceite, hojuelas o leche— es lo mejor para aliviar el estreñimiento. Hay muchas recetas con coco, pero honestamente, basta con una cucharadita o dos de leche o aceite para destapar. La linaza molida con leche de coco es un rico cereal caliente para el desayuno y super, superdigestivo. A partir de mi experiencia, recomiendo aumentar las grasas antes que la fibra. En serio, la diferencia es muy notoria.

Al margen de todo esto, ni siquiera la alimentación resuelve por completo el enigma de la popó. Una alimentación equilibrada sin duda ayuda, pero no es la respuesta. A fin de cuentas, el día que inicias el entrenamiento para ir al baño, tu hijo no cambia por completo su alimentación, ¿de acuerdo? En todo caso, muchos papás cuyos hijos hacían popó tres veces al día, sin dificultades, con pañal, notan las problemas en cuanto le quitan el pañal. Así que el problema debe ser el entrenamiento.

El "problema para hacer popó" y la vida moderna

Aquí las cosas se tornan interesantes. He estudiado este fenómeno desde muchas perspectivas, créeme. Hacer popó nunca había generado dificultades, hasta los últimos diez años. La alimentación es un factor. Hacer popó sentados y no en cuclillas es otro. Hay otro factor que no hemos contemplado, y en mi opinión es fundamental: el ritmo vertiginoso de nuestra vida. En estos días, obtenemos información y nos conectamos con los demás mucho más rápido que generaciones anteriores. Creo que el mundo se mueve demasiado rápido para nuestros hijos. Y como resultado, están ansiosos, sin importar cómo procuremos combatirlo de manera individual en casa.

Si concibes a tu hijo como un ser fundamentalmente ansioso y el pañal como su objeto transicional más antiguo y querido, el problema para hacer popó cobra sentido. En esencia, no creo que hacer popó sea el *origen* del problema. Sino que nuestros hijos se aferran al objeto transicional literal (el pañal) que conocen desde que nacen. Cada vez veo a más niños que piden un pañal para hacer popó, en vez de hacer en el bañito. Hace diez años, era casi inaudito, pero ahora es más común.

Profundicemos más y examinemos la psicología de retener (no hacer popó) y su opuesto, soltar (hacer popó). En la mitología, retener y soltar es un tema muy común. Incluso en la actualidad, consiste en la trama de muchas películas. Entonces, si la popó es soltar por excelencia, ¿por qué un niño retendría?

Me parece una pregunta muy interesante que vale la pena examinar. Como sociedad estamos tensos. La política parece un *reality show*. Nuestros *reality shows* son el alimento de la cultura popular y fomentan una conducta espantosa. Facebook se ha vuelto una adicción muy real. Las noticias en línea, la capacidad para darles me gusta y compartir, los blogs... todas estas cosas se conjuntan y resultan en un mundo que avanza a un ritmo vertiginoso. Como padres, en especial, somos susceptibles a una oleada de noticias aterradoras (secuestros, etcétera) y al dramatismo en los medios sobre la crianza, como la infame portada de *Time* de una mamá amamantando. Estos medios nos confunden y son nocivos para nuestra intuición. También nos hace sentir ansiosos y nuestros niños lo perciben.

Pero los medios no son el único factor. Ahora los niños son un mercado, más que nunca. Es otra diferencia crucial que percibo entre la generación anterior y la actual. Las fiestas de cumpleaños son sucesos importantes y a los niños los invitan a muchas. Conocí a una mamá que no encontraba un fin de semana para empezar a entrenar a su hijo de dos años porque tenía fiestas de cumpleaños seis fines de semana seguidos. Es demasiado.

Muchos, muchos papás me han escrito para preguntarme si su hijo puede ir a clase de natación, gimnasia o música el segundo día del entrenamiento. Acoplar el entrenamiento para ir al baño en el calendario de tu hijo es hacer las cosas al revés. Saber ir al baño es una aptitud vital, tu hijo necesita saber hacer popó en el bañito más que asistir a una clase de música. Pero eso no viene al caso. El punto es que hoy en día, los niños tienen agendas muy apretadas. Todos sabemos que no es sano tener demasiadas actividades y a lo mejor no creemos que nuestros hijos entre 12 y 36 meses tienen demasiadas, pero para ellos, casi todo cuenta como un suceso relevante. Creo que la mayor parte del tiempo, nuestros hijos funcionan con poca energía y entusiasmo y padecen lo que denomino "resacas emocionales".

Por otra parte, los padres se esmeran mucho por "crear recuerdos". En mi opinión, los recuerdos nacen de los momentos triviales y amorosos entre tu hijo y tú. No implican necesariamente ir a Disney o al último concierto de Wiggles.

En resumidas cuentas: vamos muy rápido. Estamos exponiendo a nuestros hijos a demasiadas cosas y muy de prisa. Es parte de nuestra sociedad. Un ejemplo, llevé a mi hijo al cine a ver *Chimpancé*, una hermosa película de naturaleza. Puede ver la tele e ir al cine, pero cuido mucho lo que ve. Los adelantos para otras películas que pasaron en el cine casi nos dan convulsiones, la velocidad de las imágenes fue muy violenta. Sin embargo, en estos días esta experiencia no es anormal. Todo en nuestro entorno avanza así de rápido. Ya no soportamos el aburrimiento, en el instante en que nuestros hijos o nosotros mismos nos sentimos aburridos, nos apresuramos para llenar el vacío.

Ahora bien, vivo en el mundo real y me encanta Facebook y mi smartphone, no sugiero que renuncies a todos los medios de comunicación, sino que desaceleres. En casa, procura cerrarle la puerta a la publicidad abierta dirigida a los niños. Tómate el tiempo para disfrutar sus avances importantes, como el entrenamiento para ir al baño, aprender a subir y bajar un cierre, amarrarse los zapatos y andar en bici. A los niños les encanta la rutina. Necesitan tiempo para descubrir su entorno. Los respiros son esenciales. El aburrimiento engendra la creatividad, es bueno para el alma.

Para regresar al tema de la popó, creo que nuestro mundo acelerado es en buena parte responsable de los problemas para hacer popó y por qué son tan frecuentes. Muchas mamás me dicen: "Llevo dos días en casa con mi hijo enseñándole a ir al baño. Estoy enloqueciendo". No es por nada, pero quedarte dos días en casa no debería enloquecerte. Piénsalo.

Asegúrate de crear un refugio en casa para tu hijo, para que tenga tiempo para ir despacio y explorar a su propio ritmo. Hoy hacemos todo al revés. Los hiperestimulamos y agendamos demasiadas actividades sin pensarlo, pero retrasamos aptitudes para la vida como el entrenamiento para ir al baño.

El preescolar de mi hijo fue una maravilla. Tenía un enfoque muy Montessori/Waldorf, pero no tenía ninguna afiliación oficial con ninguno. Todos los días horneaban sus colaciones y se sentaban como una familia. Se servían su agua y medían las cosas. No permitían que los niños llevaran objetos con personajes, para desalentar la publicidad, tampoco que llevaran refrigerios con azúcar, era ese tipo de escuela. Uno de los motivos por los que elegí esta escuela era porque no tenía patio. La escuela estaba en el centro y los niños aprovechaban toda la ciudad. Salían todos los días, no importaba si hacía frío, llovía, había sol o nevaba —salvo cuando había tormentas de nieve—. Me parecía magnífico.

También le enseñaron a los niños a vestirse para el clima. Como ponerse ropa para la nieve: pantalones para la nieve, guantes y botas. Como subirse los cierres, abotonarse y amarrarse. ¡Fantástico! Enseñarles aptitudes para la vida es mucho más valioso que cualquier otro tipo de "enseñanza". Vivimos en Nueva Inglaterra, y tener un niño de tres años que puede ponerse su ropa para la nieve es una maravilla. Lo menciono porque considero que es el orden adecuado de hacer las cosas. El cerebro de mi hijo no necesitaba estimulación específica para las matemáticas, la lectura o la música. Necesitaba estar en control de su persona. Y aprender aptitudes como ir al baño lo permite. Fomenta el orgullo de dominar algo. Así se construye el autoestima.

Qué hacer con el tema de la popó

Todo este rollo sobre por qué hacer popó se ha vuelto más difícil está muy bien, pero estás aquí porque quieres saber cómo resolverlo, así que repasemos los casos más frecuentes y también algunos muy particulares.

Al hacerlo, quiero que tengas en mente, ante todo, que *todo esto es nuevo*. Tu hijo sólo conoce la sensación de la popó cálida y blanda en el trasero. La idea de soltar la popó en una especie de hoyo puede ser intimidante. La norma social dicta poner la popó en un contenedor, pero recuerda, durante casi dos años tu *hijo* sólo ha conocido el pañal.

Existen tantas facetas de por qué hacer popó es tan dramático que he dividido el tema en partes accesibles. Vamos a dedicar unos minutos a hablar de las muchas cosas que suceden en una evacuación básica en el bañito. Primero, la retención inconsciente. Es una preocupación enorme para muchos padres. El escenario puede ser este: antes tu hijo hacía dos o tres popós al día en el pañal. Ahora que empezaste a enseñarle a ir al baño... cero. Tal vez se resista a sentarse en el bañito. Algunos niños argumentarán que les "duele el trasero. O tal vez no dicen nada, pero no hacen popó.

Hay que recordar, desde el inicio, que fundamentalmente la popó es algo personal. Como adultos lo entendemos cuando se trata de nosotros, pero cuando se trata de nuestros hijos, se nos olvida. La popó es una de las pocas cosas que de verdad nos pertenecen. O bien: se dice que la boca y los dientes son sumamente emocionales, por eso tanta gente entra en pánico al ir al dentista. Es un orificio. Es mío. No te acerques. ¿De acuerdo? ¡Pues es un orificio que está a la vista de todos por el amor de Dios! El ano no se presta al escrutinio. No obstante, nos entrometemos en el de nuestros hijos y lo que resguardan. Antes el pañal ocultaba este proceso, por supuesto le cambiabas el pañal, pero no interferías con la salida de la popó. No tenías idea de cómo era el proceso para tu hijo. Quizá veías una "mueca de popó", pero se dibuja hasta que esta sale. No tenemos idea cuánto tardó en salir. Así que ahora que empiezas a entrenar toda la atención se centra en el trasero de tu hijo y lo que produce.

Vamos a dedicar otro minuto a hablar de esa atención total hacia una función que de otra manera es privada. El ano es un músculo esfínter. Abre y cierra según nuestras emociones. (Esta es una de mis líneas favoritas en el libro, incluso estoy pensando mandar a hacer playeras porque no estoy bien de la cabeza.)

Otro ejemplo de músculo esfínter importante: el cérvix. El cérvix es uno de los músculos más importantes responsables de traer un bebé al mundo. Ina May Gaskin, partera célebre en el mundo, explica cómo el cérvix debe estar abierto para dar a luz. También señala que se puede cerrar:

Incluso cuando los músculos voluntarios se cansan, los esfínteres no se cansan. Están conectados con los órganos que se llenan con algo: la vejiga, el útero, los intestinos. Se expanden y se contraen y cuando abren de par en par, expulsan sus contenidos, y se vuelven a cerrar. Pero funcionan mejor en privado, son tímidos, y este es el caso de los humanos y la mayoría de los animales. Buscamos privacidad para permitir a nuestros esfínteres hacer lo suyo, una labor que en el nivel más elemental, tiene que ver con los niveles de hormonas en el organismo. Por ejemplo, los niveles de oxitocina en la sangre se elevan cuando expulsamos algo grande (ya sea un bebé o excremento). La risa puede ayudar a abrir los esfínteres. Le pido a las mujeres que se rían en el parto porque facilita el proceso, también contribuye a los niveles de oxitocina y endorfina. Por el contrario, si alguien tiene miedo o se siente transgredido, el esfínter se puede cerrar por completo.

Es célebre por ilustrar este punto en sus clases prenatales. Coloca un cuenco de plata grande al centro de la clase, con un billete de cien dólares. Quien pueda hacer popó en el cuenco, se puede quedar con el billete. Hasta ahora, nadie ha podido.

Estamos enseñando a los niños a ir al baño y el bañito está en el centro de la habitación, incluso si es en sentido metafórico. La atención se centra en el bañito. La atención se centra en el niño y la popó. Y esperamos que el niño haga popó en el cuenco de plata... y no siempre funciona así. Lo complicado es que no puedes darle a tu hijo total privacidad cuando está aprendiendo algo. No lo puedes dejar solo porque es muy probable que te necesite para reconocer la sensación de querer hacer popó, así como para llegar al bañito y sentarse en él.

En general, cuando se trata de popó, he percibido que los papás no toleran que sus hijos se bloqueen. Los padres han decidido enseñar a sus hijos a ir al baño y esperan que todo fluya como lo hacía en la relativa privacidad del pañal. Cuando las cosas no fluyen sin contratiempos, los padres confunden el retraso con que el niño "no está listo". De hecho, lo opuesto también es cierto: cuanto antes inicies el entrenamiento para ir al baño, tu hijo será menos consciente de que necesita privacidad durante esta función corporal. Cuanto mayor sea, mayor será la consciencia y por tanto mostrará mayor resistencia.

Al igual que el cérvix, el ano se relaja en un entorno agradable. Un ambiente sin mucha fanfarria ni palabras. Un entorno relajado, semiprivado y tal vez con mucha risa. Cuanto más normal y rutinario puedas hacer el acto de sentarse a hacer popó, más se va a relajar el ano. Ser el centro de atención puede cohibir a algunos niños (no al grado del estreñimiento, pero sí les impide hacer popó una o dos veces al día como acostumbran). Es normal. La analogía del parto sigue siendo pertinente: cuando estás en trabajo de parto quieres tener a tu lado a alguien estable y confiable. No quieres a nadie que recurra a la lógica y el sentido común. Tampoco a nadie nervioso. Y sin duda, a nadie que te presione para que acabes de una vez.

La paciencia, la consistencia y la comprensión normalizarán el proceso para tu hijo. Sé que es difícil darle privacidad a un niño pequeño que está aprendiendo una aptitud nueva, pero hay maneras de hacerlo. En las primeras etapas del entrenamiento para ir al baño, sugiero que coloques el bañito en donde tu hijo pase más tiempo, pero esto no quiere decir que sea en el centro de la habitación. El proceso de hacer popó puede ser discreto, sin que sea detrás de puertas cerradas. Puedes estar a su lado sin presionar. (En serio, no le separes los glúteos para comprobar si está por hacer popó. Es un impulso difícil de resistir, pero debes hacerlo.) Un truco estupendo es sentar a tu hijo para que haga popó y de repente, fingir que tienes que hacer algo en otra habitación. Dile que se quede sentadito y que regresarás. Nueve de cada diez veces, tu hijo hará popó cuando te vas un minuto. De hecho, una señal muy reveladora de que es momento de entrenarlo es cuando se esconde para hacer popó. ¡No pierdas esta oportunidad!

El objetivo es quitarle los reflectores a tu hijo y a este proceso. Nadie quiere hacer popó mientras todos lo miran. Por supuesto, chocar las manos o gritar un "¡yupi!" cuando concluya la hazaña está perfectamente bien.

Si tu hijo no hace popó los primeros días del entrenamiento, relájate. No es a propósito y no te está manipulando: es un proceso normal, de mantener sus asuntos privados.

Ina May Gaskin concluye su argumento sobre los músculos esfínteres con esta frase: " si alguien tiene miedo o se siente transgredido, el esfínter se puede cerrar por completo". Desde luego se refiere al cérvix y al parto, y yo al ano y la popó. Es la misma diferencia. Un esfínter con otro nombre sigue siendo un esfínter.

Esto nos lleva a nuestro siguiente punto lógico. ¿Por qué carajo un niño se sentiría atemorizado o transgredido durante el entrenamiento para ir al baño? Por muchos motivos, y ninguno de ellos tiene que ver con "estar listo". Ya mencioné el tema de la privacidad: poner los reflectores en una función tan privada puede sentirse como una transgresión. Claramente no me refiero al tipo de transgresiones espantosas que a veces se ven en las noticias —más bien a una transformación más bien vergonzosa—, sin embargo, en un nivel primitivo, se puede sentir como una violación. Es el mismo sentimiento vergonzoso de transgresión que nos impide tirarnos muchos pedos en un baño público si el baño de junto está ocupado. Sabes a qué me refiero.

Veamos por qué un niño tendría miedo de hacer popó en el bañito. Para iniciar, es nuevo. A los niños entre 12 y 36 meses les encanta la rutina. Los pañales han sido su rutina desde hace... mmm... dos años desde su nacimiento. Piénsalo. Es probable que antes incluso de que lo amamantaras por primera vez, ¡ya tenía puesto un pañal! Guau. Visto así, es una locura, ¿no crees? Sí, algo así de nuevo e importante lo va a desestabilizar. Así como los niños experimentan ansiedad por la separación cuando están lejos de ti, conocen y aman el pañal el mismo tiempo que te han conocido y amado a ti. Así que es justo decir que el temor se puede equiparar con la ansiedad por la separación.

Utilizo muchas frases para describir lo que un pañal puede significar para un niño: un hábito, rutina, adicción, objeto transicional. Todas las palabras equivalen a la misma noción: tu hijo sólo sabe hacer popó en un pañal. Ahora, tú y yo sabemos del manejo de desechos, la toxicidad de la materia fecal y las maravillas del drenaje, pero de nuevo, veámoslo con los ojos de un niño: desde que nació ha hecho popó en un pañal. Tal vez sepa que tú vas a otro sitio a hacer tus asuntos, quizá sepa que tú no usas pañal, probablemente sepa que otros adultos hacen sus asuntos en otro lado. Tal vez no. Porque a los niños entre los 12 y los 36 meses no les interesa nadie más que ellos, como la instrucción eterna "por favor, comparte" puede confirmar. Es completamente normal y hasta me parece divertido. En fin, todo esto para decir: no esperes que tu hijo llegue a la conclusión lógica de que un día, él también hará popó en ese lugar designado para tales fines. De hecho, tu primer error sería esperar algo lógico de tu hijo a esta edad.

Tu hijo lleva haciendo popó de una manera —la única que conoce— desde hace más o menos dos años y un día, le pides que haga popó en otra parte. ¿Entiendes por qué se resistiría? Imagina que un día me visitas en mi casa y te dijera que nosotros hacemos popó en la esquina de mi sala. Te intento convencer de que está bien, que todos lo hacemos. En serio. Te daré privacidad. Por favor, haz popó en la esquina de mi sala. ¡No te preocupes! ¡Yo limpio! Sin importar lo que te dijera, sabrías que está mal. ¿Sí o sí? Porque sabes que es insalubre y estás condicionado, desde hace tiempo, para hacer popó donde se debe.

Ahhh... las palabras mágicas: *condicionado a hacer popó donde se debe.* ¿Cómo condicionas a un ser humano diminuto, cuyo razonamiento lógico no está desarrollado? Es curioso. Apuesto a que mediante la constancia y la repetición. El nombre del juego de la popó es: constancia y repetición.

¿Qué otro motivo tendría tu hijo para temer hacer popó en el bañito? Si estás comiendo ahora, mejor haz una pausa.

Además del pañal, tu hijo sólo conoce la sensación cálida, cómoda, de la popó en su trasero. Esa sensación es normal para él. Es su rutina, es segura. A los adultos nos parece asqueroso, pero a los niños les gusta. Sobre todo porque es todo lo que conocen. He trabajado con niños que pueden decir abiertamente: "Me gusta el calor de mi pipí y popó en el pañal". Lo bueno que son un encanto, ¿no?

Desde luego, no nos olvidemos del miedo al inodoro. En el transcurso de los años, he escuchado sobre una serie de monstruos que viven en el inodoro. Es divertidísimo jalarle al baño hasta que llega la hora de la verdad: poner sus traseros en el inodoro. Desde la perspectiva de los niños: no entienden hacia dónde va la descarga (maldita lógica). Y después les pedimos exponer una parte muy personal y vulnerable de su anatomía en este abismo de Dios sabe qué. Sí, puede ser aterrador. Algunos niños llevan este temor al bañito, pero a la mayoría le divierte contemplar qué y cuánto producen (puede ser increíblemente grande) y tirarlo al inodoro. Por eso siempre recomiendo un bañito, creo que son una genialidad. Por lo menos el bañito mantiene la popó cerca. Es una forma literal para que vean qué producen. Puede dar miedo renunciar a lo que se siente parte de ti y no tenerlo cerca, por lo menos un poco.

El bañito es superútil para sentarse en cuclillas y evacuar adecuadamente. Si a tu hijo se le dificulta el accesorio para el inodoro grande, intenta con el bañito y coloca libros debajo de sus pies.

En definitiva, cuando le enseñas a ir al baño, reorientas un hábito de toda la vida. Sí, es una vida breve hasta ahora, pero es un hábito para toda su vida. Al igual que con los hábitos que se adoptan durante algún tiempo, lo mejor es cortarlos por completo. ¿Has intentado separar a un niño de su chupón? Lo que funciona es tirar el chupón y enfrentar los efectos colaterales, si los hay. ¿Crees que sería efectivo dárselo nada más una hora en la mañana? Seguro no. Los niños no piensan de manera lógica. No conocen el tiempo. Lo mismo con los pañales. Muchos papás interpretan el temor o la resistencia como señal de que su hijo no está listo; no es verdad. De hecho, cuanto más lo dejes en pañales, más se arraiga este hábito, más se apega esta costumbre, más normaliza la sensación cálida de la pipí y la popó en la piel. Con el paso del tiempo se vuelve cada vez más difícil que el niño renuncie a ello. La resistencia y el temor aumentan, lo que resulta en luchas de poder épicas.

No está haciendo popó, para nada

Este problema adopta muchas formas. Los primeros dos días no se puede saber. Como ya mencioné muchas veces, los primeros intentos son de aprendizaje. No podemos asegurar qué sucede hasta que identificamos un patrón. *Es muy común* que tu hijo no haga popó el primer o segundo día del entrenamiento. Hay mucha presión, incluso de parte de los papás tranquilos, y ansiedad por lograrlo. Esta presión natural es el motivo por el cual queremos mantener las cosas informales y tranquilas. Dentro de esta categoría amplia de "cero popó", hay algunas variantes.

Si tu hijo parece estar haciendo pipí bien e intenta sentarse a hacer popó, no te preocupes. Ya saldrá.

Si está bailando —sabes que tiene que hacer popó, él sabe que tiene que hacer, se sienta, se para, se sienta, se para, camina de puntitas, etcétera—, no pasa nada. No lo apresures. He visto este baile hasta diez horas. Asegúrale que la popó va en el bañito. Siempre usa palabras como "suéltala", "que se deslice", "sácala", "déjala caer", palabras *pasivas*. Para los niños, la popó sale sola, de hecho, se esfuerzan más aguantándose. Recuérdale que pude usar el bañito o el accesorio para el inodoro. Algunos niños tienen sus preferencias muy claras. Ofrece leerle o siéntate con él. Recuerda que es una sensación novedosa. Puede asustar porque es *nueva*. Este baile y dificultades para hacer popó no tienen nada que ver con la "disposición". En la mayoría de los casos, la popó llegará a su debido tiempo y caerá en el bañito o el inodoro.

¿Y si el baile ha durado todo el santo día y, por supuesto, en cuanto te descuidas, cae en el piso? Las primeras dos popós, está bien. Claramente no está bien, pero no estropeará el proceso. Sólo recuérdale que no está bien hacer popó en el piso, va en el bañito. Reconoce los sentimientos. "Sé que se siente muy raro, y debes depositar tu popó en el bañito". Si tu hijo parece contrariado por la popó, siempre reconoce su sensación. Nunca jamás lo convencerás de que no se siente raro, o por lo menos nuevo.

Si en cuanto te das la vuelta hace popó —casi siempre esta popó ocurre en la esquina—, excelentes noticias. Este niño necesita más privacidad. Como ya mencioné, siéntalo en el bañito, olvida algo en otra habitación. Nueve de cada diez veces, hará popó cuando no estés en la habitación.

Lo volveré a mencionar más adelante, pero muchas veces, cuando un niño está haciendo el complejo baile de la popó (camina agarrándose el trasero, casi siempre de puntitas, y es obvio que tiene ganas), el mejor enfoque es dejarlo tranquilo. Puedes mencionar: "Veo que tienes que hacer popó. Ahí está tu bañito o puedes usar el inodoro grande". Es el momento perfecto para no hablar de más. Necesitas darle espacio para que tome una buena decisión.

Si has hecho todo esto y la popó sigue acabando en el piso o en los pantalones, es hora de pasar a otro nivel. Puede ser muy útil que tu hijo te ayude a limpiar. Por supuesto, no le permitas que manipule la popó. Pero que se cambie de ropa solo. Hazlo con calma. La idea es que vaya entendiendo que limpiarse le quita más tiempo de jugar que sentarse y hacerlo en el bañito. No permitas que tire la popó en el inodoro y le jale. Es una parte divertida del proceso y no le toca a menos que no haga todo lo demás.

Lo siguiente es que haya una consecuencia, pequeña e inmediata. Algunos papás se oponen. Los primeros días no debe haber consecuencias, porque todavía está aprendiendo. Pero cuando estés seguro de que ya sabe cómo hacerlo, por lo menos en teoría, está bien que hayan consecuencias menores. Como dije, deben ser pequeñas e inmediatas. Por ejemplo, quitarle lo que está usando para jugar en ese momento o no dejarle seguir en esa actividad. Las pausas no funcionan pues son consecuencias distantes, a largo plazo, como dejarlos sin postre después de cenar. Los niños pequeños carecen del proceso mental para conectar sucesos tan distantes.

El motivo por el cual las consecuencias funcionan es que, cuando ya sabe cómo hacer pipí y popó, y sigue haciendo popó en el piso o en los pantalones, se trata de un asunto de conducta. Puede ser rebeldía intencional o flojera, es un problema de conducta. La consecuencia no debe ser cruel ni draconiana, sino reforzar el concepto de causa y efecto con algo que le afecte. Cuando hacerse popó en los pantalones no causa efecto suficiente (y es el caso de algunos niños), necesitamos otro componente. Consulta el capítulo 13, "Conducta *vs* entrenamiento para ir al baño" para más al respecto.

Cuando conocí a Rachel, una antigua cliente, su hijo ya sabía ir al baño. Hacía pipí solo, pero con mucha frecuencia se hacía popó en los pantalones. Rachel se oponía a la idea de las consecuencias. Se resistía a "castigar" a su hijo, Sean. Después de platicar a detalle, me quedó claro que Sean estaba siendo "flojo". Simplemente no quería dejar de hacer lo que estaba haciendo. Rachel intentó poner en pausa la actividad para animarlo a usar el bañito, nada. Intentó llevar un juguete al bañito, nada. Incluso que la ayudara a limpiar, pero como él no podía tocar la popó, no le perturbó. Cuando le sugerí una consecuencia, se resistió con todas sus fuerzas. No veía la diferencia entre una consecuencia y una recompensa, y prefería la recompensa que el castigo.

Te diré lo que le dije a Rachel y lo que he repetido muchas veces a lo largo del libro: no creo en las recompensas a cambio de conducta natural. Si lo quieres intentar, adelante. En lo personal, sé que puede crear más mal que bien. No creo que una calcomanía o un dulce sea suficiente para cambiar una conducta. Tampoco creo que una calcomanía refleje el esfuerzo. No creo que un niño tenga el proceso mental para decir: "Ah, tengo cuatro calcomanías esta semana, tres más y me toca un premio". He visto a niños aprender a medir la pipí y la popó para recibir más recompensas, y he visto que los dulces crean mayores luchas de poder durante el entrenamiento. No vale la pena. A veces me encuentro con un niño a quien no termino de entender —¿ya aprendió o no?—, e incluso en ese caso, una recompensa puede ser útil. Insisto, no tiene que ser cruel. Es una forma de que el niño se interese un poco más por aprender la nueva habilidad.

Rachel cedió y cada que Sean hacía popó en un lugar inapropiado, le quitaba un juguete pequeño. No lo hacía con dramatismo, sino incrementó las consecuencias: "tú haces esto, yo hago aquello". A los dos días, Sean ya estaba haciendo popó en el bañito con normalidad. Por alguna razón, necesitaba un poco de motivación externa. Ahondaré en este tema en el capítulo 13, "Conducta vs entrenamiento para ir al baño".

Si ya pasaron varios días y tu hijo no ha hecho popó, es muy importante purgarlo. Consulta con su pediatra alternativas de laxantes infantiles. Un posible problema con los laxantes infantiles es administrar la dosis adecuada. Sugiero que comiences con una dosis mínima. La intención es ablandar las cosas, no ocasionar un desastre. Los alimentos laxantes (con mucha fibra) también son buenos, pero no tienen el mismo efecto que un laxante, y si se consumen en exceso, algunos pueden estreñir.

Conozco a muchas mamás que han empleado supositorios pediátricos. Antes creía que los supositorios eran una medida extrema. Cada vez más mamás me reportan que les funcionaron de maravilla. Vale la pena tomarlo en cuenta si tienes dificultades con un niño que no hace popó. Dos cosas me parecen maravillosas: (1) los supositorios no tienen efectos secundarios y (2) hacen efecto a los quince o treinta minutos. Comúnmente los laxantes tardan hasta un día en hacer efecto y con mucha frecuencia pueden crear un desastre.

Los problemas del estreñimiento: (a) la popó se endurece y cuando al fin sale puede causar dolor; (b) puede presionar la vejiga y causar muchos accidentes de orina.

Dolor rectal o traumatismos en el trasero

Ten en cuenta si tu hijo ha tenido algún dolor rectal. He trabajado con niños que han tenido toda clase de traumatismos. Algunos han padecido estreñimiento desde pequeños. Otros han requerido cirugía en los genitales o el ano. Otros han sangrado al evacuar. Si tu hijo ha experimentado dolor rectal o algún traumatismo, el entrenamiento debe ser lento. Siempre comienza el entrenamiento con alguna clase de laxante. Las primeras popós del entrenamiento deben ser fáciles. Siempre asegúrale a tu hijo que sabes que ha tenido dificultades en el pasado. Procura no abusar de la palabra "dolor". Cuando un niño la asocia con el bañito y empieza a usarla, es muy difícil descifrar si algo le duele o simplemente no quiere usarla. La palabra "dolor" es muy emotiva. Prefiero usar frases como: "ha tenido dificultades", "ha sido incómodo", etcétera. No queremos añadir carga emocional a este proceso.

Para niños con traumatismos, no los puedes convencer de que será fácil. Saben que les ha dolido, y es todo lo que comprenden. En esos casos, la magia de mamá puede hacer mucho. Al igual que el efecto placebo de tus besos sana todas las heridas, puedes usar tu magia para que haga popó. Le puedes dar el laxante con jugo (combina bien con el jugo de ciruela) y llamarlo el Jugo mágico propopó. Puedes "encantar" el bañito o tocar la cabeza de tu hijo con una varita mágica. "Mi popó se desliza y le jalo. Soy el niño más listo" o algo parecido. Si tu hijo te lo permite, ponle Vaselina o aceite de coco u oliva alrededor del ano. Llámale Crema mágica propopó. Vale la pena intentar cualquier otra magia que le guste a tu hijo para facilitar este proceso.

Tal vez estas sugerencias te parezcan ridículas, pero te aseguro que funcionan de maravilla. He visto a muchos niños tomar el jugo propopó y declarar a los minutos que tienen que hacer popó. Lo importante es recordar que están lidiando con un temor inventado que se volvió realidad, así que cualquier estrategia para disiparlo es buena.

Tu hijo se está esmerando por llegar al bañito, pero llega un segundo y medio tarde

Este niño es maravilloso y tenemos que admitirlo. Sólo necesita reconocer la sensación un poco antes. Puedes ayudarlo mostrándole —redoble de tambor, por favor— el truco asqueroso y muy efectivo de la popó con plastilina.

Juro por Dios, uno de los mayores problemas con los niños y esas primeras popós en el bañito es que no pueden ver lo que pasa. Los acomete la sensación y se abre un abismo, y se asustan.

Este truco les ayuda a los niños a relacionar la sensación con el suceso de forma muy visual. Cuando lo ven, lo entienden: "Aaaah… cuando eso pasa, necesito ir al bañito". Esto es maravilloso para los niños que parecen esforzarse por llegar pero no lo logran. También para los niños que bailan horas, se sientan y se paran del bañito, y parece que hacer popó les incomoda.

Compra plastilina. Si es café, recibes puntos extra. Cierra el puño. El espacio en donde el dedo gordo se enrosca con el índice es muy parecido al ano. ¡Tarán! Tienes lista tu ilustración. Coloca la plastilina café en el puño y apachúrrala para que salga. Sí, asqueroso. A los niños les encanta. Explícales: "Cuando tu popó está aquí (dentro del puño) pero quiere salir, me avisas. Cuando tu popó está aquí (apachúrrala para que salga del puño), ya salió y es demasiado tarde". Si te sientes muy valiente, le puedes explicar que esto sucede cuando se abre el ano.

Esto suele ser divertido e informativo para el niño. La mayoría lo entiende así. Y para ti es otro momento durante la crianza en el que piensas: *nunca en la vida me imaginé haciendo esto.*

Tu hijo está haciendo pipí de maravilla pero parece temerle a la popó

El niño va muy bien, pero la popó termina en el piso o en sus pantalones. Quiero ser muy clara porque la diferencia es importante: a este niño no le da miedo *hacer popó*. Le da miedo *hacer popó en el bañito*.

En el caso de este niño, es fundamental recordar que el temor es real para él. Como con cualquier otro miedo —el monstruo debajo de su cama, el agua o lo que sea— no lo vas a convencer de lo contrario. Así que deja de intentarlo.

Si es tu caso, tienes una decisión de crianza que tomar, y no me siento cómoda recomendando exactamente que hacer porque dependerá de tu hijo y tú lo conoces mejor. Pero sí te puede dar algunas ideas. La mayoría de las veces, le digo a los padres que hagan lo mismo que harían con otro de los temores de su hijo. Si tu hijo le teme al monstruo debajo de su cama, no lo mantienes despierto toda la noche, ¿o sí? Seguro combinas rigor con alguna idea creativa (como un peluche guardia o un espray antimonstruos). Es lo mismo con el entrenamiento para ir al baño. Parece que es milagroso hacer que el peluche de tu hijo pruebe primero el bañito. O tener a tu hijo en el escusado para entrenamiento en el baño mientras tú también vas.

Uf, es mucha información sobre hacer popó. Regresa a este capítulo si hace falta. No intentes digerir toda esta información en una leída. Lo más importante sobre la popó es que tienes que guardar la calma, sin importar lo que haga tu hijo. Recuerda: lo opuesto de "aguantarse" es soltar. Crea un entorno seguro para que tu hijo suelte. Esto quiere decir que guardes la calma y la estabilidad.

160

CAPÍTULO 11

Intentos anteriores de entrenamiento

En el transcurso de los años, cada vez me piden con mayor frecuencia que arregle intentos de entrenamiento que salieron mal. La mayoría se encuentra con dificultades porque esperó demasiado o se lo tomó con mucha ligereza.

Este capítulo es para ti si ya has intentado enseñarle a tu hijo a ir al baño y no ha salido bien. Quiero ser clara. No te estoy culpando. Pero si no te fue bien, quizá cometiste algunos errores clásicos.

Sucede muy a menudo que mis clientes no me llaman hasta que el proceso se desintegró y terminó siendo un desastre rotundo. Los padres tienen los nervios destrozados. Los niños se resisten hasta el extremo: hacen popó en el piso, se alejan del bañito corriendo y gritando, le faltan al respeto a sus padres y los ignoran (quienes, para ser justos, están histéricos). Lo he visto todo y no estoy exagerando. Sé que esto es asombroso, pero el entrenamiento para ir al baño desencadena toda clase de emociones, en ti y tu hijo. De todas formas, a veces el caos —una vez desmenuzado— tiene una solución sencilla.

Si bien todos los niños y todas las soluciones son distintas, dividí los entrenamientos difíciles en cuatro categorías que calificaré para que tengas una idea más clara de tu situación:

1. "Más o menos sabe ir al baño"
2. "Casi siempre sabe ir al baño"

3. "No tiene idea"
4. "El niño del demonio"

Repasemos cada categoría y descifremos qué salió mal y cómo arreglarlo.

El niño que "más o menos sabe ir al baño"

Esta situación es el resultado de la decisión de "sacar el bañito" o adoptar una actitud "muy informal". Traducción: no te has comprometido en serio. En cuanto te comprometes a entrenar a tu hijo, sus capacidades se desarrollarán en breve.

¿Qué sigue? Elegir un día y comenzar. Sigue todas las instrucciones del capítulo 5, "¡Fuera pañales! Cómo hacerlo". Este niño está esperando que muestres consistencia. No importan mucho los detalles particulares.

Tal vez no te has comprometido porque tu hijo no ha mostrado mucho interés. *Nunca* mostrará interés alguno. Mi hijo no mostró ningún interés en amarrarse las agujetas. De hecho, me dijo que no quería. Le compré sólo zapatos con agujetas y aprendió. *La decisión dependió de que sabía que era capaz de hacerlo.* No cometas el error de esperarlo. Los papás repiten mucho una frase que me encanta: "Guau, parece que me estaba esperando para quitarle el pañal". Sí, tu hijo espera que ejerzas el liderazgo en la vida.

El niño que "más o menos sabe ir al baño" tiene arreglo. Con consistencia y repetición, este niño puede aprender en poco tiempo, siempre y cuando elijas el día y comiences con el bloque uno.

El niño que "casi siempre sabe ir al baño"

Este caso es un poco más difícil. La mayor dificultad en este caso es que nadie sabe qué piensa este niño. Sabe qué hacer y cuándo hacerlo y casi siempre lo hace bien. Sin embargo, se puede aguantar las ganas de hacer pipí o popó hasta que le ponga un pañal (para dormir la siesta o en la noche). Incluso hasta podría pedir un pañal para hacer popó.

Intuyo que este escenario es el resultado de esperar demasiado, aunque es probable que ahora mismo no estés haciendo nada malo. Es posible que en este caso tengas una lucha de poder en las manos, aunque no necesariamente. Esta situación se le puede atribuir a la peculiaridad infantil. Después de los dos años y medio los niños desarrollan una serie de miedos bizarros. La aspiradora se vuelve una fuente de terror. La cama es hogar de monstruos. De pronto le temen a la oscuridad. Y no debe sorprender que el inodoro guarda toda clase de secretos oscuros que no quieren presenciar. A veces, hacer pipí y popó —por alguna razón que sólo ellos entienden— está censurado.

En este caso es superrecomendable deshacerse de todos los pañales. Puedes repasar rápidamente los bloques de aprendizaje. Podría ser útil comprobar si tu hijo llega bien al bañito cuando está desnudo, pero los problemas inician cuando lo vistes. Sin duda revisaría el capítulo 10, "Popó". En todo caso, la única alternativa es deshacerte de los pañales. Seguro habrá peleas y resistencia, pero al final, habrá valido la pena.

Muchos padres sienten que al deshacerse de los pañales, traumatizan a su hijo: no es así. Como ya mencioné, he tenido clientes a cuyos hijos han expulsado del kínder por no saber ir al baño. En la escuela tenían que hacer popó y sólo lo pudieron hacer en un pañal que pidieron. Los expulsaron. Eso para mí es lo traumatizante. La lucha vale la pena con tal de evitar esa experiencia.

Con mayor frecuencia, las dificultades de este niño tienen que ver con la popó, no con la pipí. Un buen enfoque es darle un laxante suave y decirle: "Ya no vamos a usar pañales. En el día tienes que hacer popó en el bañito, como mami y papi".

Casi siempre, este niño es mayor y muy articulado. Sin importar la situación, pregúntale cuál cree que sea el problema. He escuchado historias descabelladas como: "En el escusado hay un Transformer tiburón y si hago popó, se va a comer mis nalgas", es sólo un ejemplo. Es buena idea averiguar qué está pensando tu hijo. Incluso si te parece absurdo, para él es totalmente válido. Puedes asegurarle que si hace popó o pipí en el baño, no va a pasarle nada malo.

Asegúrate de no ejercer presión. Este problema no se resolverá si ruegas, negocias, preguntas, ni mediante la lógica. También evalúa tus valores en torno a la popó. Es decir, ¿qué piensas sobre el acto de hacer popó? Si le transmites que hacer popó es lo más asqueroso del mundo, es muy probable que el tema le incomode.

En conclusión, la ausencia de pañales debe ser rotunda, sin importar las consecuencias emocionales. Acostumbro sacar esta situación del contexto del entrenamiento para ir al baño para explicarla mejor. Digamos que tienes que mudarte. No quieres hacerlo, tampoco tu hijo, pero la próxima semana deben hacerlo. *No lo puedes cambiar*. La única alternativa es proceder y lidiar con las consecuencias. Con este niño y el entrenamiento debes adoptar el mismo enfoque. Seguir usando pañales puede ocasionar mayores problemas más adelante. Así se harán las cosas de ahora en adelante. Punto.

El niño que "no tiene idea"

Este niño no muestra señal alguna de saber de qué demonios hablas cuando mencionas el bañito. Asumiendo que no tiene retrasos emocionales ni en el desarrollo, es muy probable que el niño que de verdad "no tiene idea" sea muy pequeño (esto no quiere decir que sea imposible entrenarlo, sino que tardarás más). Recuerda, este niño se hará pipí mientras camina, se resbalará con la pipí y aun así no sabrá qué pasó. La otra versión del niño que "no tiene idea y es muy pequeño" es el niño que "no tiene idea y es demasiado grande". Si tu hijo tiene más de tres años y parece "no tener idea", está fingiendo. Cree que si ignora el entrenamiento, desaparecerá.

Si tu hijo tiene menos de 22 meses y no da señal *alguna* de entender qué está sucediendo, vuelve a intentar en uno o dos meses. Pero ten cuidado. Asegúrate de que no sea un pretexto de tu parte. Asegúrate de que en serio no dé señal *alguna*; de verdad "no tiene idea". Revisa el capítulo 2, "Cuándo comenzar" y repasa las señales que menciono. Si tu hijo muestra la mínima indicación de que entiende, debes seguir adelante con el entrenamiento. Tal vez tengas que esforzarte más o estar un poco más atento, pero no deberías darte por vencido.

El niño mayor y que "no tiene idea" entra en otra categoría. Cuando lo animes, se hará el sordo, te ignorará por completo y se comportará como si en su vida hubiera escuchado la palabra *bañito*. Consulta el capítulo 15, "Menor de veinte meses, mayor de tres años" para más detalles.

He visto que este escenario se resuelve en medio día y en dos días, así que prepárate. No temas pedir ayuda. A veces los papás están muy implicados en el plano emocional. Te puede ayudar un amigo, una niñera o la abuela. Los resultados suelen ser más rápidos con alguien más porque a nuestros hijos les encanta sacarnos de quicio.

Sin importar lo que hagas, cuando decidas que es hora de aprender a ir al baño, ¡no puedes regresar a usar pañales! Y ten mucho, pero mucho cuidado de no amenazar con volver a los pañales. Este niño puede estar por agotar tu paciencia. Asegúrate de tener una salida afectuosa en otra parte. He visto que los papás se amargan mucho y están de pésimo humor. Es la mejor razón para terminar con esto de una buena vez.

"El niño del demonio"

Este niño es el mejor de lo peor. Es similar al niño mayor que "no tiene idea", salvo que es muuucho más franco sobre su deseo de que el entrenamiento para ir al baño desaparezca. Casi siempre este niño tiene más de tres años, y habla en serio. *No piensa* aprender a ir al baño.

Algo sucedió durante el entrenamiento y como resultado, ha decidido no cooperar. Pudo haber sido cualquier cosa, un detalle o algo importante. No perdería tiempo adivinando qué hiciste o no. Lo más relevante es recordar que a partir de los tres años, los niños *son perfectamente capaces de entender todos los aspectos del entrenamiento para ir al baño.* No se niega en virtud de mensajes contradictorios o confusión. Se niega para hacerte enojar o afirmar su voluntad. Esta situación exige acción inmediata porque su conducta es autodestructiva, por el placer de demostrar que puede.

Con los "niños del demonio" tienes en tus manos una verdadera lucha de poder. Sabe en dónde van la pipí y la popó. Reconoce las ganas de ir al baño. Es consciente de la frustración y el drama que está ocasionando. Por tanto, es hora de actuar con firmeza. Este niño no necesita mimos, elogios ni nada. En esencia, te está mandando al carajo.

Es sensato tener en cuenta que esta situación (o la lucha de poder resultante) difícilmente tiene que ver con el entrenamiento para ir al baño. Se trata de quién manda en casa. Y apuesto a que a estas alturas, no eres tú. Mi intención no es culpar ni juzgar. Nuestros niños están al borde del precipicio constantemente, y perdemos el control sin darnos cuenta.

Si suena como tu caso, primero respira profundo y sé bondadoso contigo mismo. A veces ocurre esto y la idea es solucionarlo, no meditar sobre el origen. Por otra parte, voy a ser muy franca. La situación debe cambiar ahora mismo, por motivos de dignidad. Tu hijo es demasiado listo y está muy grande como para usar pañal, punto. Y si lo está usando como método para faltarte al respeto, ¡debes detenerlo ahora!

En cuanto a la logística, será difícil encontrar un preescolar o kínder que acepte a un niño que no sabe ir al baño. Sobra decir que no quieres que tu hijo aprenda a ir al baño porque sus amigos lo humillaron. Los niños de cuatro y cinco años ya empiezan a molestar, provocar e insultar. ¿Qué crees que le pasará a tu hijo que aún no sabe ir al baño? No será agradable.

Este niño requiere métodos extremos: una combinación de todas nuestras herramientas. A la hora de entrenarlo, seguro está muy grande para el bañito, así que directo al inodoro. Le daría el beneficio de la duda, tal vez hay una laguna de aprendizaje, repasa los bloques descritos en el libro, pero rápido. Porque en realidad, estoy casi segura de que se trata de un problema de conducta. De todas formas es bueno asegurarse.

Deshazte de todos los pañales ahora mismo. *No hay de otra.* También recurre al silencio. Tu hijo te tiene en la palma de la mano. Estoy segura de que lo has intentado todo. Ahora, no intentes nada. Basta de estar al pendiente. Quizá necesiten quedarse en casa un par de días. Seguro un día entero tendrán muchos accidentes, pero de nuevo, cuando no le das cuerda, deja de ser divertido. ¿Qué punto tiene hacerte pipí si mamá no reacciona?

Si tu hijo está haciendo popó en el piso, quiero resaltar que nada tiene que ver con el entrenamiento para ir al baño: es una falta de respeto absoluta. Como menciono en el capítulo 15, "Menor de veinte meses, mayor de tres años", quizá necesitas ayuda más específica de la que ofrezco en este libro. Con total honestidad y delicadeza considero que tal vez necesites un terapeuta familiar. El problema va más allá de la popó.

Sin embargo, asumiendo que no existen dificultades psicológicas inminentes, si puedes adoptar una actitud por completo neutral durante uno o dos días, tu hijo debería cooperar. No me canso de repetirlo: tu reacción anima a tu hijo (quien para ser justos, está siendo un fastidio, así que no seas tan duro contigo mismo).

El "niño del demonio" es un experto para aparentar que no le importa nada. Premios, castigos... nada parece molestarle. Y esto es exasperante. Una buena estrategia es pensar, *qué obtiene de esto.* Cuando un niño está fuera de control, siempre hay una recompensa, ya sea física o emocional. Averigua qué motiva a tu hijo y elimínalo.

Como en todos los casos, asegúrate de dejar los asuntos del baño en el baño. A veces, los niños parecen portarse tan "mal" que a los papás les empiezan a fastidiar y este sentimiento se filtra a otros ámbitos de la vida. Asegúrate de darle mucho amor, abrazos y atención positiva a las cosas buenas que hace. Sé que es complicado, pero puedes hacerlo.

No utilizaría estos términos en otros ámbitos de la crianza, pero el objetivo de este escenario —el del "niño del demonio"— es ganar. Debes ganar este combate. Se trata de quién está a cargo y debes ser tú. Si tu hijo está al mando, no es seguro. Cuando me refiero a "ganar", no sugiero que sostengas una lucha de poder, pero debes ponerte firme. No será fácil, pero será mejor a la larga, para tu hijo y la armonía de tu hogar. La nueva manera de hacer las cosas debe ser rotunda, y esta se refiere a poner la pipí y la popó en el inodoro.

Para recapitular, si tienes en las manos uno de estos casos, es preciso que repases los bloques de aprendizaje que detallo en el capítulo 5, "¡Fuera pañales! Cómo hacerlo". A lo mejor tu hijo los pasa sin dificultades o se estanca en algunos, pero el proceso debería darte claridad sobre qué salió mal y en qué punto. Si crees que necesitas una pausa más extensa para recuperar fuerzas, está bien. En el capítulo 16, "Reiniciar", propongo un plan para volver al pañal mientras te reorganizas. Todos los grupos de niños en este capítulo pueden reiniciar, si crees que te hace falta. No te preocupes: reiniciar no es retroceder. Te necesitamos con el estado de ánimo adecuado. Tú estás al mando.

CAPÍTULO 12

Guarderías y otros cuidadores

Bien, las guarderías boicotean el entrenamiento para ir al baño. Antes creía que todo dependía de la cooperación de tu guardería. Pero cambié de opinión y he ayudado a muchos, muchos padres a hacerlo bien con o sin la cooperación de la guardería.

Antes de *iniciar* el entrenamiento, averigua la normativa de tu guardería. La mayoría de las guarderías grandes tienen políticas formales. Las guarderías caseras o las niñeras no, pero sí tienen una opinión al respecto. Averigua. Hazles preguntas. Muchas guarderías dicen que te apoyarán, pero más tarde comprenderás que no es así. Podrían tener nociones peculiares sobre qué pueden hacer y qué no. Lo mejor es indagar antes de que llegues un lunes por la mañana y te escandalices. Algunas guarderías tienen experiencia en el entrenamiento y te ayudarán en la medida de lo posible. La mala noticia es que la mayoría no la tiene, así que esta es la versión sincera de cómo son las cosas.

En septiembre de 2012 recibí muchísimos correos de todo el país. Las posturas oficiales de las guarderías dictaban específicamente que los niños debían saber ir al baño y al mismo tiempo, usar *pull-ups*. No retirarían el pañal hasta que el niño demostrara que se mantenía seco, en esos *pull-ups*, dos semanas seguidas. No tengo idea de qué sucedió en el mundo para crear esta postura oficial. Pero resultó muy raro que proviniera de lugares tan diferentes en el país al mismo tiempo.

De algún modo, muchas guarderías la hicieron su política "oficial". Entiendo. No es fácil para una guardería lidiar con el entrenamiento para ir al baño. No tener que involucrarse les quita un enorme peso de encima. Entrenar a un grupo grande de niños no es fácil, lo sé. Pero también sé que cada estado puede tener sus propias normas sobre ciertos aspectos del entrenamiento para ir al baño (como la limpieza y dejar ir al baño a un niño sin compañía). En todo caso, quiero señalar lo ridícula que es esta supuesta política.

¿Cómo diablos se puede esperar que un niño aprenda una nueva conducta mientras sigue practicando la conducta anterior? ¿Alguna vez has intentado que un niño coma brócoli mientras se come un dulce? O digamos que quieres reducir el tiempo que ve la tele. Siguiendo esta lógica, deberías mantener la tele encendida hasta que el niño esté listo para ver menos. *Esto es casi imposible*, y de hecho le exige muchísima destreza y razonamiento a un *niño*. De verdad me pone mal.

Quienes deberían estar mejor informados sobre el desarrollo infantil se limitan a asentir con la cabeza como si esta recomendación tuviera sentido. ¿Qué carajo les pasa?

De vuelta a las guarderías. Muchos directores me han comentado que sencillamente no tienen tiempo de atender a un niño con la velocidad que exige el entrenamiento para ir al baño. En otras palabras, saben que cuando un niño tiene que ir al baño, tiene que ir *ya*, y no pueden responder con esa velocidad. Qué retorcido, ¿no crees? Me pregunto cuánto tiempo tardan en cambiarle el pañal a los niños.

¿Qué es más importante que aprender una aptitud vital? Imagina si una guardería *ofreciera* enseñarle a los niños a ir al baño. Carajo: tendrían lista de espera de cinco años y podrían cobrar el doble. ¿Qué hacen que sea más importante que eso? ¿Aprender las figuras geométricas, los colores y jugar es importante, pero aprender a hacer pipí y popó en el bañito no lo es? Es incluso mejor.

En esencia, las guarderías están en tu contra, sobre todo si trabajas de tiempo completo. (Aunque estoy segura de que a estas alturas, estás acostumbrado...) Porque después de la guardería sigue el preescolar y, ¿adivina qué? Los preescolares exigen de manera categórica que los niños sepan ir al baño a la perfección.

Ridículo, ¿no crees? Me enfurece. Pero seguramente la guardería cuida de maravilla a tu hijo y estoy segura de que no tienes otra alternativa, así que aprovecharemos lo que tenemos. Voy a sugerir la mejor estrategia para que tu hijo triunfe y cómo resolver los escenarios menos idóneos.

Para empezar a entrenar a tu hijo para ir al baño, tómate todos los días seguidos que puedas. Entiendo que no es la manera ideal de gastar tus preciados días de vacaciones, pero al final habrá valido la pena. Cuantos más días puedas tomarte, mejor. Si la guardería es más bien una actividad social y no una necesidad, contempla dejar a tu hijo en casa un par de días más.

En ese periodo que lo entrenes, esfuérzate por aprenderte el patrón de tu hijo para ir al baño. Recuerda, me refiero a cuánto y con qué frecuencia tu hijo hace pipí después de haber tomado x cantidad de líquido. La buena noticia es que la mayoría de las guarderías tienen una rutina formal para comer refrigerios, así que la ingesta de líquidos está controlada. De todas formas, es importante transmitir esta información con la mayor precisión posible.

Mientras entrenas a tu hijo, asegúrate de decirle lo que te gustaría que él mismo diga. Recuerda cuando le enseñaste a decir adiós, es probable que le repitieras "Adiós, abuela", de manera muy natural. Y en una voz chillona. Y así aprendió a decir adiós.

Es lo mismo con el entrenamiento para ir al baño. Cuando lo lleves al escusado entrenador, dile: "Mamá, va al bañito" o "Mamá, pipí". Algo así. Todos los papás deberían hacerlo, pero en tu caso es todavía más importante porque necesitamos que en cuanto regrese a la guardería, avise cuando tenga que hacer pipí (ahora bien, en términos realistas, la autonomía comienza entre una y tres semanas después de la fecha de inicio).

No te preocupes por el pañal para la siesta en la guardería. Manda un pañal. Es una pelea inútil que seguramente no vas a ganar.

Las guarderías se oponen con fervor a que los niños no lleven puestos calzones. Creo que a todos les incomoda la idea. Si lo puedes evitar, ni siquiera pediría su opinión ni permiso. Al principio, para tu hijo será muy confuso ponerse ropa interior. La comodidad despierta el recuerdo muscular del pañal y la capa de ropa sugiere privacidad. Estoy casi segura de que tendrá más accidentes si te apresuras a ponerle ropa interior. Muchas escuelas argumentarán que es una regla. Puede ser. Pero procura obtener la redacción de la regla y averigua si lo puedes sortear de manera creativa. A veces les preocupa que la popó termine en el piso. Quizá tu hijo puede ponerse pantalones con resorte en los tobillos para detener la popó. En mi experiencia, muchas guarderías no ceden. Pero recuerda, *están* a cargo de tu hijo muchas horas al día. No conviene pelear demasiado.

Digamos que en casa todo va muy bien. Tu hijo va aprendiendo, aunque para nada ha terminado. El día que regrese a la guardería actualiza a la maestra. Cuando lleguen, lleva a tu hijo al baño, enséñale cómo hacerlo en la escuela y cualquier otra particularidad de la escuela. Si el baño no es accesible para tu hijo, pide colocar un escusado para entrenamiento en el baño. Si no lo permiten, contemplaría seriamente cambiar de guardería. Es *imperativo* que tu hijo tenga acceso al baño. No sólo por comodidad sino porque el objetivo a largo plazo es que vaya al baño solo.

Explícale a tu hijo con claridad *quién* le puede ayudar. Dale nombres, señala, habla con el adulto y el niño al mismo tiempo. Las guarderías pueden ser confusas y es crucial que tu hijo sepa a quién pedirle ayuda, incluso si parece obvio. Cuando le indiques con quien hacerlo, busca a su maestra favorita. Los niños siempre tienen favoritos. Busca al policía bueno, a la tierna, la paciente. Encuéntralo y dale instrucciones. No acudas al antipático, si lo hay.

Está bien si llevan a los niños al baño en intervalos fijos. No es como yo les enseño en casa, pero con grupos de niños, funciona de maravilla. El gregarismo funciona a nuestro favor en este caso. Deben llevar a los niños por lo menos cada hora, lo mejor es más o menos cada media. Una guardería me dijo que no tenían tiempo de llevarlos más que cada dos horas. Es demasiado (y una mentira, desde mi punto de vista).

Si conoces el baile de tu hija cuando quiere ir al baño, informa en la guardería. Hay bailes clásicos, como brincar de un pie al otro, pero algunos niños se vuelven muy callados, otros más escandalosos. Informa al personal de la guardería lo que haga tu hijo.

Define una señal especial entre la maestra y tu hijo. La mejor es que el niño jale a la maestra del brazo. No sé por qué, pero a veces a los niños les da pena pedir ir al baño y llamar la atención. Uno creería que hacerse popó en los pantalones en el arenero es igual de vergonzoso, pero no lo es. Sabrá Dios por qué. En fin, una señal no verbal lo soluciona.

Pídele a la maestra que, por favor, reserve el lugar de tu hijo cuando vaya al baño. Es importante. Muchos, muchos niños temen perder el lugar o el juguete con el que estaban jugando. Cuando sepan que no los perderán, es mucho más probable que pidan ir al baño.

Asegúrate que la maestra no lo mire fijamente cuando vaya al baño. Cada guardería se organiza de manera diferente. Si hay un baño con inodoros pequeños, la maestra puede llevar a tu hijo al baño y emparejar la puerta. Si hay bañitos en el salón, fantástico, pero que no esté encima de él. Hubo una niña, Emily, quien iba muy bien en casa. Sin embargo, en la guardería se aguantaba mucho, se intentaba sentar, pero no hacía pipí. La maestra empezaba a desesperarse. Después de varias preguntas, resultó que estaba muy encima de Emily, prácticamente le exigía que hiciera. Así no funciona. En cuanto la maestra volteó la mirada y se tranquilizó, Emily lo hizo de maravilla.

Es el mismo caso con la popó. Hacer popó exige privacidad.

Averigua si los otros niños están aprendiendo a ir al baño. Si tu hijo es el primero, aprovéchalo. Dile a tu hijo que es el primero y que les puede enseñar a todos cómo hacerlo. Si es el último, también aprovéchalo. Dile que quiere ser un niño grande como los demás. Si hay otros en el mismo proceso, lo mismo. Dile quién más está aprendiendo para que vea que no está solo.

Si la guardería usa un sistema de recompensas, está bien. Pero en casa no lo implementes. Si tu hijo te pide un premio en casa, respóndele: "No, cariño, eso sólo pasa en la escuela". En mi experiencia, esto nunca ha creado dificultades ni confusión. No es idóneo, pero la escuela tendrá que hacerle frente a ese potencial monstruo de los premios. A los niños con los que he trabajado nunca se les ha dificultado cuando en casa las cosas son distintas.

Esos son los puntos más importantes. Tampoco agobies a la guardería con una lista inmensa de instrucciones. Si les haces un par de preguntas sencillas te podrás hacer una idea de cómo lo abordarán. Una conversación de muestra podría desarrollarse más o menos así:

"Hola, vamos a empezar a enseñarle a Sally a ir al baño durante este puente. Nos parece que lo mejor es dejar de usar pañal en el día. Nos encantaría que nos ayudaran en este proceso. ¿Cómo manejan el entrenamiento? Estoy segura que tienen mucha experiencia. Nos gustaría aunar fuerzas para que Sally tenga el mejor resultado posible.

"¿Llevan al baño a los niños que están aprendiendo por intervalos? ¿Con qué frecuencia? ¿Cuántos accidentes 'permiten' antes de pedir que los mandemos con pañal?

"Mientras Sally demuestre progreso, estoy seguro que podemos colaborar.

"Los valoro mucho como guardería de Sally. Sentimos que es buen momento para enseñarle a ir al baño. Por favor, avísenos, si podemos ayudar en algo."

Al decir esto, has dejado muy claro lo que quieres, los has adulado de manera transparente y sin excederte, y has afirmado lo contenta que estás con ellos. Todo bien.

Seguro obtendrás una respuesta del tipo: "Trabajaremos contigo como decidas hacerlo". Suena muy bien, pero ¡haz más preguntas!

Muchos padres le restan importancia a este punto y terminan viviendo una pesadilla.

No sé por qué, pero las guarderías pueden exhibir una actitud sobre quién sabe más sobre el desarrollo infantil. Te pueden decir: "Hasta los tres años es posible" o "Los niños sólo pueden aprender a ir al baño en *pull-ups*". De algún modo se vuelve una lucha de poder sobre quién sabe más. Lo mejor es que establezcas con claridad lo que quieres para tu hijo. Una buena guardería hará lo posible por cooperar. Lo que no puede hacer es volverle a poner pañal a tu hijo sin tu permiso, a menos que se trate de una emergencia, como un episodio de diarrea.

A propósito del tema: Pascal tenía 22 meses cuando le enseñé a ir al baño. Estaba en una guardería divina. La cuidadora estaba convencida de que era muy pequeño para aprender. Tal vez era una diferencia cultural, porque no tenía ningún problema con darle mamila a su niño de cinco años. Le conté que iba muy bien en casa y que no habíamos tenido un solo accidente. Le horrorizó que lo llevara sin ropa interior. Era verano y ella creía que cuando estaba jugando, todos le podían ver el pene. ¿A quién le importa? ¡Todos tienen menos de dos años! Insistió mucho con el pañal para la siesta. Ofrecí llevar colchón y sábanas para la cuna. Se negó. Fue una batalla enorme. Le dije con total claridad que no le pusiera pañal. Un día, lo recogí más temprano que de costumbre. ¡Tenía puesto un pañal y encima su calzón! Qué *locura*. Ese día lo cambié de guardería. Vivo en una ciudad con muchas opciones y sé que no es el caso de todos. En todo caso, no es apropiado que una guardería coincida contigo de frente y haga lo opuesto a tus espaldas.

Mi consejo intuye la actitud de tu guardería. Podrás hacerlo a partir de su lenguaje corporal, tono y las palabras que eligen para describir cómo van a actuar. Algunas guarderías se ponen susceptibles en virtud de su autoridad.

No pelees, pero insiste y expresa con claridad cómo te gustaría que manejaran el entrenamiento. Algunas guarderías te mostrarán un reglamento por escrito —porque eso significa que hablan en serio...— que señala que tu hijo debe usar pañales hasta que sepa ir al baño. Procura darle la vuelta con sutileza. Lo mejor es hacerte la tonta: "Caray... qué raro. Se me hace difícil aprender algo nuevo y al mismo tiempo seguir haciendo lo anterior. Mmm... se me hace muy extraño".

Si parece que no van a ceder, está bien. Como dije al inicio del capítulo, antes creía que esto era el fin del mundo. Y no lo es.

Antes escribía cartas de parte de mis clientes, incluso hablaba por teléfono con las guarderías. A las mamás les salían úlceras intentando hacerlos entrar en razón. Y sí, *nos salimos con la nuestra*. Pero entonces las guarderías estaban con los nervios de punta: agobiaban a los niños y no los dejaban respirar. No era bueno. Necesitamos que este proceso no implique estrés para tu hijo. Un cuidador ansioso estropeará más las cosas que un pañal.

Si tu hijo debe usar pañal en la guardería, no puedes hacer mucho al respecto. Lo que sí puedes hacer es mantener el sistema sin pañal en casa. Muchos papás encuentran el modo de que funcione. Este es un ejemplo:

Déjalo en la guardería, vayan al baño para que haga pipí. Ponle el pañal en el baño, dile: "esto es en caso de accidentes. Jala a la maestra Suzy del brazo cuando tengas que hacer pipí o ve solo" (si es cierto que puede). No digas más. No le estás dando vacaciones del entrenamiento, tampoco le sugieres que use el pañal para hacer pipí. La vaguedad es a propósito. Asumes que utilizará el pañal como calzón. Es un método difícil de entrenar, pero es posible. Lo mismo cuando pases por él. Vayan al baño para que haga pipí antes de subirse al coche. Quítale el pañal y déjalo ahí (en el contenedor apropiado, por supuesto). Dile: "Ya nos vamos a casa, en casa no usamos pañales. Recuerda avisarme cuanto tengas ganas de hacer pipí".

Esto refuerza la noción de que los pañales pertenecen a la guardería. Es cosa de la guardería y, por raro que parezca, el niño lo entiende. Si a la guardería no le importa cambiar pañales, adelante.

Tener que poner pañal para la guardería no es idóneo y puede retrasar un poco el entrenamiento, pero no indefinidamente. Sin embargo, tener un entorno sin estrés (en vez de pelear con la guardería) le facilitará este proceso a todos.

También he descubierto que nunca está de más adoptar una actitud un poco pasivo-agresiva. Puedes decir algo así: "Pues en casa lo está haciendo muy bien, pero está bien si aquí tiene que usar pañal porque no manejan el entrenamiento para ir al baño. No quiero ponerlos nerviosos". Sí, sé amable y suéltales un comentario así. Entiendo si no es tu estilo, pero funciona.

También la actitud de la guardería depende de lo que les digas, así que asegúrate de centrarte en todos los éxitos. Si llegas a contarles que ha sido un martirio, es lo que van a ver (y te juro que en parte, lo que fomentarán). Si les cuentas que todo va de maravilla, sentirán que es preciso cooperar para llegar a buen fin. Si van bien a medias en casa, intenta no dar más detalles.

Si tu hijo ha tenido muy poco éxito en casa —muy poco—, está bien. Algunos niños tardan más que otros en aprender. En una situación así, sé honesta con la guardería. Diles que te encantaría intentar dejarlo sin pañal, para ver si está siendo difícil en casa.

Sé que parece escandaloso, pero nuestros hijos pueden ser ángeles con otra gente y guardar su peor conducta para los papás. Incluye el apoyo de la guardería como recurso: "Sé que aquí se porta muy bien. Este fin de semana empezamos a enseñarle a ir al baño y va... mmm. ¿Estarían dispuestos a intentar hoy para ver si le va bien con ustedes?". La respuesta suele ser favorable, de nuevo gracias a halagarlos de manera abierta.

Si tu hijo pasa buena parte del día en la guardería, contempla el entrenamiento diurno y nocturno al mismo tiempo. Puede parecer agobiante, así que repasa el capítulo 6, "Entrenamiento nocturno" y piénsalo. Si la guardería insiste en ponerle pañal, y tu hijo pasa ocho horas, cinco días a la semana en la guardería, le va a quedar muy poco tiempo en el día sin pañal. Piénsalo.

En resumen: *averigua* la política de la guardería y cómo manejan el entrenamiento para ir al baño, con detalles. Si están dispuestos y son capaces, adelante. Si parecen resistentes, intenta convencerlos. Si son inflexibles con el pañal, señala su estupidez actuando igual. Si insisten con el pañal, procede con el entrenamiento en casa. Si necesitas disfrazar un poco los hechos y actuar en forma pasivo-agresiva, es cuestión de supervivencia, querido, no pasa nada. (Oye, ¿en dónde más se permite?).

En conclusión, no podemos esperar a que la guardería esté lista para empezar con el entrenamiento. Perderás la ventana de oportunidad. Tampoco tendrás mucho tiempo para estar listo antes del inicio de preescolar. Insiste todo lo que puedas, pero es posible entrenar a tu hijo mientras asiste a una guardería de tiempo completo o parcial, incluso si ésta se resiste.

CAPÍTULO 13

Conducta *vs* entrenamiento para ir al baño

Este es quizás el tema más delicado que abordo en el libro, separar la conducta del entrenamiento para ir al baño. Tu hijo tiene mucho que aprender durante el entrenamiento. Sin duda, los primeros días e incluso las primeras semanas, implican mucho aprendizaje. Por naturaleza, aprender requiere cometer errores o accidentes. No obstante, existe una diferencia entre aprender y la conducta. Cuando tu hijo exhibe mala conducta, debes abordarla.

En primer lugar, necesito cubrir los límites, después hablaré sobre las conductas específicas que he visto durante el entrenamiento para ir al baño. Últimamente, los límites han adquirido mala reputación en la crianza. Pueden parecer crueles, draconianos o demasiado autoritarios. Muchos padres no creen en imponer consecuencias ni disciplinar. Voy a decirlo con total claridad: no recomiendo ni creo en golpear a un niño. Jamás.

Es probable que tu hijo tenga más o menos dos años, y a la vez que le enseñas a ir al baño, tienes que enseñarle a comportarse conforme a su edad. Puede ser la primera vez que veas a tu hijo portarse mal, es normal. Los dos años son terribles (y a veces los tres), y no es cliché, es una realidad. En el curso de su desarrollo normal, tu hijo tiene que probar los límites. Es su tarea. Necesita encontrar en dónde se ubica la reja, por así decirlo. El motivo por el cual pones una reja en tu jardín es para que tu hijo no se aleje y se pierda. Los límites son la reja en la psique del niño. Si están intactos, al igual que en tu jardín, tu hijo se siente seguro sabiendo a dónde puede ir y a dónde no.

Una tendencia en la crianza moderna es asumir que el niño es capaz de tomar buenas decisiones por sí mismo, sin que se le impongan límites. No es así. Con frecuencia recurro al sistema Montessori para tomar ejemplos de cómo permitirle a los niños tomar decisiones y al mismo tiempo, imponer límites. Dentro de cierto marco operativo, los niños tienen la libertad de elegir, pero no de hacer lo que se les venga en gana. Tal vez Johnny prefiera los bloques de Tinkertoys en vez de los Lincoln Logs; es su decisión dentro de esas opciones disponibles. Pero a Johnny no le dan a escoger entre todos los juguetes. Todos los niños comen juntos el almuerzo. Es imposible darle acceso a un grupo de niños al refrigerador de las colaciones, y dejar que decidan cuando tienen hambre: sería un desastre. Los niños salen juntos, no importa si uno de ellos está cansado o no. Nuestros niños necesitan rejas. Dentro de esas rejas, les podemos dar mucha libertad.

Cuando se publicó *Bringing Up Bébé* de Pamela Druckerman, recibió críticas muy diversas. La señora Druckerman argumenta que en general, los franceses son mejores para la crianza que los estadunidenses, en parte por la noción francesa de *cadre*. Una traducción aproximada de *cadre* es "marco". Los niños franceses actúan dentro de un marco estricto, pero dentro de él tienen mucha libertad. Hay cosas que no me gustan de ese libro —más bien, me desagradan muchas que supuestamente hacen y no hacen los franceses—, pero estoy totalmente de acuerdo con el concepto de *cadre*.

Lo que veo en mi vida y mi trabajo, es que a muchos de nosotros los padres se nos dificulta brindar libertad dentro de ciertos límites. En nuestra cruzada por criar a niños independientes, librepensadores, no estamos construyendo un marco para que se sientan seguros.

He mencionado un par de veces el libro *Crianza con simplicidad*, de Kim John Payne. El señor Payne era profesor del sistema Waldorf y en este tema es genial y muy elocuente. No me canso de recomendar ese libro. Argumenta que la crianza se asemeja a construir una pirámide. La parte más ancha es la base. Ésta se compone de la "dirección" y se realiza más o menos desde el nacimiento a los seis años. Después se encuentra el centro de la pirámide, compuesta por la fase de la "jardinería" que se realiza de los seis a los doce años, más o menos. Y por último, en la cima, está la fase "guía", que es como recomienda criar a los niños entre los doce y los dieciocho años. Sugiere que la mayoría de los padres le han dado la vuelta a la pirámide y están intentado guiar a los niños cuando necesitan dirección. Con dirección, se refiere a poner límites, no a castigos crueles ni severos. Cuando un padre intenta guiar a un niño cuyos lóbulos frontales —la zona del cerebro responsable de la lógica y la razón— no está bien formada, resulta contraproducente. Entonces el padre debe dirigir cuando el niño es mayor y sólo necesita guía. A partir de mi experiencia, lo identifico en mi propia comunidad. Hay niños a quienes crían sin límites, quienes, a los cinco o seis años, están desenfrenados y es muy difícil controlarlos. Me refiero a que su conducta está fuera de control no a que deban ser "manipulables" como títeres.

Payne también emplea la analogía del padre conduciendo un coche. Imagina la ansiedad que le generaría a tu hijo si estuvieras conduciendo, él fuera en el asiento trasero, y no supieras a dónde estás yendo. He extrapolado la idea aún más. Imagina que tu hijo *fuera responsable de orientarte* y que tú siguieras sus indicaciones. Izquierda. Derecha. No. Izquierda. Guau. Te perderías. Las cosas se pueden confundir con este tan promovido modelo de crianza dirigido por el niño. Puedes dejarte guiar por el niño en el sentido de escucharlo y validarlo, pero no puedes seguir sus indicaciones en la vida. Los dos se perderán. El coche que manejan es la vida y es tu labor saber a dónde vas. Es irónico, pero muchos de los padres con los que he trabajado y a quienes he conocido personalmente procuran darle a sus hijos una infancia "libre". ¿Qué tan libre es tu hijo si es responsable de la dirección por la que viaja el coche? Esta pregunta genera mucha ansiedad. Una infancia verdaderamente libre debería centrarse en decidir si quiere chocolate o vainilla, y poco más.

Esto es especialmente cierto si tienes un hijo de espíritu libre o terco. Con frecuencia trabajo con padres cuyos hijos encajan en esta descripción. Este niño suele ser un desafío en general y lo será también cuando se le empiece a enseñar a ir al baño. En todo caso, este niño necesita límites, al igual que el niño más ordinario, sino es que más.

Muy bien, Jamie, ¿pero qué tiene que ver todo esto con el entrenamiento para ir al baño?

A veces la mala conducta se revoluciona durante el entrenamiento. Y como está plagado de emociones, se complica separarlo de la conducta. También he descubierto que los padres aguantan toda clase de conductas durante este proceso que no tolerarían en otras circunstancias.

Por ejemplo, hoy en día, uno de los grandes retos que enfrentan los padres durante el entrenamiento para ir al baño es conseguir que su hijo se siente en el bañito. Puedes cantarle o leerle. Está bien jugar con un aparato electrónico muy al principio, para distraerlo. Pero en el fondo, cuando le pides a tu hijo que se siente para hacer pipí, debería sentarse. A muchos les parece severo. Pero si sacas esta situación del contexto del entrenamiento para ir al baño, suena perfectamente razonable. Digamos que es hora de sentarse a la mesa para comer y tu hijo se para (asumiendo que no está abrochado en una periquera). Le dices que se siente y no lo hace. ¿Qué haces?

Pregunto porque —cualquiera que sea tu respuesta— así reaccionarás durante el entrenamiento para ir al baño. Cuando es hora de comer, es hora de sentarse a comer. Cuando es hora de ir al baño, es hora de sentarse en el bañito. Es lo mismo.

Cuando te enfrentes con mala conducta durante el entrenamiento para ir al baño, haz lo posible por sacarla de contexto. Esto te ayudará a decidir la mejor forma de manejarla en el contexto del entrenamiento. Es una decisión personal de crianza. Nunca me sentido cómoda aconsejando a la gente cómo manejar la conducta en general. Por eso proporciono un marco para que puedas tomar tus propias decisiones de crianza.

Muchos padres aseguran que no se sienten cómodos obligando a sus hijos a sentarse. Estoy de acuerdo. No creo que debas obligar a tu hijo a sentarse. No obstante, vale la pena reflexionar lo mucho que le tememos a la transición de ir al baño. Muchos padres temen hacer *cualquier* cosa negativa durante el entrenamiento. A estos padres les parece negativo emplear una voz firme o severa y les preocupa traumatizar al niño. En este caso es útil otro escenario. Todos hemos metido a un niño al asiento del coche. Incluso cuando está pateando, gritando y golpeando. Lo hacemos porque debemos ir a algún sitio y debemos mantenerlo a salvo. ¿Alguna vez tu hijo se ha traumado por eso o nunca se ha querido volver a sentar en el asiento del coche? Supongo que no. De nuevo, no sugiero que fuerces a tu hijo a sentarse en el bañito, lo amarres ni nada por el estilo. Estoy señalando que este temor a traumar a un niño por transmitir el mensaje de que hablas en serio se ha salido un poco de control.

Otra cosa que hay que tener en cuenta es la diferencia entre "el hijo que tienes" y "el hijo que quieres". Esto es particularmente cierto durante el entrenamiento para ir al baño.

Te puedo brindar sugerencias sobre circunstancias especiales que se pueden presentar, pero no podemos cambiar las rayas de tu cebra. De todas formas nos cuesta trabajo reconocerlo y recordarlo. Todos queremos al niño que se comporta, es amoroso y cortés. Nos tocó lo que nos tocó. Aun así lo amamos con locura. Mientras le enseñas a ir al baño, ten cuidado de no fantasear. Podemos manejar lo que tenemos, pero no realizar una fantasía. Tu hijo viene con sus locuras, sus cosas, su ADN.

Hay otro aspecto que reconocer en el hijo que tienes. Si tu hijo tiene un "problema" particular —digamos que es quejumbroso, se resiste, es melodramático o tiende a hacer berrinches—, vas a tener al mismo hijo durante el entrenamiento. No es crítica, he visto todos los comportamientos. Y sigo conociendo a padres que, de algún modo, creen que el entrenamiento para ir al baño sucederá en una burbuja, que el comportamiento que exhibe su hijo no aparecerá durante el entrenamiento. Se trata de una transición enorme, así que estas conductas no sólo se manifestarán, quizá durante un periodo breve, se magnificarán.

De nuevo, es normal. Mantén tus expectativas al margen y tu amor, grande.

He trabajado con muchos papás que olvidan "el hijo que les tocó" y esperan que yo arregle su comportamiento. Trabajé con una cliente, Denise, cuya hija Sienna era muy obstinada. Después de muchas, muchas conversaciones, Denise explotó. Me dijo que ni yo ni mi método la habían impresionado. Que yo había asegurado que podía manejar "esta conducta".

No puedo arreglar la conducta de tu hijo. Eso depende de ti.

No puedo cambiar ni arreglar la personalidad de tu hijo, es intrínseca. Si tu hijo se comporta de manera irrespetuosa, es muy probable que se comporte igual durante el entrenamiento. Lo que sí puedo hacer es decirte cómo manejar algunas conductas que se presentan durante el entrenamiento para ir al baño.

Este es un claro ejemplo de conducta. Digamos que tu hijo lo hizo de maravilla un par de días. De pronto ya no quiere usar el bañito. Esto lo puede manifestar con un "¡NO!" desafiante y rotundo o con indiferencia. Si se sentó a hacer pipí y popó en el bañito más de una vez, entonces sabe hacerlo. Punto. Es así de simple. Si después elige no hacerlo, es en virtud de su comportamiento.

Si no estás segura si se trata de mala conducta o no, explora en tu interior. Si te sientes triste o un poco descorazonada porque esto no está saliendo como creíste, es probable que tu hijo requiera seguir aprendiendo. Si te sientes utilizada, enojada o quieres estrangular a tu hijo, apuesto a que es un asunto de conducta. La mayoría de las veces los padres saben identificar cuando es un problema de conducta, pero no hacen nada porque les aterra "traumar" a su hijo. Tener límites y ser congruente no va a traumar a tu hijo para nada.

Cuando sabes que tu hijo se está aprovechando de ti, lo mejor es que tenga una consecuencia pequeña, inmediata y apropiada. Por ejemplo, quítale el juguete con el que estaba jugando cuando se hizo pipí en los pantalones o interrumpe la actividad en la que estaba. Las pausas no son efectivas para los "accidentes", tampoco las consecuencias a largo plazo, como prohibirle ir a clase de natación o danza. Si tiene un accidente en la mañana, no funciona amenazarlo con dejarlo sin postre en la comida. Los niños entre 12 y 36 meses no tienen un proceso mental tan prolongado. Por eso el gráfico de estampas no sirve de nada. A esta edad los niños no tienen el proceso mental para concluir: "Tengo seis estampas, una más y llevaré una semana sin hacerme pipí".

La consecuencia pequeña e inmediata también es útil cuando no estás seguro de si necesita más tiempo o se está comportando mal. Creo que he dejado muy claro que el orgullo y el autocontrol deben motivar el entrenamiento para ir al baño. Sin embargo, algunos niños no lo entienden y necesitan alguna motivación externa. Algunos padres argumentan que si resulta que el niño necesita aprender más después de la consecuencia, se sentirían muy mal. Quitarle un juguete pequeño a tu hijo a modo de consecuencia no lo va a marcar de por vida. Y es la manera más fácil de obtener una respuesta. Si tu hijo sigue sin poder hacer pipí en el bañito, a sabiendas de que su camioncito acabará en el refri una hora si no lo hace, puedes estar seguro de que necesita aprender más. Y no lo traumarás. Si puede hacerlo, entonces sabrás que los accidentes se deben a su comportamiento. Me interesa el entrenamiento para ir al baño en la vida real, no en teoría. Las consecuencias te brindarán tu respuesta rápido.

Algunos padres me preguntan: "¿Acaso una consecuencia no es lo contrario a una recompensa? Prefiero premiar la conducta que espero en vez de que haya consecuencias por la conducta indeseada". Entiendo la teoría de este argumento. Sí, en general, el refuerzo positivo funciona mejor con los niños. Sin embargo, retornemos a la noción de la *conducta esperada*. El problema con las recompensas y el entrenamiento para ir al baño es que se complican. Para que sigan funcionando, cada vez tiene que haber más en juego. Si vas a premiar por hacer pipí, ¿qué sigue? Desde luego es una decisión de crianza. En lo personal, prefiero controlar el comportamiento indeseado que recompensar la buena conducta. De lo contrario, vas a terminar con un niño que espera se le premie por todo.

Aunque ahora educo a mi hijo en casa, fue al kínder y unos meses a primero de primaria. Su escuela tiene un sistema de recompensas llamado Kennedy Kash. En esencia, cuando te portas "bien" recibes un Kennedy Kash con el que puedes "comprar" algo en la tienda de la escuela. Este sistema se fundamenta en el refuerzo positivo. Si te portas "mal", no hay consecuencias, incrementan el Kennedy Kash de los demás.

Así que ahora, mi hijo recibe estos Kennedy Kash por respirar o poner atención. Y a los niños que no se comportan les da lo mismo los Kennedy Kash y se siguen portando mal. Como experimento social es un desastre. No quiero que mi hijo reciba premios por respirar. O poner atención. A esto me refiero con que constantemente tiene que haber más en juego para que un premio sea efectivo. Tienes que aumentar las recompensas todo el tiempo. En este sentido, una consecuencia no es lo opuesto a una recompensa. Soy partidaria de las recompensas por conducta ejemplar y también en que la mala conducta merece consecuencias.

Es preciso diferenciar entre el niño y la conducta. Tu *hijo* es bueno y siempre lo será. Su *conducta* puede ser mala. Es muy importante.

Para continuar, si recibes conducta *abiertamente* desafiante —por ejemplo, si tu hijo te mira directo a los ojos y se hace pipí en la alfombra— es muy distinto y serio. Lo detallo más adelante en el capítulo 15, "Menor de veinte meses, mayor de tres años". En general, esta resistencia se encuentra en niños mayores de tres años. Exige ayuda seria ahora mismo porque no tiene que ver con el entrenamiento para ir al baño sino con ira. Profunda. Sugiero contactar a un terapeuta familiar cuanto antes. De lo contrario, empeorará y podría convertirse en comportamiento peligroso.

Una vez más, eres quien mejor conoce a *tu* hijo. Me encanta esta carta de una mamá:

Bueno, pues modifiqué tu método un poco (tal vez mucho) porque conozco a mi hijo y hubiéramos terminado con el refri lleno de sus juguetes. Puse en práctica tu concepto básico, "CUANDO hagas ESTO, haré AQUELLO". Le dije de manera directa: "Vamos a intentar hacer pipí en el baño", lo tomé de la mano y me respondió: "Sí, mami".

Caminamos al baño, cerré la puerta y le sugerí leer un libro. Dijo no y no se quiso sentar en el bañito. Le contesté: "Cuando hagas pipí en el bañito, podemos regresar a jugar". Cuando se dio cuenta de que estaríamos en el baño hasta que hiciera pipí pidió a GRITOS todos los juguetes/videos/refrigerios que se le ocurrieron.

Cada que nombraba uno, le decía con calma: "Cuando hagas pipí en el baño podemos (jugar con esto o comer aquello)." Repasamos la lista uno por uno mientras mencionaba cada juguete, y así estuvimos casi cuarenta minutos. Me aparté y me puse a leer uno de sus libros (procurando parecer desinteresada en si hacía o no) y de pronto, ¡se sentó e hizo pipí en el inodoro! Una hora después empezó a bailar cuando tenía ganas de hacer pipí y regresamos al baño, y tuvimos MUCHO menos melodrama esta vez, diría que tardamos menos de diez minutos y esta vez no se sentó: ¡se puso de pie e hizo pipí en su escusado! Esta mañana, lo mismo. Lo llevé al baño, cerré la puerta y en menos de cinco minutos ya estaba haciendo pipí.

Cuando llegamos a la guardería, lo llevé al baño que está pegado a su salón. Sonrió y señaló contento todo y me dijo qué era cada cosa: "Escusado, lavabo, jabón". Le respondí: "Sí, aquí vas a hacer pipí hoy y aquí te vas a lavar las manos", etcétera...

Intentamos que hiciera pipí, pero no hizo. Le dije que estaba bien, que podía intentar más tarde. Seguí tu consejo, no mencioné lo desastroso que ha sido el proceso, les dije que no siempre avisa, así que lo mejor es llevarlo al baño cada hora. Cuando la maestra lo llevó la primera vez, no hizo pipí hasta que salió del baño, así que tuvo un accidente en los pantalones. ¡¡¡¡¡¡Pero después de eso hizo pipí en el baño cada que lo llevaron!!!!!!!

Siento que anoche entramos a una nueva fase y sé que nos falta mucho para que nos avise cuando tenga ganas, pero siento que me quité un enorme peso de encima. ¡¡¡¡¡¡GRACIAS!!!!!!!

Lo que me encanta de esta mamá es que conoce a su hijo muy bien. Y si bien siguió mi consejo en general, supo cómo adaptarlo para que le funcionara a su hijo. Sabía que estaba siendo terco y lo interpretó como un desafío —del bueno—, ¡y tenía razón! En cuanto superó la barrera de la mala conducta, se encontró con el éxito consistente.

Como dije, este es un capítulo delicado. Como la mayoría de mis amigos y clientes, pienso demasiado las cosas, estoy sobreeducada y entrenada respecto a la crianza. Estoy segura de que algunos de mis argumentos te provocaron. Está bien. Todo esto tiene sentido en mi mente, como mamá; y en mi trabajo, como entrenadora para ir al baño. Si a algo no le encuentras sentido del todo, piénsalo, fíltralo, quédate con lo que tenga sentido y desecha lo que no. La mayoría de lo que he abordado en este capítulo tiene que ver con "la filosofía de la crianza". Mi técnica personal no sigue ninguna escuela de pensamiento. Así como te sugiero, yo también filtro las cosas y conservo las que tienen sentido y desecho las que no. Si tu filosofía ya no te está funcionando, puedes cambiar las cosas. Me gusta pensar en lo que enseño en términos de si funcionará a largo plazo. No nada más estoy criando a un hijo, también a un futuro hombre, pareja y miembro de la comunidad.

CAPÍTULO 14

Comunicación de la eliminación

Si has recurrido a la Comunicación de la eliminación (CE) en cualquiera de sus formas, este capítulo es para ti. La Comunicación de la eliminación es la práctica de guiarte por las señales de tu hijo para ayudarle a eliminar sus desechos. Para algunos, implica no usar pañal, nunca. Para otros, es una combinación de pañales y no pañales. No importa cuánto tiempo llevas empléandola ni la consistencia. Quiero agradecerte, en lo personal, por ahorrarnos a todos x cantidad de espacio en los vertederos. He trabajado con expertos en la CE en el transcurso de los años y compartiré todo lo que sé para pasar de la CE a saber ir al baño. En un inicio, quizás algunos de mis argumentos te van a irritar. Te pido que por favor termines de leer y procesar esta información con la mente abierta. He trabajado mucho con clientes adeptos a la CE y he comprobado lo que propongo. No me interesa discutir. Me interesa que tu hijo haga pipí y popó en el baño. Abordaré los puntos principales que he encontrado con mis clientes. Si alguno de ellos no es pertinente para tu caso, desestímalo.

La mayoría de los clientes antes adeptos de la CE me buscan cuando sus niños tienen entre 16 y 24 meses de edad. Sé que hay algunos niños CE con 36 meses o más que aún no saben ir al baño. No sé qué pensar al respecto.

Bien, estás leyendo esto, lo que quiere decir que sin importar la bibliografía reciente sobre la CE, en el fondo sabes que es hora de concluir. En aras de la brevedad denominaré este proceso de conclusión "puente", de allá para acá.

Contacté a algunos expertos en CE porque cada vez estaba recibiendo a más clientes que querían entrenar a sus hijos antes de los 20 meses. Lo apoyo completamente, pero me descubrí "advirtiendo" a la gente que el proceso implicaría un porcentaje de CE y otro de entrenamiento para ir al baño. Hasta que me di cuenta de que, aunque había escuchado de la CE, no conocía todos los pormenores. Desde luego me parece magnífico haber evitado el uso de pañales todo lo posible. Sin embargo, hay algunas cosas de la CE que complicarán un poco el entrenamiento.

1. Los momentos sin pañal.
2. Atrapar la pipí, no trasladarse físicamente al bañito.
3. La filosofía.
4. La idea de que tu hijo aprenderá solo a ir al baño.
5. La expectativa de que la CE te da ventaja para el entrenamiento.
6. La huelga del bañito.

Los momentos sin pañal

Desconozco los detalles de tu situación, pero muchos padres malinterpretan los momentos sin pañal. Es muy probable que los momentos sin pañal hayan condicionado a tu hijo a hacerse pipí en el piso. He escuchado muchas anécdotas de niños que pasan todo el día desnudos mientras los papás intentan atrapar la pipí, y terminan limpiando más pipí que atrapándola. He hablado con muchos expertos en CE en el transcurso de los años y no he podido comprender del todo esta práctica en particular. Parece que el objetivo era demostrar causa y efecto, lo cual parece bien en la teoría, pero no en la realidad. Recuerdo que cuando estaba embarazada leí un artículo magnífico sobre niños entre 13 y 26 meses. El punto era que a esta edad no buscan joderte la existencia ni matarse. Tienen tanto que descubrir que cada momento es un experimento y descubrimiento. Así que cuando vierten leche en el piso, es por el placer de verlo: "Ah... *eso* pasa cuando hago *esto*. Qué bien". Es un ejemplo de causa y efecto, pero nuestra labor como padres es enseñarles que tirar la leche en el piso no es aceptable. Si bien no por medio de gritos ni humillación, probablemente fruncíríamos el ceño y les diríamos algo así como: "No, no... la leche se queda en la mesa". ¿No?

Entonces analicemos la causa y el efecto de hacer pipí en donde sea, cuando sea. Si nunca le has enseñado a tu hijo que es inaceptable... entonces es aceptable. Por lo tanto hacer pipí en donde necesite hacer pipí es una conducta aprendida. Puede que esto esté bien en los primeros días, sin importar a qué edad empezaste a poner en práctica la CE, pero en cuanto tu hijo lo haga en forma regular, ya se consolidó. En otras palabras, intercambiaste el pañal por el piso.

El motivo por el cual menciono los momentos sin pañal es porque cuando me reúno con una mamá CE, su primera reacción frente a los días de desnudez es resistencia. Cuando conocí a Jean, lo primero que me dijo, algo molesta, fue: "No le veo el caso al día desnudo. Tengo meses de días desnudos y me la paso limpiando pipí". Insisto en el día desnudo. Es crucial para uno de los pasos más importantes para construir el puente de la CE al entrenamiento, lo cual nos lleva al segundo inciso.

Atrapar la pipí, no trasladarse físicamente al bañito

Hasta ahora, gracias a la CE seguro tienes un vínculo hermoso con tu hija. Reconoces sus señales y corres para que haga pipí, sobre todo en donde sea conveniente. Me encanta que la CE te da "permiso" para ir al baño en donde sea. Sin embargo, cuando empieces a entrenarlo para ir al baño de manera oficial, el objetivo es llevarlo al baño designado (ya sea el bañito o el accesorio para el inodoro). Lo fundamental es llevarlo al lugar adecuado. Todas las mamás que están entrenando a sus hijos han tenido que atrapar una que otra pipí. Pero la norma tiene que ser llevar a tu hijo al baño. Diría que tan sólo este paso es el más importante para cruzar el puente de allá para acá.

Filosofía

Sé que en la CE la frase "entrenamiento tradicional para ir al baño" es una grosería. Sé que hay "campamentos" para enseñar a los niños a ir al baño y toda clase de métodos o consejos coercitivos. Espero que a estas alturas ya te hayas dado cuenta de que soy proinfancia y mi enfoque es muy protector de los niños. No obstante, a veces tengo que recordarle a los padres que está bien tener límites y expectativas. La CE supone mucha filosofía y crianza con apego que a veces se desmorona cuando tu hijo se acerca a los dos años. No creo que los dos años tengan que ser terribles, pero quizá te dés cuenta de que ciertos aspectos de la filosofía asociada con la CE no se sostienen. No me interesa argumentar a favor o en contra, y no es mi intención opinar sobre los estilos de crianza. Sin embargo, es una situación en la que te costará trabajo sostener la teoría. Tu hijo comenzará a probar los límites y su palabra favorita será "no".

Mucha filosofía sugiere que no puede haber ningún aspecto negativo en torno al uso del baño. Al igual que en el ejemplo de causa y efecto de "la leche en el piso", es necesario que le digas a tu hijo cuál es la expectativa positiva y cuál la negativa. No tienes que hacerlo con regaños, pero sí con seriedad. En algún punto, tu hijo debe aprender que hacer pipí en donde sea es un "no". Muy a menudo los papás enfatizan el lado positivo de las cosas ("sólo haz pipí en el bañito"), pero omiten la otra parte de la ecuación ("no hagas pipí en donde sea"). Por supuesto resalta lo positivo, pero asegúrate de dejar muy claro lo que no quieres que haga.

La idea de que tu hijo aprenderá solo a ir al baño

De vez en cuando, un niño decidirá entrenarse para ir al baño. Pero no es muy común, tiene sentido si lo piensas. Y seguro por eso estás aquí. Hacer pipí y popó son conductas primitivas, ¿cierto? No necesitas enseñarle a un niño a hacer pipí y popó. Depositarlo en un *recipiente* es una conducta socializada. La conducta socializada se enseña. Si quiero algo que tienes, la forma más sencilla de obtenerlo es quitártela con un golpe. La forma socializada es pedirla o negociar. *Esto* debe enseñarse.

      ¿Cómo lo enseñamos? Cuando nuestros hijos emplean el instinto primitivo para quitarle a alguien un objeto con un golpe, los vemos a los ojos y les decimos con voz severa: "No pegues. Pídelo". Tal vez fruncimos el ceño o hacemos una expresión facial desaprobatoria. Somos más eficientes cuando recurrimos al lenguaje simple. No a esto, sí a aquello. No es preciso hablar mucho al respecto. Creo que, en general, estamos hablando mucho, en particular, sobre el entrenamiento para ir al baño. Es similar a cuando tu hijo aprende el abecedario. No está aprendiendo todos los sonidos y los millones de combinaciones de las letras. Les gusta la canción. En el entrenamiento para ir al baño, las palabras más directas funcionan mejor.

La expectativa de que la CE te da ventaja para el entrenamiento

Creo que la parte más difícil de tender un puente entre la CE y el entrenamiento es controlar la expectativa de que, como llevas tiempo con la CE, el entrenamiento debería ser fácil para tu hijo. Créeme. También creo que debería ser cierto. No quiero que te molestes, pero no necesariamente es el caso. Es una maldita decepción. Te has esmerado y mereces partir con ventaja en el entrenamiento. Y el hecho de que no vas a tenerla es difícil de conciliar. He descubierto que una vez que superas lo más duro, los niños con CE van más rápido y el entrenamiento se les "graba" mejor. Y además, no sólo tienes un vínculo maravilloso con tu hijo, también ya *conoces* su señales.

Lo más efectivo con los partidarios de la CE que quieren enseñarle a sus hijos a ir al baño es pensar en el entrenamiento como otro proceso distinto. Es probable que tu hijo no haya entendido que él debe actuar en cuanto lo acometa la sensación de hacer pipí. Y también estará muy acostumbrado a hacer pipí en cuanto tiene ganas, en donde esté. Es fundamental que caiga en cuenta respecto a estas dos cosas.

Hacerlo no es difícil en el aspecto físico. Exige un giro mental. Es un ajuste menor que facilitará mucho las cosas. Cuando conocí a Gwen, creo que repasamos su filosofía durante días. No quería decir nada negativo sobre el inodoro. No quería hacer un día desnudo. Creía que cualquier día, su hija de 22 meses, aprendería a ir al baño sola. Le señalé que ella había acudido a verme, de modo que me parecía que necesitaba ayuda para que su hija terminara este proceso. Ese era el caso, pero le costó muchísimo trabajo porque creía que todo su esfuerzo de CE había sido un desperdicio.

De hecho, estaba molesta con la CE. Si un niño puede aprender a ir al baño en menos de una semana, ¿para qué perder tanto tiempo intentando ayudar a su hijo a conectar los puntos con la CE? Tal vez te sientas igual. Conozco a mucha gente que sí. Animé a Gwen a pensar en los aspectos positivos. No atiborrar el planeta con pañales sucios, desarrollar un vínculo hermoso con su hija. Sobre todo, lo mejor era que ya conocía las señales de su hija. A algunas mamás que le han puesto pañal a sus hijos les cuesta muchísimo trabajo reconocerlas. No les "han dado seguimiento", por así decirlo, y empiezan desde cero. Estas mamás casi siempre aseguran que sus hijos no mostraron señal alguna de que iban a hacer pipí. Como mamá versada en la CE, lo sabes. De modo que sí tienes algunas ventajas.

Otro inconveniente es cuando tu hijo tarda más que el promedio. Jill, una antigua cliente, estaba desesperada. En mi calendario llevaba cuatro días de entrenamiento, pero llevaba seis meses sin usar pañal, por lo que le parecía que llevaba seis meses y cuatro días entrenando a su hija. Estaba muy frustrada. Gritaba: "¡Llevo meses con esto! ¿Cuándo va a terminar?". Y yo le repetía: "¡Llevas cuatro días de entrenamiento!". Tuvimos que abordarlo reconociendo que la CE había sido maravillosa, pero que había terminado, y había iniciado el entrenamiento para ir al baño, que implicaba su propio proceso. Cuando hizo las paces con esta idea, se relajó.

La huelga del bañito

Muchos padres se dan cuenta de que en algún punto su hijo empezó a resistirse al proceso. De hecho creo que es la señal para comenzar con el entrenamiento. Durante el entrenamiento, casi toda la resistencia se origina en que nos fijamos demasiado en el proceso: estamos encima de ellos y los agobiamos. De verdad creo que esto explica la resistencia en la CE. Llevas mucho tiempo atrapando pipí y seguro piensas constantemente en el tema. Todos los padres versados en CE acuden a consulta con bitácoras. Tíralas. No necesitas una bitácora. Conoces a tu hijo. Estoy convencida de que en cuanto le quites la tensión al proceso y empieces a animar a tu hijo para que vaya solo al baño, estará a la altura.

Diferencias cotidianas entre la CE y el entrenamiento

Te animo a hacer los primeros días como he expuesto aquí. El paso más importante es llevar a tu hijo al baño cuando está en plena pipí.

Si has practicado CE, la única diferencia es que no guardas el bañito que tenías fuera. Sólo lo recomiendo a quienes sacan el bañito para que el niño se acostumbre. La mayoría de las veces se convierte en un juguete. Pero queda claro que en tu casa se ha empleado correctamente.

Si tu hijo se hace pipí en el piso, asegura con claridad y firmeza, que la pipí no va ahí. La pipí va en el bañito. Fuera de eso, sigue los pasos que he explicado para los primeros días.

Me parece digno de elogio haber practicado la CE. Me emociona poder ayudarte a enseñarle a tu hijo a ir al baño para ponerle fin a este proceso. Es normal que yo, la CE y todo lo que he dicho te generen distintos sentimientos. Conozco a muchos, muchos padres que les molesta lo insuficiente que es la CE para terminar este proceso. Y conozco a muchas mamás que se molestaron cuando les presenté "mi método". Mi intención no es molestar, sino allanar el camino para que el entrenamiento para ir al baño transcurra de la mejor manera posible.

CAPÍTULO 15

Menor de veinte meses, mayor de tres años

Este capítulo también podría llamarse "Entrenar fuera de plazo".

Siempre recomiendo comenzar a entrenar entre los 20 y los 30 meses. En mi amplia experiencia, ahí radica la ventana mágica de oportunidad. Desde luego, mucha gente quiere iniciar antes de los veinte meses y algunos padres, cualquiera que haya sido el motivo, han decidido esperar pasados los treinta meses.

Si estás entrenando antes o después del plazo que recomiendo, es posible, pero hay ciertas consideraciones que debes tener en cuenta.

Menor de veinte meses

Es perfectamente posible enseñarle a un niño menor de veinte meses a ir al baño. Algunas de las cosas que pueden surgir son:

Falta de comunicación

Ya toqué este tema en otro capítulo, pero vale la pena volverlo a mencionar. Piénsalo: tu hijo se comunica constantemente contigo. Tu labor es descifrarlo. Es probable que esté en la etapa en la que "señala y grita". Si bien es una manera encantadora de comunicarse, no siempre es efectiva durante el entrenamiento para ir al baño. Lo mejor es enseñarle una señal para cuando tenga que hacer pipí: puede ser en lenguaje de señas o inventada. Sin embargo, sugiero una señal vocal porque no siempre estás viendo a tu hijo. La palabra "pipí" es fácil. Algunas mamás han recurrido a otras vocales o pueden reconocer ciertos gritos. Una mamá descifró que su hija hacía un chasquido particular. Se volvió su señal para "tengo que hacer pipí". No me preocuparía por diferenciar entre pipí y popó con palabras. La palabra llegará sola.

Bajarse los pantalones y manipular la ropa

Hablé de esto en el capítulo 4, "Preparación mental", por si te lo perdiste. Empieza cuanto antes a enseñarle a tu hijo a manipular su ropa sola. Es natural que a esta edad él dependa más de ti que los niños más grandes.

Animar

Tu hijo te necesitará más que un niño mayor. Lo harás en esos momentos fáciles a los que me he referido varias veces. Debes tener en mente que serás responsable de que tu hijo llegue al bañito mucho más que el padre de un niño de dos años. Tu hijo aprenderá y con el tiempo, avisará, pero necesitará mucha más ayuda.

A propósito de esto, mientras le enseñas a ir al baño, enséñale a llamarte si necesita ayuda

Charlene, una mamá con la que trabajé hace poco, se dio cuenta de que su hija de 19 meses le decía "arriba". Charlene creía que quería que la cargara. Más o menos. Su hija quería que la cargara al bañito. La niña se hizo dos veces pipí encima de ella hasta que por fin su mamá entendió.

Un bañito es esencial

Los de BabyBjörn son los mejores. Empresas que se especializan en productos para la CE tienen baños pequeños. El punto es que tu hijo pueda sentarse o recargarse en el con facilidad. Es vital tener un bañito. Muchas veces recibo este argumento: "No nos gustan los bañitos. Preferimos que aprenda en el inodoro, para que se vaya acostumbrando a usarlo". Supongo que está bien, pero, ¿no quieren que vaya al baño solo?

Hasta que tu hijo sea capaz de sentarse en el inodoro grande sin riesgos, necesitará tu ayuda. Creo que vale la pena invertir quinientos pesos en un bañito. Dentro de poco estará usando el inodoro grande. Pero si tiene la noción de hacerlo solo, queremos facilitárselo.

Ten en mente que este será un proceso más extenso para un niño pequeño

No necesariamente más difícil, pero sí más prolongado. El progreso puede ser más lento y es normal. Sólo no esperes terminar en una semana. Eso sería rarísimo. Lo importante es buscar el progreso, no la perfección. Mientras identifiques progreso constante, todo va bien.

Prepárate para mandar a todos al carajo

No es broma. Si sabes que tu hijo es capaz de lograrlo y te sientes lista, *adelante*. Pero la sociedad te va a decir, por todos los medios, que estás loca. No lo comparto. ¡Felicidades por tu intuición! Fabuloso. Dale, y no mires atrás.

Comienza el plan tal como lo expuse en el capítulo 5, "¡Fuera pañales! Cómo hacerlo". Siempre recuerda que el objetivo es progresar en la cronología: "Me hice pipí y no me di cuenta" a "Me estoy haciendo pipí" y por último, "Tengo que hacer pipí". Quizá cada componente exija un poco de tiempo. Es normal siempre y cuando notes el progreso.

Dudo mencionar lo siguiente, pero debo hacerlo. El niño menor de 20 meses puede "no comprender" durante un rato; antes de que por fin le caiga el veinte. Puedes entrenar a un niño pequeño que no tiene mucha idea, pero te tomará más tiempo, y todo dependerá de ti. Si trabajas fuera de casa y tu guardería o cuidador no te apoya, quizá deberías esperar. Diría que, en general, un mes es un periodo muy realista para progresar en la cronología. ¿Un mes te parece mucho? Entonces espera. Si suena bien —sólo un mes para dejar de usar pañales—, adelante.

Compartiré mi propia historia de entrenamiento con mi hijo. Mi primer intento para enseñar a Pascal a ir al baño fue a los dieciocho meses. Entonces era mamá soltera (aún lo soy), tenía una tienda de ropa y su guardería no quería cooperar para nada (lo consideraban muy pequeño). Tras un día de entrenamiento, sabía que no lo estaba comprendiendo solo. Me decepcioné porque sabía que podía, pero entonces hubiera supuesto mucho estrés en mi vida. Lo dejé pasar y a los 22 meses aprendió en pocos días.

No sabes el tipo de respuesta que recibas de tu hijo hasta que te lances. A esta edad, si el proceso no va según lo planeado, le puedes volver a poner pañal y no arruinarás el proceso para nada. Antes de los veinte meses sucede mucho en el plano del desarrollo y puede ser que tu hijo todavía no consolide esas habilidades. Si te sientes con la capacidad de estar presente para ayudar, genial. No quiero asustarte ni ser aguafiestas, pero sí ser realista.

Enseñarle a ir al baño a un niño mayor de treinta meses

Si tu hijo tiene más de treinta meses pero menos de 36, estás por entrar a una zona de peligro, aunque todavía no llegas. Hay esperanza. Lo primero que me dice una mamá con un niño mayor de treinta meses es: "Me siento muy culpable, esperé demasiado y ahora ya perdí la ventana de oportunidad".

Lo primero: cero culpa. Tírala al piso y pisotéala. La culpa no sirve para nada. Estoy segura de que creías estar esperando por el momento oportuno o que tu hijo pareciera estar listo. Estoy muy segura de que nunca pensaste: *Me encantaría j**er el entrenamiento para ir al baño*. Así que fuera culpa. Estás aquí y está bien.

Sigue el entrenamiento como lo expuse en el capítulo 5, "¡Fuera pañales! Cómo hacerlo". Lo único de lo que debes ser muy consciente es de la conducta. En general, la resistencia que proviene de un niño mayor de treinta meses no tiene que ver con el aprendizaje. Se debe a que dices una cosa y ellos automáticamente dicen otra. Sin duda vas a equilibrar animarlo y dejarlo tranquilo. El niño mayor necesita mucha más privacidad, así que pon atención. También exigen mucha más independencia. Animarlo y "retirarte" es lo mejor. Les recuerdas, con indiferencia: "Me doy cuenta de que tienes que hacer pipí. Ahí está tu bañito". Y retírate, mental y físicamente.

Es muy probable que el niño mayor tenga problemas para hacer popó. Vuelve a leer el capítulo 10, "Popó", y lee con cuidado el concepto de "ser el centro de atención". Estos niños mayores están más apegados a los pañales como objeto transicional. La privacidad y la independencia son tu mejor apuesta. Como ya mencioné, entre los 30 y 36 meses no es una zona de peligro... sino tierra de nadie, confusión. Es hora de hacer esto ya, con convicción y consistencia.

Si tu hijo tiene 36 meses o más

No tenemos tiempo para rodeos. Esta es la zona de peligro. Sé que muchas personas están convencidas de que los tres años es la nueva edad recomendada para aprender a ir al baño. En mi experiencia, es inmensamente difícil.

Una vez más, deshazte de la culpa. Estás aquí y no lo puedes cambiar. ¿De acuerdo? Imagino que estabas esperando a que tu hijo estuviera listo y ahora no muestra señal alguna de estarlo. O necesitas que la admitan en un preescolar. O se te prendió el foco y requieres resolver esto ya.

Cualquiera que sea el caso, en serio es hora de hacerle frente y resolverlo. Cuando un niño tiene tres años o más, le queda muy poco por aprender en lo que respecta al baño. Es muy improbable que para tu hijo el entrenamiento para ir al baño sea novedad. La mayoría de los niños a esta edad han rechazado todos tus intentos, ya sea haciendo berrinches violentos o de forma más tímida, haciéndose pipí en los pantalones constantemente. Sin importar lo que hayas hecho en el pasado con tu hijo, empieza todo el proceso como lo expongo en el capítulo 5, "¡Fuera pañales! Cómo hacerlo". Incluso si tuviste cierto éxito.

Mary, una antigua cliente, acudió a consulta porque su hijo Dillon tenía 38 meses. Le habían negado la admisión al preescolar porque no sabía ir al baño. Dillon podía hacer pipí en el baño la mayoría de las veces, pero la popó era impredecible. A veces se hacía en los pantalones y a veces llegaba al baño. También seguía teniendo algunos accidentes cuando hacía pipí. A veces se negaba incontrolablemente a usar el bañito y otras, lo usaba sin quejarse. Era un desastre y por supuesto, Mary estaba vuelta loca por lo del preescolar. Era muy *serio*.

Le recomendé volver a hacer el día desnudo. Se opuso. No le parecía necesario el retroceso. Sentía que Dillon había progresado lo suficiente como para retroceder.

202

Pero en un caso como este, y tal vez en el tuyo, *necesitamos saber en qué momento salió mal*. No puedes arreglar algo si no sabes qué salió mal. ¿No crees? Y era claro que algo había salido mal. Era necesario regresar y cimentar esos bloques de aprendizaje, esas fases. E intentarlo hasta que saliera bien.

En breve, Mary dio el paso y repitió la progresión de bloques en el orden que propuse. Y Dillon aprendió. Nunca supimos bien qué salió mal. Pero el simple hecho de retroceder y hacerlo todo en orden fue la clave para que Dillon aprendiera.

La mejor analogía que se me ocurre es esta: un niño aprende veinte letras del alfabeto. Es una buena porción del alfabeto, pero resulta inútil si no se sabe las demás. Y no puedes mostrarle las letras al niño y esperar que él solo sepa en qué orden van. Debes iniciar con la A, luego pasar a la B e incluir las letras al alfabeto. Yo sé y tú sabes que ya domina la A y la B, pero si no las repasan, el niño no tendrá ninguna referencia con respecto a las otras letras.

Sucede lo mismo con las dificultades que enfrentes durante el entrenamiento para ir al baño. No sé qué salió mal y supongo que tu tampoco. Lo mejor es volver a empezar. Las partes que ya haya aprendido, serán un repaso. Como en el caso de Mary, no me preocuparía si no queda muy claro en dónde estuvo el error. He hecho esto con miles de niños. Estoy segurísima de que esta progresión funciona.

Esa es tu primera tarea. Vuelve a empezar. Aunque no te quede muy claro qué salió mal, tal vez te dés cuenta de que lo estabas agobiando o no le estabas dando independencia o algo similar. La mayor dificultad que identifico en los niños mayores a tres años es la conducta. Mi política es que la mayoría de los niños comienzan el proceso de individualización más o menos a esta edad. Se trata del proceso psicológico mediante el cual el niño se separa de ti. Esta edad se caracteriza por probar límites y confrontarte. Es bueno y normal, pero cuando añades pipí y popó a esta fase, terminas con la mayor de todas las luchas de poder. Como estoy segura que ya los sabes. No lo digo para restregártelo en la cara, es bueno que sepas a qué te enfrentas.

La mejor manera de darle fin a una lucha de poder es soltar. Sí, claro, ¿y eso cómo se hace?

Concediéndole esta responsabilidad. No pelear. No convencer. No rogar ni negociar. Y nunca, jamás, permitirle que perciba tu temor.

Comienzas ese primer día así: "No nos ha ido bien con tu entrenamiento para ir al baño, así que te voy a ayudar a aprender bien. Tú me vas a ayudar avisándome cuando tengas ganas de hacer pipí o yendo tú solo. Está el bañito y el inodoro grande. Puedes escoger". La mayoría de los niños están esperando a que pongas ejemplo de constancia. No siempre, pero muchas veces. Tanto tiempo esperándolo y él también te había estado esperando. Ya sé, carajo. Está bien.

Si durante el día encuentras resistencia, sigues poniendo distancia. Por ejemplo, anímalo así: "Tienes que hacer pipí, ahí está tu bañito". *Debes salir de la habitación para que él tome la decisión por su cuenta.* Esto podría tomar uno o dos días, así que paciencia. La idea es lograr el delicado equilibrio entre animarlo y dejarlo tranquilo.

Para la mayoría de los padres, esto será suficiente. Una y otra vez he visto la impresión de los padres por lo rápido y fácil que se resuelve el entrenamiento de un antiguo monstruo del inodoro. Muchas veces creo que es cuestión de a) constancia y b) retroceder para aprender. Si un niño no "entiende" todos los componentes de un proceso (como el entrenamiento para ir al baño), le deja de interesar. Es cuando mandan todo al carajo. En esencia, piensan: "soy pésimo en esto, mejor ni lo intento". Nuestros hijos quieren hacer las cosas bien. Quieren hacer lo correcto. Debemos creerlo. Mucha resistencia de un niño mayor es porque no ha aprendido algo del todo bien.

Esta actitud es propia del niño que es el punk de la escuela. Se encorva, no pone atención, es el payaso del salón. Y resulta que es el niño que nunca aprendió a leer o tiene un trastorno del aprendizaje. Queremos asumir que a tu hijo sólo le falta entender un componente.

Puede que vuelvas a empezar, transcurran un par de días y las cosas parecen ir bien. Después regresas a la vida cotidiana y —¡ups!— se hace popó en los pantalones. Sugiero una consecuencia pequeña e inmediata. *No* como castigo, sino para descifrar si tu hijo puede ir al baño si se le motiva. Debemos descubrir si no le importa, es flojo o no lo puede controlar. Cuando agregamos una motivación externa, resulta muy claro si puede hacer o no lo que se le pide. La consecuencia debe ser algo que le importe, sin exagerar. Como dije, es un método rápido, nada invasivo para determinar si tus dificultades se originan en un problema de conducta o algo más.

Es fundamental separar el entrenamiento para ir al baño de la mala conducta. Si tu hijo no se sienta cuando se lo pides, es conducta. Si sabes que tu hijo puede usar el bañito porque ya lo ha hecho, pero que a veces no le da la gana, es conducta. La mala conducta requiere una consecuencia. Es común que los clientes argumenten que les parece mal que existan consecuencias cuando se trata de un tema de eliminación. Lo que me gusta hacer (como recomendé en un capítulo previo) y te animo a hacer, es descontextualizar la conducta. Si tu hijo no quiere comer, toma su plato y lo tira al piso, ¿qué haces? Un niño mayor que no se molesta en sentarse en el bañito para hacer popó hace lo mismo. "No, gracias. Prefiero hacerme popó en los pantalones, luego me limpias".

En mi experiencia, es cuestión de intuición cuando se requiere una consecuencia. Sentirás que es un juego y estás perdiendo. Sentirás que se están aprovechando de ti.

Si sigue teniendo accidentes, pero no parece que sea una cuestión de conducta, puede ser esto: cada vez más niños —sobre todo mayores de tres años— padecen estreñimiento. Puede ser el caso, incluso si tu hijo está haciendo popó tres veces al día. Puede tener popó atrasada que le esté creando dificultades. Sé que parece una locura, pero es cierto. Muchos padres han descubierto que la forma más fácil de descifrarlo es con rayos X. Tu doctor podrá diagnosticarlo y recomendar un laxante, si es necesario. Es el protocolo más habitual. Mi intención no es alarmarte, pero esta situación es cada vez más común y no sé por qué.

La prueba más fehaciente de posible estreñimiento es que tu hijo es mayor de tres años y sinceramente parece intentarlo —me refiero al lapso prolongado, no a un par de días de entrenamiento— y se muestra arrepentido de los accidentes. Parece que lo intenta, de verdad, pero a veces la popó llega demasiado rápido. O la frecuencia con la que alcanza a llegar al bañito es azarosa. Este estreñimiento ilógico perjudica la capacidad de un niño para sentir ganas de hacer popó. Si tu hijo es mayor de tres años, parece intentarlo y no puede hacer popó en el bañito con constancia, me parece que una solución sencilla son los rayos X, antes de que las cosas empeoren. También existe un programa denominado Soiling Solutions (soluciones para los desechos) para niños mayores a tres años y medio. He escuchado maravillas de este programa, de modo que aunque no lo he usado personalmente, me da mucha confianza recomendarlo.

Existe otra variedad del niño mayor que causa problemas. Se trata del niño que se resiste y es irrespetuoso. Este niño te mirará a los ojos mientras se hace pipí en el piso. Sabrás si tu hijo entra en esta categoría. Será agresivo y te sentirás como su rehén. Esta conducta necesita abordarse de inmediato. No es gracioso y más adelante puede tener consecuencias serias. Es un asunto de conducta, nada más. Haz lo mismo que harías si te viera a los ojos y te mandara al carajo. Porque es lo que está haciendo. Sugiero ampliamente contactar a un terapeuta familiar si es el caso. No tiene nada que ver con el entrenamiento para ir al baño. Me parece grave y mi opinión es buscar ayuda y no tomarlo a la ligera.

Cuando tu hijo es mayor de tres años, el entrenamiento para ir al baño debe realizarse de forma directa. Debe hacerse ya y sin importar el precio. El niño a esta edad tendrá mayores problemas. Sé que muchos padres temen ser demasiado severos, no quieren traumar a su hijo. Lo entiendo. No quiero ver a un niño traumado. Pero en mi humilde opinión, que lo expulsen del kínder por no saber ir al baño es mucho más traumatizante que tener padres que sean muy estrictos un tiempo.

CAPÍTULO 16

Reiniciar

Adopté el término "reiniciar" para los casos en los que, por lo que sea, el entrenamiento para ir al baño se ha salido de control y necesitas otra oportunidad. Borrón y cuenta nueva. Empezar de nuevo.

El reinicio sólo se puede hacer una vez. NO SIRVE DE NADA si se hace más de una vez. Implica volverle a poner pañal a tu hijo y renunciar a todo lo que tenga que ver con el entrenamiento. La duración ideal del reinicio es entre dos y cuatro semanas. Menos que eso no es suficiente y más, puede crear más "adicción" al pañal.

Para resolver si necesitas reiniciar, pregúntate si estás al límite de tu paciencia. No me refiero al agotamiento y la frustración normales de los primeros días del entrenamiento. No, el reinicio es para aquellos que lo han dado todo, *todo*. Quiero que tu hijo sepa ir al baño, sí. Pero también quiero que estés cuerdo y tu hogar sea armonioso. Si te sientes ahogado, un poco demente y llevas más de dos semanas limpiando pipí del piso, contempla reiniciar. Si tu vida entera gira en torno a descifrar cuándo va a aprender este niño y no piensas en otra cosa que no sea el entrenamiento, contempla un reinicio.

Hay dos puntos clave para reiniciar.

1. Antes de leer este libro. Has intentado enseñarle a tu hijo a ir al baño de todas las maneras posibles y es un desastre, total o a medias. Una amiga te recomendó mi libro y corriste a la

computadora para comprarlo. Estás listísima para empezar, pero tienes este desastre en las manos. REINICIA.

2. Compraste el libro y te esforzaste. Tu hijo nunca aprendió o aprendió y de pronto cambió de actitud y cada que mencionas el bañito enloquece. También parece un desastre y no sabes qué pasó. REINICIA.

El reinicio nunca debe emplearse con un niño mayor de tres años. Si consultas el capítulo 15, "Menor de veinte meses, mayor de tres años" verás que es probable que cualquier niño mayor de tres años que "no ha aprendido" se está comportando *mal*, no es que tenga dificultades para aprender.

La lógica del reinicio es esta: lo primero, te da a ti y a tu hogar un respiro. Te necesitamos sano y eficiente. Si el entrenamiento te hace llorar, no hay manera de que mantengas la constancia ni la firmeza. Caerás en los sobornos y la negociación. Lo sé. Al igual que un torturador, tu hijo te doblegará. Y perderás el control. Si no tienes el control, entonces lo tiene tu hijo. Y no es seguro para él.

El reinicio le da oportunidad a tu hijo de serenarse con el *status quo* que conoce (los pañales). El entrenamiento implica mucho aprendizaje. Pero si se resiste, está estancado. Al igual que durante un berrinche, no puede aprender nada si está paralizado. (¿Alguna vez has intentado razonar con un niño durante un berrinche? Sí... cómo no). Si tu hijo está estancado, no tiene sentido proseguir. Los días en los que pelean no cuentan para el entrenamiento efectivo. No aprendió nada.

Por último, el reinicio le permite a tu hijo "ganar" un poquito, lo cual es bueno. Lo puede serenar y así la siguiente ronda estará más tranquilo. Él ganó una, te toca la otra. Sé que suena extraño, pero es cierto.

Como nota adicional, tal vez tu hijo no se está resistiendo, sino parece no entender nada, y te preguntas si esta situación exige volver a empezar. En ese caso, la decisión es tuya. Nunca he conocido a un niño mayor a 24 meses sin la más remota idea de qué hacer durante más de una semana. Hay niños que no quieren saber nada de ir al baño y fingen que no existe, pero ese no es despiste, sino resistencia pasiva y debes manejarla. Ahora hablaré de niños menores de 24 meses.

¿Cómo reiniciar?

Primero, volverle a poner pañal. De preferencia, en la noche antes de irse a dormir y continuar en la mañana. Lo que debes evitar es ponerle pañal durante un berrinche porque no quiere ir al baño. Si está gritando y le dices: "¡Ya! ¡Ponte un pañal!", lo dejas "ganar" (en sentido distinto del que mencioné arriba) y le comunicarás el mensaje equivocado.

El mensaje que quieres transmitirle —puedes usar esta frase exacta— es: "No estás usando el bañito como debe ser, así que vamos a usar pañal otra vez hasta que las dos nos tranquilicemos". No es castigo ni darse por vencido. Es para recobrar fuerzas.

Guarda el bañito y no menciones el entrenamiento para nada. Es probable que la reacción sea alguna de éstas:

1. Nada. No lo menciona para nada y percibes alivio en tu hijo.
2. Te pregunta por el bañito, pero no pide usarlo. Repite la frase de arriba y cambia de tema. No es momento de sermones.
3. Por primera vez, tu hijo te pide usar el bañito. Enseguida ahondaré en esto.

Respira con normalidad por primera vez en mucho tiempo. Es probable que experimentes "recuperar a tu hijo". Disfrútalo. No pienses en el pasado ni te angusties por el futuro. Es lo que es, el punto es que se reorganicen y recuperen la armonía.

Decide una nueva fecha. Lo mejor es entre dos y cuatro semanas a partir del reinicio. Esto le dará tiempo a tu hijo de procesar el entrenamiento. Te prometo que no se le olvidará. Ten en mente la fecha y cuando puedas, incluso menciónala con indiferencia un par de veces: "No estás usando el bañito como debe ser, así que lo guardé. No te preocupes, vamos a volver a empezar el lunes (o cuando hayas decidido)." Serena. Para que tu hijo sepa que lo harán, pero que no se vuelva un miedo acechante.

Si tu hijo te pide usar el bañito y parece que lo usará de forma adecuada, dale *una* oportunidad. Puedes sacar el escusado para entrenamiento o el accesorio para el inodoro. Si hace pipí como debe ser, le puedes decir: "Gracias, voy a dejar el bañito fuera. Si no lo usas, la voy a guardar un rato". Si no lo usa adecuadamente aunque sea una vez, necesitas continuar con el reinicio. Sin importar lo que diga. Esto no es un juego. O la usa o no. Si se convierte en un juego, él está a cargo y no es seguro desde el aspecto psicológico.

El reinicio depende de la edad del niño. Como ya mencioné, si tiene más de tres años, no es conveniente. Punto. Si es menor de 22 meses, sí es posible, pero la estrategia es distinta. Es muy probable que el niño menor de 22 meses de verdad no tenga idea. A esta edad su desarrollo comprende demasiado, y puede que no sea el mejor momento. Por favor no desistas. He tenido niños de 16 meses que aprenden sin problema. Si quieres entrenar a un niño entre 16 y 22 meses, me parece fabuloso. Seguro porque tu hijo mostró señales de que puede ser posible. Sigue tu intuición. Deberías ver cierto progreso. Si no es así, contempla reiniciar.

En este caso, no necesitas esconder el bañito. Si tu hijo indica que quiere usarlo, está bien. A esta edad, no hay problemas de conducta. No está entendiendo, es todo. De todas formas, establece una fecha para reiniciar, quizás un poco más de cuatro semanas. Tenla en mente, para que los pañales no se queden para siempre.

Para ser sincera, en el caso de los niños entre 22 y 24 meses, es una zona poco clara :). A veces puede tener idea, otras no. Es tu decisión. Mi consejo es tener en cuenta si sus otros logros llegaron a tiempo o tarde. Suele ser el mejor indicador.

Cuando los padres leen este capítulo o contemplan un reinicio, es habitual que sucedan dos cosas. La primera es que me contacta un padre que está fastidiado el segundo día del entrenamiento y quiere saber si es adecuado reiniciar. Lo lamento, no quiero sonar severa, pero es ridículo, es muy poco tiempo para perder los estribos. Tu hijo está aprendiendo algo nuevo, no ha aprendido nada más en tan poco tiempo. Ármate de valor y hazle frente a este desafío. Es tu hijo y tienes la magia. Haz ajustes, ponte creativo, piensa qué podría estar saliendo mal. La situación exige que actúes con contundencia. Repito, por enésima vez, eres el experto en tu hijo.

La segunda reacción que recibo es total resistencia a la propuesta de reiniciar, un *no rotundo*. Los papás sienten que sería un retroceso enorme. Muchos destacan la única pipí que han visto en los últimos tres días: "¡Hizo una vez!". A lo que respondo: "Mira, en la mayoría de los casos estoy convencida de que ocuparse de las dificultades es el mejor enfoque para el entrenamiento. Pero una pipí en el bañito en tres días, en la segunda semana del entrenamiento no es progreso. Están estancados. La única manera de salir del atolladero es cambiar algo".

Hay una cita de Einstein que me fascina: "La definición de locura es hacer lo mismo una y otra vez y esperar resultados distintos".

Es probable que para cuando estás contemplando reiniciar, ya has intentado muchísimas cosas. Por la razón que sea, no está funcionando. Nunca sabremos por qué. Pero sí necesitamos cambiar un poco las cosas y en eso consiste el reinicio. Cambia las cosas y calma el ambiente. Si te preguntas qué pudo haber salido mal o qué podrías cambiar y al mismo tiempo sigues entrenando y lo único que obtienes es pipí en el piso, vas a enloquecer. Los padres enloquecidos son los maestros menos eficientes.

Como ya mencioné en el inicio del capítulo, recomiendo reiniciar antes o después de leer este libro. No las dos cosas a la vez. Digamos que tu hija tiene 28 meses. Has intentando en serio enseñarla a ir al baño, sin mi libro, y ahora… tu hija no sabe ir al baño, como tal, aunque tampoco es un desastre. Compraste mi libro para terminar de una vez. Si no tienes un desastre entre manos, empezaría con esos primeros días. Muchas veces, los papás me dicen: "Creo que estaba esperando que tirara los pañales". O bien, puedes elegir una fecha de inicio en dos semanas y ponerle pañales de aquí a entonces.

Si leíste este libro porque tienes un desastre entre manos, comenzaría de nuevo dentro de unas semanas.

De nuevo, me resulta imposible conocer los detalles de tu situación. Confío en tu intuición y espero que hagas lo mismo. Eres quien mejor conoce a tu hijo. Contempla tus opciones y elige la que se sienta mejor.

El reinicio sólo funciona una vez. De lo contrario, le estarás enseñando a tu hijo que si hace un buen berrinche, cederás a sus deseos. Y creo que todos podemos coincidir en que sería un desastre para el futuro.

CAPÍTULO 17

Circunstancias especiales

Miedo extremo al bañito o al inodoro

Como ya mencioné en el capítulo 7, "Dramas durante el primer bloque", y el 8, "Dilemas del bloque dos y tres", tal vez tu hijo le tiene miedo al baño. Es *raro*. En todos estos años sólo he tenido once casos así. Pero existen.

Lo primero es determinar si el miedo es real, que no sea resistencia ni un temor menor que los niños manifiestan cuando hacen algo nuevo. Un padre equiparó el miedo de su hijo con el aspecto de un gato al que metes en una cubeta de agua. Si tu hijo manifiesta este tipo de miedo, es real, y se presenta desde el inicio. Muchas veces, parece que los niños le tienen miedo al baño, pero bien podría ser la sensación de hacer pipí o popó, o las dos. A veces no queda claro cuál de ellos es el culpable, o si lo son ambos. No hay modo de convencerlo y tampoco es un asunto de conducta.

Lo primero que hay que recordar es que un niño con miedo no puede aprender *nada*, así que ni te molestes. Si es tu caso (y lo sabrás con certeza en un par de días), entonces tu enfoque debe ser otro. Más lento y a diferencia de todo lo que he dicho en el libro, más informal.

El entrenamiento informal es posible. Sin embargo, lo que sucede en muchos casos es que los pañales toman el control y dentro de poco dejas de entrenar. Si tu hijo tiene mucho miedo, debes ir más lento, pero no por ello dejar de hacerlo. Lo primero es superar el miedo.

Saca el bañito, de preferencia colócalo en el baño, busca uno de BabyBjörn o parecido. Prefiero que no sea el modelo que puede usarse como banquito o se podría confundir con cualquier cosa, menos con un bañito. Cuando vayas al baño, lleva a tu hijo todas las veces que puedas. Se puede sentar encima de él, con ropa, si quiere. Le puedes preguntar, en tono relajado, si quiere usarlo. A este niño sí hay que preguntarle. Necesitas pedirle permiso. Es en el caso particular de un niño que necesita acostumbrarse al bañito. Puedes intentar que haga pipí antes de bañarse o cuando se vista en la mañana. Vete despacio. Si dice no, deberías responder: "De acuerdo, tal vez mañana". Sigue insistiendo, no como pit bull, pero con constancia.

Sólo he trabajado con once niños así, así que no puedo asegurar ser una experta en este tipo de temor. Pero en esos casos funcionó muy bien ir despacio. Todos exigieron unos dos meses de trabajo constante y después aprendieron. Me atrevería a decir que si el temor persiste y no ves progreso, busca otra posible fuente de ansiedad. A cada vez más niños se les diagnostica trastorno de ansiedad. Si crees que tu hijo es excesivamente ansioso, busca ayuda. No entres en pánico, pero la mejor cura es la prevención temprana. Como mencioné en el capítulo 10, "Popó", creo que el mundo en general está fomentando la ansiedad en nuestros niños, no tú ni nada de lo que estás haciendo.

Bebés prematuros

Si tu hijo fue prematuro por más de cuatro semanas, pasó una temporada importante en la unidad de cuidado intensivo neonatal o se le dificultó desarrollar vínculos afectivos, el entrenamiento se podría retrasar. Aunque no en todos los casos, y me refiero a que lo hagas más cercano a los 30 meses, no a los 22. No estoy sugiriendo esperar hasta los tres años y medio. Los niños prematuros suelen ir un poco atrasados con respecto a sus pares en otros aspectos. Piensa en sus otros momentos clave. Si tardó un poco, lo tendría en cuenta para entrenarlo. No es pretexto para esperar demasiado, sino de darle oportunidad a tu hijo de "ponerse al tanto". La mayoría de los niños en esta categoría con los que he trabajado se han puesto al corriente para los 24 meses.

Adopción

Si adoptaste un niño, sobre todo de otro país, es crucial desarrollar un vínculo afectivo antes de iniciar con el entrenamiento. Una vez tuve de alumna una mujer cuya hija adoptada llegó a sus manos lastimada. Debido a la falta de personal, el orfanato ataba a los niños al bañito hasta que hicieran algo. Es evidente que esta niña no tenía prisa por aprender a ir al baño. Nunca había conocido a una niña adoptada con tantos problemas con el entrenamiento para ir al baño, así que mi sugerencia inmediata fue irse con calma. Si adoptaste a un bebé o un niño muy pequeño, puedes entrenarlo como ya describí sin problemas.

Cuando conocí a Mona, acababa de adoptar a su hijo de 20 meses. Era muy listo y parecía estar preparado para aprender a ir al baño. Las dos sospechamos que en su país natal habían empezado a entrenarlo. Parecía no aprender y un par de días después, empezó a mostrar miedo al bañito. Las dos decidimos que, dada la transición tan enorme que había experimentado, lo mejor era entrenarlo con el enfoque de "Miedo extremo" descrito arriba. Al mes ya sabía ir al baño. Mona estaba fascinada, pues a pesar de que le tomó más tiempo de lo esperado, era increíble haberle enseñado a ir al baño. La naturaleza de la adopción es que al llegar a casa contigo, tu hijo llega a un lugar mejor. En todo caso, es una transición *importante*, al igual que aprender a ir al baño. Sigue tu instinto y tu intuición de madre.

Retrasos emocionales y en el desarrollo

Si a tu hijo le diagnosticaron retrasos emocionales o en el desarrollo, el entrenamiento podría retrasarse. Hago énfasis en el diagnóstico porque todos los niños tienen un desarrollo diferente y aunque creas que algo anda mal, no necesariamente significa que vaya con retraso. Conozco a niños que dijeron su primera palabra a los tres y pronto empezaron a conversar como si nada. A veces los padres se excusan en esto: "No tiene ningún retraso, pero no hace tal y tal cosa... No sé si está listo para aprender a ir al baño". Así que "requiero" un diagnóstico para justificar que el entrenamiento se atrase. Desde luego, la seriedad del retraso dictará cuándo iniciar el entrenamiento para ir al baño. Debes hablarlo con su pediatra. Pregúntale si existe algún motivo por el cual tu hijo no pueda empezar el entrenamiento. Por ejemplo, si el retraso es en el lenguaje, no hay motivo para no hacerlo. Pero si se le dificulta procesar información, no tiene caso entrenarlo hasta después.

Que tu hijo padezca cualquier tipo de retraso no quiere decir que no debas enseñarle a ir al baño. Los niños con circunstancias especiales me recuerdan un capítulo de *Supernanny* (un gusto no tan culposo). En este capítulo figuraba un niño de cinco años con diabetes tipo 1. El niño era un tirano, era el rey de la casa. Hacía lo que quería y todo porque a sus papás les daba miedo que se muriera. Llegó la superniñera y (a) les enseñó una lista de gente exitosa que vive con diabetes tipo 1, y (b) les demostró que su miedo les impedía ser buenos padres y poner límites. En cuanto los padres actuaron con firmeza, la conducta del niño no sólo mejoró, también parecía aliviado de que lo trataran como un niño normal. Lo hacía temerle menos a la muerte.

Sin importar las circunstancias, tu hijo merece una infancia saludable y normal. La mejor manera de fomentarla es hacer las cosas que harías si tu hijo no padeciera lo que padece. Así que no te escudes en su diagnóstico para no enseñarle a ir al baño. Lo mejor es hablar de tu situación específica con tu pediatra y contemplar cómo podría afectar a tu hijo. Con cautela. Según mi experiencia, sin importar el retraso, el entrenamiento funciona mejor cuanto antes se inicie. Es frecuente el consejo de elegir tus batallas, pero el entrenamiento para ir al baño suele relegarse a un plano secundario y sin darte cuenta, tienes a un niño de cinco años en pañales. La realidad es que lo primero es asegurarte de que tu hijo asista a terapia de lenguaje, pero no dejes el entrenamiento para ir al baño a medias. Cada año será más difícil.

Megan acudió a consulta porque tiene dos niños con trastorno del proceso sensorial. Es un diagnóstico complejo, por su naturaleza. Su hijo mayor inició el entrenamiento para ir al baño a los tres años. Tardó más o menos un año en aprender, normal dado el diagnóstico. Tenía la sensación de que intentar empezar con el menor a los 24 meses, aunque supuestamente, tendría las mismas dificultades. No fue así. Le costó un poco más de lo normal quitarse toda la ropa para hacer popó... pero a ella no le importó. Estaba feliz de que le hubiera tomado mucho menos tiempo. Me dio el crédito por el logro, pero no fui yo. Sino que comenzó en un buen momento.

Sin importar el diagnóstico de tu hijo, ten en cuenta sus otros momentos importantes para determinar su curva de aprendizaje. A los niños con trastorno del espectro autista no les gustan para nada las transiciones, todas ellas. Y aprender a ir al baño es una de las importantes. Puedes abordarla al igual que harías con un niño con miedo extremo, si le funciona a tu hijo. Según las particularidades de tu hijo, puedes contemplar la consulta privada para el entrenamiento además de su terapia ocupacional.

Regresiones y cambios importantes

En el capítulo 3, "Mitos y confusiones", hablamos un poco de las regresiones. Sin embargo, el tema amerita mayor detalle. Recuerda, las regresiones son pasos hacia atrás. En el entrenamiento para ir al baño esto quiere decir que tu hijo había dejado de tener accidentes y de repente los empieza a tener seguido. Con mucha frecuencia, las regresiones ocurren cuando una familia está a punto de tener un segundo hijo, pero cualquier transición puede causar una regresión.

Como en el caso de cualquier transición significativa, sobre todo un recién nacido en casa, tu hijo quiere atención. La mayoría de los niños se portan mal con el recién nacido. Si no mediante una regresión durante el entrenamiento, pegando, mordiendo, portándose mal con el bebé o sencillamente ignorándolo. Este bebé está recibiendo amor, lo cargan, abrazan y no hace nada mal. Mientras a tu hijo le dicen: "No", "No hagas esto", "Basta". Es completamente inevitable, el recién nacido requiere tu atención física. Es indefenso y la exige. Así que tu hijo más grande permite que se le olviden algunas de sus habilidades de niño grande. Recuerda: para un niño, es mejor la atención negativa que ninguna.

Depende de ti cómo abordar la necesidad de atención de tu hijo mayor. Muchos padres reservan tiempo especial para sus hijos entre los 12 y 36 meses. En lo personal, recomiendo recordarle lo mucho que aman a todos sus hijos. Parecerá obvio, pero es asombroso la frecuencia con la que creemos que nuestros hijos saben que los amamos. Aun así necesitan escucharlo. También necesitan saber que tienes suficiente amor para todos en tu familia.

También sugiero mencionarle a tu hijo mayor lo que él puede hacer y el bebé no: "¡Guau! No puedo creer que sepas andar en triciclo. Caray, a tu hermanita le falta mucho para aprender!" o "Guau, qué padre que puedas hacer pipí en el bañito, tu hermanita tiene que usar pañales de bebé. Seguro se va a poner contenta cuando aprenda a hacer pipí en el baño. Vamos a enseñarle cómo lo haces, para que aprenda".

Atención: el objetivo es superar la fase de regresión. No es deseable alimentar la competencia constante entre hermanos. Lo que quieres es que se sienta apreciado por sus habilidades de niño grande y darle un poco de ventaja sobre este adorable intruso. En el entrenamiento para ir al baño, el orgullo es vital.

Recuerda: no sólo el recién nacido y la necesidad de recibir más atención pueden fomentar una regresión. La dinámica familiar se ha alterado. Antes había tres personas, ahora son cuatro. Los horarios se alteraron. El mundo de tu hijo cambió por completo, aunque por fuera parezca igual (lo cual es improbable).

Estoy convencida de que los niños son como tanques de gasolina. A veces funcionan cuando están casi vacíos. Y cuando llega un recién nacido, casi todos funcionan estando casi vacíos. Lo interesante es que no exigen mucho para llenarse de nuevo. Este aspecto me sorprende constantemente en mi propia crianza. Pascal empieza a adoptar conducta peculiar —un poco exigente, quejumbroso, de malas—, de molestia. Y me doy cuenta de que no me he sentado a jugar con él o escucharlo. Cuando lo hago, esta conducta desaparece. Al instante. Nuestros hijos no necesitan mucha atención, pero sí que la enfoquemos. Jugar Candy Land, Uno o incluso contemplarlos mientras construyen unas vías del tren. Otra vez.

Todo lo que hacemos como padres, lo hacemos por nuestros hijos. Nuestra vida cotidiana gira en torno a ellos, en sentido literal. Así que nos parece imposible ponerles más atención. También creo que nos da la impresión de que *si les ponemos un poco de atención, nos van a acaparar y no soltarnos.* La realidad es que necesitan muy poco. Pero debe ser de calidad. Caray, aquí vamos con el infame concepto de los 90, "calidad, no cantidad", pero es cierto. Cuando me siento a jugar Uno —sin revisar mi teléfono, correos, nada—, el tanque de atención de Pascal se llena. Por arte de magia, su comportamiento inestable desaparece y vuelve a jugar solo. Siempre me sorprende. Así que no le concedas tiempo artificial porque eso leíste. Juega con él y llénale el tanque. Así entenderá mejor cuando tengas que sentarte a amamantar al nuevo bebé.

Si bien las regresiones son plausibles, no quiere decir que son ineludibles. Cuando esperas que sucedan, se cumplen. No permitas que el temor a que tenga una regresión te impida entrenar a tu hijo mayor si estás esperando el segundo. Retrasar el entrenamiento no será útil. Es fácil retomar una habilidad recién aprendida y abandonada. Si tu hijo experimenta una regresión, será mucho más fácil reorganizarse y seguir que empezar desde el principio. Es como hacer ejercicio. En cuanto estás en forma y adoptas una rutina de ejercicio, incluso cuando te descuidas un rato, siempre es más fácil a la próxima. Sabes qué implica, tus músculos recuerdan. Es mejor entrenar a tu hijo antes de que nazca el segundo. Se recuperará *mucho* más rápido que si comenzaras de cero.

Nunca he visto una regresión desorbitada. La mayoría de los niños tiene un par de accidentes aislados, pero es difícil establecer si es por portarse mal o porque los papás están tan centrados en el bebé, que no lo animan lo suficiente.

Otra cosa que vale la pena mencionar: si estás embarazada y estás contemplando si entrenar a tu hijo antes o después del bebé, tal vez nadie te lo ha dicho, pero un niño más otro = cinco. No vas a tener tiempo ni para respirar por lo menos dos meses después de que nazca el bebé. Tal vez no me crees, no asumas que podrás iniciar el entrenamiento dos semanas después del parto. No sucederá. Es habitual que una mamá con siete meses de embarazo y un hijo de 24 meses me consulte con dudas sobre si empezar ahora o después del parto. Puntos a favor si empieza ahora: tiene dos meses. Pero si espera, son dos meses hasta que nazca el bebé y otros dos para respirar. Después otros dos para sentirse seminormal otra vez. Siendo realistas, iniciará el entrenamiento de un niño de 30 meses con un bebé de cuatro en brazos. Hazme caso: inicia con el entrenamiento antes del bebé. Si pierdes esa ventana de oportunidad, después todo se complicará.

Otras transiciones significativas también son origen de la regresión. Mudarse y divorciarse son muy estresantes, sin importar tu actitud. No subestimes a tu hijo, siente tu estrés. Desde luego siente la tensión en casa, aunque creas que no dices ni haces nada para expresar estrés ni tensión. Los niños son superintuitivos. Viven y respiran nuestra energía.

El estrés y la tensión serán inevitables, y lo mejor es decir las cosas en voz alta en términos comprensibles para ellos. "Sabes que mami y papi están teniendo dificultades. ¿Lo percibes? Está bien. Vamos a solucionarlo de la mejor forma para nuestra familia" o "Sabes que estoy muy nerviosa por la mudanza. ¿Verdad? He estado tan ocupada empacando y preparando todo que tal vez no he convivido lo suficiente contigo. Vamos a jugar algo".

No menciones la regresión durante estas conversaciones. Tu hijo llegará a la conclusión de que los accidentes son la *causa* del problema. El objetivo es hablar del problema, no de los síntomas que todos están experimentando.

¡Escucha a tu hijo!

Esta es una oportunidad para que tu hijo exprese sus sentimientos. Te sorprenderá lo que te dirá una vez que hayas abierto la puerta. El simple hecho de hablar de temas importantes resuelve muchos accidentes y otras malas conductas. Pero ten cuidado, no hagas promesas que no puedas cumplir. Habla y pregunta, incluso si te da la impresión de que es muy pequeño para entender. Puedes estar segura de que está procesando la información.

Para concluir con las regresiones: ¡no le vuelvas a poner pañal a tu hijo! Sé que lo he dicho hasta el cansancio, pero es crucial. Cuando ya sepa ir al baño, no importa si son las primeras etapas, volverle a poner pañal indica una cosa: "No confío en ti. Todo el día te digo que puedes hacerlo y que confío en ti, pero en el fondo, no confío en ti". Es sumamente perjudicial para el proceso. Si no confías en tu hijo, él nunca confiará en sí mismo.

Y por millonésima vez: tu energía, estado de ánimo, señales no verbales son las protagonistas. Seguridad y estabilidad.

CAPÍTULO 18

Mis respuestas finales

Respuestas finales. Estas son las respuestas a las preguntas que me hacen muchísimas veces. En teoría, no son preguntas tontas, pero la realidad es que... bueno...

En esencia, todas las respuestas son conceptos que explico con detalle en el libro, pero me las preguntan tanto, que aquí van mis respuestas finales, puras e insolentes.

¿De verdad necesito un bañito?

Por supuesto es tu decisión. Sin embargo, mi respuesta final es SÍ. Si quieres fomentar la independencia, la vas a necesitar. También facilita una mejor postura para defecar. La mayoría de los padres que intentan no usarlo, terminan comprándolo a la medianoche del primer día del entrenamiento. Es más fácil empezar con uno.

¿Puedo intentarlo con calzones? Me da miedo que...

Mi respuesta final: *sí*. Siempre puedes intentarlo con calzones. Si crees que no ponerle ropa interior a tu hijo es raro o asqueroso, pregúntate por qué. Alguna gente le teme a alguna infección. Jamás en la vida me ha pasado. No recomiendo calzones las primeras dos semanas, por lo menos. Si quieres ponérselos, es tu decisión. Pero te advertí. Si los moja, tíralos, no pasa nada.

¿Me puedes convencer de que mi hijo está listo?

Mi respuesta final: *no*. Escribí este libro. Me han dicho que qué sentido tiene. No te puedo convencer de que tu hijo está listo. Mi respuesta final es que si dudas, será un desastre. Si no estás seguro, tu hijo tampoco lo estará. Si él no lo está, vas a terminar limpiando mucha pipí.

¿Puedo intentarlo con premios? Le funcionaron a mi vecina/amigo/hermana...

Mi respuesta final: depende de ti. No me importa cómo lo hagas. No te puedo ayudar a solucionar el desastre posterior que generan los premios. No se trata sólo del entrenamiento para ir al baño. He visto desastres rotundos además de pesadillas relacionadas con el entrenamiento gracias a los premios. Si lo quieres intentar, adelante. Ya te advertí.

Ya empecé el entrenamiento con premios. ¿Cómo lo dejo de hacer?

Mi respuesta final: déjalo de hacer. Explícale a tu hijo o dile: "No, ya no hacemos eso. Mamá y papá hacen pipí y popó en el inodoro. Eso hacemos todos. Ya no damos premios".

No me puedo despertar en la madrugada para el entrenamiento nocturno. ¿Qué hago?

Mi respuesta final: compra más pañales. No quiero sonar severa. No... sí quiero sonar severa. No tengo nada más que añadir. Si sabes que no estás en las condiciones mentales o físicas para realizar el entrenamiento nocturno, no lo hagas. Espera a estar listo, pero vas a tener que hacerlo.

No me siento cómodo con las consecuencias relacionadas con la mala conducta durante el entrenamiento. ¿Qué más puedo hacer?

Mi respuesta final: no mucho. Si ya estás seguro de que se trata de mala conducta y no de un problema de aprendizaje, tienes que hacer algo (por favor, asegúrate de que el niño no requiere más tiempo para aprender). Asumo que preguntas porque ya lo intentaste todo. Una consecuencia es útil para decidir si el niño es capaz. Las consecuencias generan confusión. No sugiero que tomes represalias como si tu hijo hubiera quemado tu casa. Sino quítale un cochecito. No tiene que ser con crueldad ni melodrama. La idea es enseñarle el concepto de causa y efecto. Si no tienes un plan de disciplina/consecuencias (para otros aspectos fuera del entrenamiento), es hora de idearlo.

Muchos padres, incluidos algunos amigos míos, creen que las consecuencias por no ir al baño son innecesarias para un niño de dos años y les parece que están "mal". La verdad es que tu hijo de dos años cumplirá cinco. Y no puedes presentarle el concepto de consecuencias/disciplina hasta esa edad. Puedes intentarlo, pero será difícil. Tuve dos amigos de quienes me tuve que "divorciar" porque nunca creyeron en disciplinar de ninguna forma. Ahora tienen niños de cinco años fuera de control. La disciplina no tiene por qué ser cruel. Implica límites y congruencia.

La distribución de la casa es mala y el baño queda muy lejos... ¿qué hago?

Mi respuesta final: mudarte. Es broma, más o menos. Es tu decisión. No puedo cambiar tu casa. Puedes poner bañitos por toda la casa o vasos de plástico. Utiliza tu creatividad. Pero es tu casa.

Siento que mi hijo está listísimo, pero todos me quieren convencer de no hacerlo y no quiero presionarlo.

Mi respuesta final: a la m***da todos. El padre eres tú. La experta eres tú. Si sientes que está listo para ir al baño, no dejes que nadie te diga lo contrario. Tampoco lo publiques en Facebook. No te puedo dar valor. Te toca encontrarlo. Confío en ti y tu instinto. Es todo.

Sólo tengo cuatro días para hacerlo y después vamos a viajar todo el verano. Pero si espero, me temo perder la ventana de oportunidad.

Mi respuesta final: si en este lapso tu hijo cumplirá tres o más, pospón el viaje y enséñale a ir al baño ahora. Hoy mismo. Si tiene menos de treinta meses, sugiero esperar. Cuatro días no es suficiente para entrenarlo. Me hacen distintas versiones de esta pregunta con frecuencia. De nuevo... no puedo cambiar tu agenda. Te puedo decir que es un proceso. Cuanta más presión tengas para concluirlo, mayor será tu fracaso. Sin querer, le pondrás demasiada presión a tu hijo y no saldrá bien.

A mi hijo le choca estar desnudo. ¿Qué más puedo hacer?

Mi respuesta final: necesita, por lo menos, estar desnudo de la cintura para abajo. Si no ves cuando empieza a hacer pipí, no lo alcanzarás a tiempo. Para cuando la humedad traspase la tela, tu hijo se habrá vaciado y la lección se habrá perdido.

En _____ hace mucho frío. ¿TIENE que estar desnudo?

Mi respuesta final: consulta la respuesta anterior. Súbele a la calefacción uno o dos días.

Estamos viviendo con mis suegros y no quiero que se haga pipí en el piso.

Mi respuesta final: cuando le quites el pañal, los accidentes son inevitables. No te puedo garantizar que no se hará pipí en el piso. También te vas a poner como loca si lo hace, lo cual afectará el entrenamiento. No puedo cambiar tu situación. Tal vez tengas que esperar hasta que modifiques tu vivienda.

Mi hijo TIENE que tomarse su biberón con leche antes de dormir, de lo contrario hace mucho berrinche. ¿Qué hago?

Mi respuesta final: eres la jefa de tu casa. Quítale el biberón. A menos que le laves los dientes después del biberón, estás contribuyendo a las caries. Sí, incluso con leche. Si quieres seguir con esta práctica, adelante. El entrenamiento nocturno será difícil. No podrá aguantarse tanto tiempo. Por supuesto, según mi experiencia. Tal vez tu hijo aguante. La única forma de averiguarlo es hacerlo.

Lamento si mi insolencia te molesta, pero es intencional. No puedo cambiar tus circunstancias de vida, y no tengo una varita mági- ca (¡me encantaría tenerla!). Debes ser creativo y emplear tu sentido común si la situación o tu hijo no son "la norma". Cualquier dificultad se puede resolver si la contemplas desde distintos ángulos.

CAPÍTULO 19

Recomendaciones y preguntas misceláneas

Recomendaciones para el proceso

Se trata de cosas cuya eficiencia he comprobado en el transcurso de los años. En general, adopta lo que funcione y rechaza lo que no.

Utiliza peluches, muñecas, coches, trenes o cualquier otro juguete favorito para que "vean" a tu hijo ir al baño. Esto funciona de maravilla las primeras semanas. A los niños les encanta la idea de lucirse frente a un público de objetos inanimados. También funciona con el niño que no quiere dejar de hacer su actividad para ir al baño. Ahora bien, la emoción del "público" tiene poder limitado. Su magia desaparece luego de más o menos un mes (o cuando se dé cuenta de tus tonterías).

Siempre dale opciones. Esto funciona en *todos* los ámbitos de la crianza. ¿Quieres usar el inodoro o el bañito? ¿Quieres hacer pipí antes que papi o después? Primero, esto le otorga cierto control al niño, lo que les encanta. Segundo, implica de manera automática que lo que le estás pidiendo hacer va a suceder. Pero dentro de esos límites, le da cierto control. Y tercero, le presentas los conceptos de "antes" y "después" y sus implicaciones. Darle opciones funciona como estímulo: "Ven, hora de hacer pipí. ¿Quieres hacer primero o después?".

En general, dar opciones es un gran truco para la crianza, puede facilitar zonas difíciles, como pedirle que se vista. En general, ofrece dos alternativas, demasiadas es confuso.

Ten un "libro para hacer popó" o dos, o sea, libros que guardas en el baño o cerca del bañito y lees sólo cuando haces popó. No necesariamente tienen que ser sobre hacer popó. Existen dos motivos. El primero, inculca el hábito de la lectura. El segundo, es un estímulo como un CD para acostarse. (Nota: si no tienes un CD para la hora de dormir, considera empezar. Selecciona uno o dos para ponerlos sólo a la hora de acostarse y dentro de poco, asociará la música con dormir. Se quedará dormido con el primer par de canciones. No funcionará si también usas ese CD para bailar durante el día). En este sentido —repetición y constancia— un libro para hacer popó se vuelve motivación para hacer popó, y dentro de poco, tu hijo estará haciendo popó tras leer las primeras páginas. Es en serio. Es una locura lo bien que funciona.

Un beneficio adicional es que hacer popó puede requerir cierta concentración, y al tener libros nuevos para la hora de hacer popó tu hijo se concentrará en el libro, no en la popó, mientras que con un libro que conozca se centrará en donde debe. Además, te aprenderás el libro de memoria y se lo podrás recitar cuando vaya al baño fuera de casa, *Todos hacemos caca* (de Taro Gomi) y cualquier cosa que ponga a Elmo en el contexto del baño es un favorito entre los niños. En lo personal, no creo necesario ver videos para niños sobre el entrenamiento, si los aguantas, adelante. Elmo mata de risa a los niños, pero eso ya lo sabes.

Respeta la privacidad. A medida que el entrenamiento progrese, tu hijo te irá pidiendo cada vez más privacidad. Incluso en las fases iniciales, cuando tienes que estar presente, no te entrometas tanto. No te asomes entre sus piernas, no le levantes las nalgas para ver si ya hizo. Puedes estar cerca para ayudarlo o leerle sin centrarte en la acción. A veces ayuda mirar para otro lado y silbar, como que no quiere la cosa.

Adopta el hábito de mostrarle a tu hijo en dónde está el baño en lugares nuevos, incluidas las tiendas. Algo sencillo como: "Llegamos al súper, ya sabes que el baño está allá. Avísame si tienes ganas de ir". Cuando sea relevante, especifica quién puede ayudarlo, si es el caso. Los niños se confunden, tal vez sepan que eres un adulto, pero tal vez no sepan que la mamá de Pascal también es una adulta que le puede ayudar. El "estatus" de los adolescentes también les confunde. Si convives con adolescentes dispuestos a ayudarle a tu hijo, infórmale. Es importante porque los accidentes son más habituales fuera de casa, pues dejas de vigilarlo y tiene más distracciones. A veces el tiempo para llegar al baño se reduce exponencialmente cuando no estás en casa.

Prepárate cuando vayan a un lugar emocionante. Jugueterías, carruseles, estaciones de tren —cualquier cosa que le emocione— estimulará la pipí y quizá también la popó. Recuerda: el ano es un músculo esfínter que se abre con la emoción.

Para promover evacuaciones saludables, asegúrate de que tu hijo esté bien hidratado. Anímalo a tomar más agua que leche o jugo. Es mejor para ti y fomenta un hábito maravilloso. Ten cuidado de no limitarle los líquidos por temor a los accidentes.

Sé creativa e improvisa. Lo que funciona hoy, puede no funcionar mañana. Inventa cosas. Si se te ocurre una solución única que te funciona pero nunca has escuchado que nadie más la usa, ¡adelante! Todos los niños y las circunstancias son diferentes. Déjate llevar. Recuerdo a Diane, una antigua cliente, a quien se le estaba dificultando que su hijo Luke hiciera pipí en el bañito. A Luke le fascinaba el papel de baño. En un momento de genialidad, cuando se dio cuenta de que Luke tenía que hacer pipí, colocó un cuadrito de papel dentro del bañito. ¡Y Luke hizo pipí! A eso me refiero. Muchos papás se ponen nerviosos y quieren seguir las instrucciones al pie de la letra. Está bien implementar tus propias ideas. Todo vale mientras la pipí aterrice en el bañito y no hagas nada demasiado raro. Dejaré que establezcas qué constituye la rareza.

¡Relájate! Sé que todo esto parece agobiante. No te preocupes. Es mucha información que dentro de poco te parecerá natural. Tu hijo y tú encontrarán su ritmo. Dale el regalo de la responsabilidad y apártate. Existe una delgada línea entre cuidarlo y agobiarlo, aprende a identificarla.

Puntos adicionales

Dentición

Cuidado con los molares de los niños de dos años. Si tu hijo empieza a tener accidentes, se podría deber a que está endenteciendo. La dentición de los molares de los niños de dos años es un infierno, al menos en mi experiencia. Aunque el proceso empieza desde antes, cuando los dientes por fin salen por la superficie de las encías, es lo peor. Puede provocar fiebre, diarrea y conducta anormal. Alivia el dolor y haz lo posible por mantener el *status quo*.

Enfermarse un par de días durante el entrenamiento

Es peculiar la frecuencia con la que un niño se enferma tras uno o dos días de haber iniciado el entrenamiento. Si es un resfriado leve o soportable en general, procura salir del paso y espera resultados modestos. Si la enfermedad no es menor y tu hijo está letárgico o en cama, está bien volverle a poner pañal y volver a empezar cuando se recupere. De todas formas no aprenderá nada enfermo, así que casi no cuenta. En estas circunstancias volver al pañal no es perjudicial para el proceso. La mayoría de los niños parecen reconocer que cuando están enfermos no son capaces. También queremos que tu hijo descanse y se recupere, no que aprenda.

Viajar en las primeras etapas del entrenamiento

Muchas personas tienen que viajar al poco tiempo de haber iniciado el entrenamiento, o viven en zonas remotas y el súper está lejos. Según el progreso de tu hijo —luego de una semana te será más claro— tendrás un par de opciones. Puedes poner un tapete de entrenamiento (o Chux) en el asiento del coche. Son cuadrados de plástico grandes con centro absorbente, como un pañal extendido. Es perfectamente aceptable usar un "pañal de viaje". De hecho lo llamaría así para que tu hijo entienda la norma: sólo "por si acaso". Si optas por el pañal para viajar, pónselo justo antes de salir de casa y quítaselo de inmediato al llegar. También debes esforzarte por hacerle caso si te pide hacer pipí, aunque traiga pañal. El pañal es útil para los vuelos largos. Esto se debe a que viajar con un niño de esta edad ya de por sí es estresante, olvídate de añadirle vigilancia para ir al baño. Todo —todo— es mejor cuando mamá no está estresada.

Contrata a alguien para el entrenamiento

No temas pedir ayuda. Una mamá tomó mi clase y me la encontré un mes después. Le pregunté qué tal le había ido y me respondió: "Fantástico. Contraté a mi niñera para hacerlo. Mi hija ya sabe ir al baño". Contrata a alguien si quieres. La mayoría de la veces esto funciona de maravilla porque los demás no están igual de comprometidos que los padres. Que no te dé vergüenza pedir ayuda.

Pañales para nadar

Funcionan bien en las primeras etapas del entrenamiento. Las circunstancias en torno a la natación son especiales, de modo que usarlos no genera confusión, y tampoco perjudicará el proceso. Lo que sí lo entorpecerá es si tu hijo se hace popó en la alberca y todos tienen que salirse, todos te miran... y no por admiración. Ponle el pañal a tu hijo tal como le pondrías el traje de baño. Asegúrate de que haga pipí antes de entrar a la alberca y al salir.

Es el mismo caso para la playa y el lago. Usa tu criterio. Si tienes una casa en la playa y vas a pasar ocho horas en la playa, no es bueno que nade en pañal todo el tiempo. Anímalo a salir del agua si tiene ganas de hacer pipí o popó y hazle caso si no lleva pañal. Sé que puede ser inconveniente, pero no estás usando el pañal por conveniencia, sino para que un accidente no te arruine la vida ese día.

Mi pediatra recomienda esperar a que mi hijo esté listo

Entre mis clientes figuran algunos pediatras. De hecho, hace un par de años, cuando algunos pediatras contrataron mis servicios, me pidieron ejemplares de mi libro para sus salas de espera. De hecho, así fue como adquirí lectores. Cuando cambié a mi hijo de pediatra y llené los documentos de registro, se dio cuenta de mi correo, Oh Crap! Potty Training, y me preguntó. Después me pidió tarjetas y panfletos, me dijo: "Me encantaría referir a mis pacientes con alguien. Yo no le enseño a los niños a ir al baño".

Tiene sentido. En el transcurso de los años muchísimos pacientes me han contado que cuando procuraron hablar de las dificultades durante el entrenamiento para ir al baño con su médico, el doctor los interrumpió diciendo: "Espera a que esté listo"... lo cual está bien, a menos que sepas que tu hijo es capaz y simplemente necesitas algunas sugerencias para empezar o solucionar un problema con el que te enfrentaste.

El punto es: siempre sigue las recomendaciones del doctor. Así de sencillo. Pero le pagas a tu médico para identificar los padecimientos de tu hijo. Le ayudan a mejorar y lo curan. Los doctores identifican infecciones de oído, soplos en el corazón, huesos rotos. Seamos realistas, no tienen tiempo para escuchar las dificultades de tu hijo durante el entrenamiento para ir al baño. No pretendo despreciarlos.

Creo que en parte se debe a nuestro sistema de salud y la velocidad con la que tienen que atendernos. También creo que los doctores nos ven a los padres como dementes. Aceptémoslo: podemos ponernos un poco locos en el consultorio médico. Yo por lo menos, sí.

Estos son algunos ejemplos de las citas médicas con la pediatra de Pascal:

"¿Cómo está comiendo?", busca respuestas generales, no el detalle que yo quisiera darle.

"¿Cómo son sus heces?", quiere saber si sólido, blando, gris, café, no las minucias que quiero contarle.

"¿Le gusta el kínder?", quiere saber que todo va normal, no quiere escuchar todas las cosas divertidas y tiernas que me cuenta todos los días.

De modo que cuando el pediatra te pregunta si tu hijo está aprendiendo a ir al baño, quiere decir que debería. No quiere ver tu bitácora de cómo, cuándo y dónde hace popó. No es su especialidad, y no tendría por qué serlo. El pediatra promedio no ha entrenado a sus pacientes. No me malinterpretes: si crees que existe una razón médica que explique las dificultades de tu hijo para aprender a ir al baño: ¡¡¡*pregunta*!!! Tu pediatra está ocupado con su labor, que es mantener sano a tu hijo. No puedes esperar que sepa hacer todo.

Los penes y el entrenamiento para ir al baño

El título lo dice todo. Me preguntan mucho sobre los penes y su relación con el entrenamiento para ir al baño.

Hacer pipí de pie

¿Cuándo se ponen de pie los niños para hacer pipí? El mejor momento para empezar es cuando alcance la altura suficiente para que su pene apunte a la taza. Cuando aprenden a ir al baño, no es el caso. Mejor no combinar, un banquito, un niño de dos años y un inodoro de cerámica enorme. Cuando le enseñes a ir al baño, siéntalo en el bañito o el accesorio para el inodoro. A veces incluyen un accesorio para evitar salpicar, pero nunca en la vida he escuchado que funcione. Lo mejor es decirle: "detente el pene hacia abajo". Le puedes ayudar juntándole las piernas con cuidado. A la mayoría de los niños no les importa tocarse el pene, así que no debería ser problemático. Cuando empiezas así, pronto se vuelve un hábito.

Cuando alcance la altura o la edad suficiente para alcanzar de pie la taza del baño con el pene, enséñale a que empuje la piel sobre el pene, en vez de agarrarse el pene para atinarle a la taza. Así tendrá más control y eliminas el riesgo de que salpique sin querer. Cuando los niños se dan cuenta de que pueden sostenerse el pene para apuntar con él, se vuelve un juego, así que si puedes detenerlo desde el inicio, es lo mejor. Sé que hay quienes sugieren poner cereal en la taza para practicar el tino, pero repito, fomenta el desorden. Además es pipí. ¿Quieres que se convierta en un juego? Tú decides.

Es habitual que me diga: "Pero quiere hacer pipí como su papá". No quiero ofender a nadie, pero qué ridículo. Papá hace muchas cosas que su hijo todavía no puede hacer. Responde: "Cuando crezcas un poco más, entonces podrás hacer pipí como él". Si no le das importancia, tu hijo tampoco se la dará.

236

Si le enseñas a levantar el asiento, ten mucho cuidado con la tapa. A veces la cubierta tiene relleno y el asiento se puede cerrar. Buena suerte con el entrenamiento después de que se haya machucado el pene en el asiento del inodoro. ¡Ouch!

Incluso desde pequeño, si salpica una gota en el asiento o el borde, enséñale a limpiarla con papel de baño. Futuras generaciones de mujeres te lo agradecerán.

Circuncidado vs *no circuncidado*

¿Existe alguna diferencia en el entrenamiento para ir al baño entre un pene circuncidado y uno no circuncidado? La respuesta es no. Es el mismo proceso. Me he percatado de que con el prepucio intacto, el pene cuelga un poco más, con lo cual apuntar es mucho más fácil al principio. Además me han preguntado si el prepucio puede guardar una minireserva de pipí. No. Si tu hijo gotea, es el niño, no el pene.

Es todo lo que tengo sobre penes. Si tienes alguna pregunta al azar sobre penes, adelante, pregunta. Preferiría que se relacionara con el entrenamiento para ir al baño, pero bueno, estoy abierta a cualquier pregunta al azar sobre penes. No me atrevo a decir que soy experta pero... ya sabes...

Otras preguntas con sus respuestas

¿Cuándo puedo mover el escusado para entrenamiento al baño?

Bien. Esto me lo preguntan *muchísimo*. Depende de ti. En general, sucede cuando te hartas de que el bañito esté en la sala (cocina, comedor, etcétera). Dependerá de la organización de tu casa. Llegará el momento claro en el que sepas que tu hijo puede llegar al baño. A partir de ahí, empezará a pedir privacidad o sabrá que el escusado entrenador se coloca en el baño, es natural. Si no estás seguro si puede o no llegar, mantén el bañito a la mano. Ayúdale, no le pongas obstáculos.

¿Cuando lo puedo cambiar al inodoro grande?

Es el mismo caso del cambio al inodoro y deshacerse del bañito. Más o menos después de un mes de haber iniciado el entrenamiento deberías ofrecerle a tu hijo hacer en el inodoro grande más que en el bañito y él debería empezar a habituarse a los dos. A la mayoría de los niños les atrae el inodoro pues saben que es el lugar indicado. Si a tu hijo le encanta el bañito, está bien. Con el tiempo ese capricho desaparece. Nunca en la vida he presenciado una situación bizarra en la que un niño de cinco años siga usando el bañito. Sigue tu instinto.

¿Cuándo me puedo deshacer del accesorio para el inodoro?

Es lo mismo. Es cuestión de si tu hijo está listo. Pero no te apresures en tirar el accesorio. El trasero de tu hijo no crecerá de la noche a la mañana para adaptarse al asiento del inodoro y si cae en él, te puedes despedir de todo tu esfuerzo.

¿Cuándo va a empezar a limpiarse el trasero solo?

Cuando sientas que puedes tolerar lo mal que se limpia el trasero. Es broma. No lo es. De nuevo, tú decides. Mi hijo acaba de cumplir seis y nos repartimos la labor. Los dos tendrán que llegar a algún acuerdo tarde o temprano.

¿Cómo desinfectar el bañito?

No utilices desinfectantes fuertes, basta con una toallita húmeda. Si usas cloro o algo similar, a tu hijo puede salirle salpullido. Es más habitual en el caso de las niñas pues los genitales rozan con el bañito.

¿Cómo sé si ya terminamos? ¿Cómo saber si mi hijo ya sabe ir solo al baño?

No hay una señal definitiva cuando se trata del entrenamiento para ir al baño. La mayoría de los niños pueden tener un par de accidentes tras concluir el entrenamiento. No puedes decir que cuando un niño ya sabe ir al baño, ya no habrá accidentes, aunque lo he escuchado mucho. Nuestros niños son humanos. Se pueden sentir inseguros, asustados, sensibles, emocionados, y cualquiera de estas sensaciones puede provocar un accidente. Pueden estar dentando, con fiebre, tener una infección de oído o estar agotados. Y todo esto puede provocar un accidente. Para mí sabes si ya terminaste si el entrenamiento para ir al baño desaparece de tu vida. De vez en cuando tendrás que recordarle o incluso insistir que vaya al baño, cambiarle la ropa de vez en cuando, pero nada de esto parecerá devastador. La mayoría de los padres consideran haber terminado durante eventos muy desafiantes o emocionantes. *Disney sobre hielo* —cero accidentes— ¡yupi! Fuimos a casa de la abuela tres días —cero accidentes— ¡bien! Manejamos cinco horas —hizo pipí en los baños públicos— ¡súper! Como cualquier otra habilidad, la capacidad de tu hijo para ir al baño va mejorando hasta que dejas de pensar en ella CONSTANTEMENTE. Ahora bien, si tu hijo tiene un accidente todos los días... no han terminado. Regresa e intensifica el proceso. Repasa los bloques de aprendizaje muy rápido. Pule lo que haga falta. Y recuerda, no permitas que nadie decida qué significa haber terminado para ti y tu familia.

CAPÍTULO 20

Palabras de despedida, de mamá a mamá

Si las cosas se empiezan a desmoronar o van como lo planeaste, intenta identificar qué está *sucediendo* exactamente y en dónde salieron mal. Redúcelo. La mayoría de los padres se agobian y creen que sus hijos no están aprendiendo. No es común. Lo habitual es que haya un componente que esté causando estragos. Intenta encontrarlo.

Cuando me reúno con los padres, es lo que hago. Desmenuzo todo y procuro encontrar la raíz del problema y concentrarme en ella.

Desglosa lo malo y lo bueno. Si es necesario, alterna entre los bloques. Anda está escrito, pero no es una ley. Experimenta, intenta dejar a tu hijo tranquilo y vuelve a recordarle que vaya al baño. No es un concurso, tampoco se trata de valorar tu capacidad para ser madre.

Es todo. Es todo lo que sé sobre el entrenamiento para ir al baño, en rasgos generales. Te sugiero mucho revisar el blog o el Facebook. Siempre aprendo cosas nuevas y actualizo mis ideas en los dos.

Estoy disponible para consultas individuales, pero te animo a encontrar aquí las respuestas. No porque no quiera ayudar, sino porque no necesitas apoyarte en mí. Como todo, el entrenamiento para ir al baño tiene su ritmo. Encontrarás el tuyo. *Aprópiate de él.* Muchos padres, muchísimos, entran en pánico el primer día. Es normal. Continúa. Quizá te sientas como el peor maestro del mundo. Continúa.

Quizá sientas que tu hijo se está comportando de manera ridícula. Continúa. Es otro logro, otra enseñanza que le impartes a tu hijo.

Por último: te di el plan de estudios. EL EXPERTO EN TU HIJO ERES TÚ. Tienes las llaves mágicas. Y sé que puedes hacerlo. Y sé que tu hijo puede hacerlo. Tengo fe y confianza en los dos.

¡¡¡Ánimo, papás!!!

Acordeón para papá

(De nuevo, mi intención no es menospreciar a los papás que leyeron este libro y están implicados en el entrenamiento de sus hijos. Sé que están ocupados, así que aquí va una lista breve.)

Hola, papás. A ver, esto del entrenamiento para ir al baño se tiene que hacer en algún momento. Cuanto antes, mejor. Sí, ya sé que es probable que no quieran lidiar con esto cuando están cansados y llegan a casa al terminar la jornada. Y además encuentran a su pareja vuelta loca un par de días.

Está bien. *Todo esto es temporal*. Todo. Al terminar, su hijo estará muy orgulloso de sí mismo. Y ustedes estarán muy orgullosos de él. Tampoco van a seguir gastando dinero en pañales. Así que por favor, acompañen a su hijo y apóyenlo todo lo posible.

Estos son los puntos más importantes:

- Su hijo no es de fiar por ahora. No le pueden preguntar si tiene ganas de ir. Dirá que no porque es su palabra favorita y entonces sí están jodidos.
- No *pregunten*, punto. Nunca pregunten si tiene ganas de ir al baño. Díganle y llévenlo. Si ven o saben que tiene que hacer pipí —está bailando o se le ve incómodo— digan: "Ven, es hora de hacer pipí".
- Aprovechen sus ventajas como papás. Sus hijos los adoran, su amor es especial y distinto del que sienten por mamá. Usen

ese poder para hacer el bien. Disfruten el tiempo especial que tengan juntos, pero que *primero haga pipí*.

- Videojuegos, luchas, ver la tele... *primero a hacer pipí*. Díganlo así: "Primero haces pipí y luego..."
- No se comporten como inútiles. Conocen a su hijo tan bien como su pareja, sólo que de forma distinta.
- Atención al baile para hacer pipí.
- No lo agobien y no le recuerden que vaya al baño cada dos segundos. ¿Se imaginan algo peor que alguien que los observa de cerca y les pide hacer pipí cuando no tienen ganas?
- Compórtense indiferentes, relajados. Seguro ya tienen ese papel. Pueden ser indiferentes, despreocupados y los buenos amigos y aun así vigilar que su hijo haga pipí.
- Su pareja se volverá loca. Prometo que recuperará la cordura pronto. Emborráchense. Está bien.
- Hagan lo posible por ayudar, aunque no quieran. Esto se tiene que hacer. Mejor ahora.
- Su papel *es vital*, al igual que el de mamá. Tal vez más. Todos saben que papá es muy especial.

Acordeón para padres: recordatorios de lo que se debe hacer y lo que no en cada bloque de aprendizaje

Bloque uno: hacer pipí y popó en el bañito desnudo, con o sin recordatorios

Por mucho, los días más estresantes son los primeros del entrenamiento para ir al baño. Algunos recordatorios sobre esos primeros días:

- No se preocupen por cuánto se demora este bloque. Lo común son entre uno y tres días, pero no siempre es así.
- ¡Busquen el progreso, no la perfección!
- *No le pregunten* a su hijo si tiene ganas de hacer pipí, recuérdenle: "Vamos, es hora de ir al bañito".
- Observen sin acechar. *No insistan*, no agobien. Esto presionará al niño y resultará en resistencia.
- No consulten el teléfono.
- Aprovechen horarios naturales y fáciles (al despertar, antes y después de sentarse, comer, subirse al coche, la siesta o dormir).
- *Es otra de las enseñanzas que le imparten a su hijo.* Háganlo con confianza, sentido del humor y creatividad.
- *No lo publiquen en Facebook.* Minará su confianza.
- No le teman a usar el truco del vaso de plástico.

- *No esperen* que su hijo vaya al baño solo. Si sucede, genial... pero no será constante, es un método poco fiable.
- Están llevando a su hijo de "Me hice pipí y no me di cuenta" a "Me estoy haciendo pipí" y por último, "Tengo que hacer pipí". El objetivo es progresar en esa cronología.
- No lo sobornen ni intenten convencer de usar el bañito. Combínenlo con otras tareas: "Vamos a limpiar tus bloques, hacer pipí, lavarnos las manos y comer".

Bloque dos: hacer pipí y popó en el bañito, desnudo (sin calzones), con o sin recordatorios

Recuerden que el bloque dos es el punto decisivo del entrenamiento para ir al baño. A la mayoría de los niños les va bien desnudos, la ropa lo cambia todo. Para algunos, es normal hacerse pipí en los pantalones un par de veces antes de que entiendan.

- Utilicen pantalones con pretina elástica para fomentar la independencia y porque es más *rápido* quitarlos.
- Está bien alternar entre los bloques uno y dos un par de días. Que haga una buena pipí en el bañito y después pónganle pantalones un rato.
- Si se está haciendo popó en los pantalones, regresen al bloque uno.
- Los vestidos son prácticos para las niñas (y los niños, si les gustan).
- Está bien quitarle los pantalones si identifican la señal.
- Incluso si su hijo empieza a tener la iniciativa de ir al baño, sigan recordándole. *No* esperen que lo haga solo con constancia.
- Si pone resistencia, distancia; seguro lo están agobiando o insistiendo demasiado.

- Recurran al recordatorio casual, recuérdenle: "Tu bañito está aquí, avísame si quieres ayuda cuando lo tengas que usar".
- Usen la frase: "Después de que hagas pipí, podemos..." Que no se convierta en soborno. La diferencia es enorme.

Bloque tres: hacer pipí y popó en el bañito, en distintas situaciones, con o sin recordatorios

¡Al fin! El bloque tres implica salir de casa. Los baños públicos pueden ser escalofriantes. Siempre hay que hacer una buena pipí antes de salir, que sea parte del ritual de salir de casa. Los primeros días, salgan con tiempo para tener espacio para que haga pipí antes de salir.

- Lleven post-its en la bolsa para cubrir el sensor del desagüe automático.
- Lleven el bañito en el coche para que su hijo tenga la opción de hacer dentro del coche si le asustan los baños públicos.
- Lleven un accesorio plegable en una Ziplock para reducir los asientos en los baños públicos.
- Si su hijo se asusta al entrar a un baño público, aborten la misión. Tengan el bañito listo en el coche. No presionen.
- Siempre enséñenle al niño en dónde están los baños, en los lugares públicos y en casas de familiares o amigos.
- En eventos como fiestas, estén al pendiente. La emoción, el azúcar y más líquidos de lo normal implican estar alerta. (Pero no sean esos papás psicóticos, ¿okey?).
- Si su hijo puede aguantarse hasta llegar a casa y no tiene accidentes, genial. Muchos adultos tampoco hacen pipí ni popó fuera de casa.
- Lleven una muda de ropa. Guarden un cambio en el coche con algunas bolsas. Los accidentes le pasan a cualquiera.
- Adopten el hábito de hacer pipí al llegar e irse de un lugar.

Bloque cuatro: hacer pipí y popó en el bañito con ropa interior

Es hora de probar con calzones. Los calzones se ajustan en torno a los mismos músculos que los pañales y pueden activar la memoria muscular para hacer pipí.

- Si el primer día de calzones suscita muchos accidentes y si antes no los había, está bien esperar un poco más.
- Los calzones son una consecuencia natural maravillosa. Si el niño se hace pipí, deben volver a prescindir de ellos como herramienta de aprendizaje, pero esto puede ser motivante para un niño, aprovéchenlo.
- Compren una talla más grande para que no aprieten tanto como el pañal.
- No tiene nada de malo no llevar calzones un tiempo. Muchos adultos no los usan. Si a su hijo le va bien sin calzones, bien.
- Los boxers funcionan muy bien.

Bloque cinco: autonomía consistente

La autonomía es la mayor expectativa de quienes han entrenado a sus hijos. Es normal que su hijo necesite ayuda durante el entrenamiento. El recordatorio es una muleta. No la retiren tan rápido.

- La autonomía constante y confiable suele empezar en torno a las tres semanas de haber comenzado.
- *Puede llevar más tiempo.* No se estresen a menos que su hijo necesite que le recuerden siempre después de un año.
- El hecho de que adquiera autonomía no quiere decir que siempre lo hará. Sigan al pendiente de sus señales y no teman recordarle cuando sea necesario.

248

Bloque seis: entrenamiento nocturno / para la siesta (a menos que lo hayan hecho todo al mismo tiempo)

El entrenamiento es el proceso menos científico del mundo. Recuerden despertar a su hijo por lo menos una vez al principio, porque entre diez y doce horas es mucho tiempo para no hacer pipí.

- Lean el capítulo 6 otra vez, "Entrenamiento nocturno". Sobre todo: "¿El entrenamiento nocturno es necesario?"
- Comiencen la pirámide invertida de los líquidos antes de *empezar* el entrenamiento nocturno. En cuanto monitoreen los líquidos, es posible que su hijo se mantenga seco solo.
- El entrenamiento nocturno es *posible* en cuna, pero mucho más fácil en cama.
- ¡Pijamas de *dos* piezas! Los mamelucos dificultarán mucho hacer pipí en la noche.
- Cuando sea posible, dejen el bañito cerca de la cama del niño. Queremos darle todas las oportunidades para hacerlo solo, si decide hacerlo así.
- No corran. Si están haciendo todo lo posible y no han hallado un patrón discernible, está bien volver al pañal en la noche uno o dos meses. Será necesario ajustar las horas de levantarse, pero no estén despiertos toda la noche. Si es posible, intenten identificar el patrón de su hijo.
- El entrenamiento nocturno nunca se relaciona con la mala conducta. Si se hace pipí en la noche no es manipulación.

Bloque siete: la universidad... todavía la recuerdas a veces

Es una broma, más o menos. En los siguientes años, su hijo necesitará recordatorios y ánimo. La única diferencia es que formará parte de la vida cotidiana. La meta del entrenamiento para ir al baño no es tan clara. Me gusta decir esto: cuando puedas tener cinco pensamientos consecutivos que no tengan nada que ver con pipí o popó, tu hijo ya está del otro lado.

Los accidentes suceden. Muelas, cambios de vida grandes o pequeños, cambio de horario... toda clase de cosas pueden afectar el proceso. Si hay una recaída, regresa, repite los bloques superrápido.

Las doce preguntas más frecuentes que los papás le hacen a Jamie

1. Tu libro está dirigido a las mamás. ¿Y nosotros los papás solteros o que crían a los niños en casa? ¿No contamos?

¡Sí! Me encanta que seas un papá involucrado de manera activa en este logro, o quizá gestionándolo tú solo. Me fascina. La realidad es que aun en estos tiempos, 95 por ciento de quienes enseñan a los niños a ir al baño son las mamás. En la mayoría de los hogares, el papá sigue siendo el proveedor y quien pasa casi todo el día fuera de casa. Me encanta que tú como papá estés haciendo esto, pero creo que necesito dirigirme a la mayoría. ¡Pero sigue con el amor de papá!

2. ¿Qué puedo hacer para que mi hijo se siente? No se queda sentado lo suficiente para hacer pipí.

En general, este problema se presenta los primeros días del entrenamiento, sin duda en el bloque uno. La mejor solución es tener paciencia. El niño aun no relaciona sentarse con hacer pipí. Recuerda, hace uno o dos días, podía hacer pipí corriendo en donde quisiera. Es muy práctico mantenerlo sentado con delicadeza mientras le cantas una canción o lees un libro. *No deberías obligarlo a sentarse.* Una frase útil es: "Oh, oh... siéntate mientras sale la pipí". Dispón de una esquina para colocar el bañito, con libros, algunos juguetes/actividades favoritas cerca. El frasco relajante funciona de maravilla. Igual que recitar el alfabeto o contar. Cualquiera cosa que lo distraiga para sentarse.

No soy partidaria de pantallas en el bañito, pero un video breve en YouTube le puede ayudar si no deja de pararse. En cuanto asocie la sensación de tener que hacer pipí, con sentarse, se empezará a quedar quieto hasta terminar de hacer pipí.

3. La pipí va de maravilla. ¿Qué hago con la popó? No deja de hacerse popó en los pantalones.

Al principio del entrenamiento, hacerse popó en los pantalones es común porque éstos son una capa de tela similar a la sensación y la privacidad del pañal. Aunque esta supuesta privacidad no tiene ningún sentido, porque lo terminamos cambiando, es mucho más privado que el trasero desnudo. Es casi el mismo concepto de memoria muscular para los pantalones sin calzón. El remedio es volver a quitarle la ropa de la cintura para abajo. Es necesario que ande así en la casa un tiempo. Sugiero licuados de leche de coco para mantener la regularidad de las evacuaciones. A lo mejor te hace falta otro fin de semana de desnudez. No tienes que vigilarlo tan de cerca como al principio. La mayoría de los niños no se hacen popó en el piso si están desnudos. Recuerda: es un *hábito*. Tu hijo se había hecho popó en los "pantalones" durante dos años o más. Me parece que pensarlo así facilita las cosas. En cuanto haga varias popós en el bañito seguidas, el hábito está cimentado. Pero primero retira el obstáculo, que suelen ser los pantalones.

4. Mi hijo ya había aprendido a ir al baño y de repente tuvo ocho accidentes seguidos. ¿Qué está pasando?

El origen de las recaídas puede ser diverso. Por supuesto, los cambios importantes en la vida del niño: una mudanza, separación, un nuevo hermano. A veces es un cambio menor, pero para el niño es importante: un nuevo compañero de clase, una nueva maestra, una nueva rutina. También puede ser un cambio en el desarrollo, físico o mental, o le está saliendo un diente. La dentición puede dificultar mucho el entrenamiento. Si tu hijo está aprendiendo muchas cosas, puede descuidar lo aprendido en el entrenamiento un par de días. O quizá fue un mal día. Primero establece: ¿es un patrón? ¿es todos los días? ¿a la misma hora todos los días? Procura identificar la novedad en su vida o el patrón. Casi siempre la solución es repasar todos los bloques de nuevo. Como mencioné en el caso de la popó, lo importante es retirar los obstáculos. Repite los bloques y refréscale la memoria.

5. A la mínima mención de la palabra bañito, se me resiste. ¿Qué puedo hacer cuando mi hijo grita "no" a la sola mención del bañito?

Cuando un niño se resiste tanto, casi siempre quiere decir que lo estás presionando mucho. A lo mejor le estás recordando ir al baño con demasiada frecuencia, o mirándolo mientras hace pipí o agobiándolo. En el capítulo 5, "¡Fuera pañales! Cómo hacerlo" hablo de esto. Tienes que dejarlo tranquilo y permitirle: (a) cometer errores y (b) apropiarse del proceso. No es fácil. Se trata de encontrar el delicado equilibrio entre vigilar y presionar. Agobiar mientras lo animas es común. Lo animas a ir y no lo dejas en paz hasta que vaya. Anímalo y déjalo tranquilo, vuelve a animarlo más tarde si dice que no. Imagino que debe ser muy molesto que te digan que tienes que hacer pipí cuando no tienes ganas. Un reloj de cocina puede ser muy útil. El niño se resiste al recordatorio de mamá o papá, no al bañito. Pon la alarma según los intervalos normales de acuerdo con el patrón de hacer pipí de tu hijo o cada ciertos minutos cuando creas que está haciendo una señal.

6. Mi hijo gotea… todo… el… santo… día. No son accidentes propiamente. ¿Cómo lo detengo?

Los escurrimientos son normales y muy comunes. Es importante recordar el control que tu hijo está demostrando con los escurrimientos. Está empezando a hacer pipí y detenerse para llegar al bañito. ¡*Genial*! Los escurrimientos indican que tu hijo está probando cuánto puede aguantarse, también es parte importante del proceso. Dejará de gotear. Mientras tanto, puedes comprarle calzones de entrenamiento de los que se usaban antes: tienen una tercera capa de tela en la entrepierna, pero son calzones. Subraya lo bueno si vas a abordar lo malo: "Ups. Qué bueno que casi toda la pipí llegó al bañito. Tienes un poquito en los pantalones. A la próxima corre al baño cuando tengas ganas de hacer pipí". Que se cambie los pantalones de ser posible y *no exageres, los escurrimientos son normales.*

7. Se sienta muchísimo tiempo y no hace popó. Diez minutos después, ya vestido, se hace en los pantalones. ¿Cómo lograr que haga en el bañito?

Tenemos buenas noticias. Siempre busco la buena noticia primero. Tú o él ya identificaron la sensación de tener que hacer popó. ¡Maravilloso! La parte de sentarse va bien, le está costando evacuar. El truco de la plastilina o Play-Doh (en el libro y en YouTube) es una solución magnífica. Algunos niños necesitan un ejemplo visual de lo que ocurre. La otra solución es enseñarles el término para aflojar los músculos del ano/esfínter. A muchos niños les gusta "compuerta de la popó". "Abre tu compuerta de la popó y deja que salga". Usa palabras pasivas como dejar salir, no empujar. Lenguaje como "abrir la compuerta de la popó" le transmite el mensaje de que él lo controla y es muy útil que lo sepa.

8. Por como lo describes, el entrenamiento después de los tres años suena espantoso. Tuve miedo de haber esperado tanto tiempo, pero lo intenté antes sin éxito. Encontré tu libro y me fue de maravilla. ¿Por qué lo describes tan horrible para los niños a partir de los tres años?

¡Sí! Me alegra que te haya ido tan bien. Lo describo espantoso porque en mi experiencia, suele serlo. Los tres años son una edad increíble para el desarrollo de los niños. Comienza la individualización, el proceso psicológico de aprender que son seres con autonomía de ti, el padre o la madre. Esto fomenta episodios de "libre albedrío" como los berrinches y la cantidad de "nos" que recibes de su parte a esta edad. Sí, un niño de tres años tendrá más lenguaje y comprensión, y eso parecerá facilitar el proceso. Sin embargo, también sabe qué te saca de quicio, cómo y cuándo hacerlo. Si ya pelean por qué zapatos se va a poner, imagínate las luchas de poder cuando él de hecho *tenga el poder*. El aspecto conductual del entrenamiento para ir al baño puede ser terrorífico. Lo he visto de primera mano. Mi advertencia no pretende hacerte sentir mal ni culpable de que tu hijo haya superado la ventana de oportunidad. Es una advertencia, para que lo hagas de inmediato y estés preparada para la mala conducta. Si no sucede, *fabuloso*.

9. Estoy nerviosa porque quiero intentar el entrenamiento nocturno desde el principio, pero estoy contemplando empezar con la siesta. ¿Cómo lo hago?

Sé que el entrenamiento nocturno puede parecer una pesadilla y te felicito por saber que no estás lista para hacerlo. He escrito muchas entradas en mi blog sobre el entrenamiento nocturno. Sin embargo, no es posible "entrenar para la siesta". No podemos hacer nada para ayudarlo (en la noche, le ayudas despertándolo por lo menos una vez para ir al baño). No puedes despertarlo de la siesta. Lo mejor es limitar los líquidos con la pirámide invertida de los líquidos. Que haga pipí antes de la siesta, a ver si se mantiene seca. Si lo consigue, deshazte del pañal para la siesta. Pero no hay forma de entrenarlo sólo para la siesta.

10. Soy un desastre. Estamos con el entrenamiento nocturno. Lo he intentado todo. Todo en el libro y sigue siendo impredecible. Todos estamos cansados. ¿Qué más podemos hacer?

Está bien usar pañal de nuevo para el entrenamiento nocturno. Por favor recuerda: *el sueño entorpece el entrenamiento*. Si has intentado en serio y sigues sin conseguirlo, descansa. Tener a los dos padres y al niño cansado es contraproducente. Lo importante es que el entrenamiento nocturno nunca tiene que ver con problemas de conducta, no quiere decir que tu hijo te esté tomando el pelo. Puede intentar dentro de uno o dos meses, pero por ahora... descansen.

11. ¿Qué bañito recomiendas?

Recomiendo la marca Björn por su sencillez y altura, es baja, y la postura en cuclillas facilita la evacuación. No recomiendo para nada los bañitos con muchos adornos. No es un juguete, es un inodoro. Un banquito sólido o mejor aún, de la marca Squatty Potty fomentará la independencia para usar el inodoro. Para viajar recomiendo la Potette. Cualquier tapete de entrenamiento para el coche o las camas. Las mamás recomiendan mucho los protectores impermeables Brolly Sheets. Recomiendo un accesorio plegable para el inodoro (reduce el asiento) para la casa y los viajes. Hay muchas variantes de estos productos. Una búsqueda rápida de Google te ayudará a decidir los mejores productos para tus necesidades. Siempre recomiendo productos sin diseño y funcionales, para normalizar el proceso. ¡Ah! Y pijamas de dos piezas.

12. ¿A partir de qué edad los niños pueden hacer pipí de pie?

Mi regla general es cuando alcancen la altura para que el pene llegue al inodoro. Es imposible hacer pipí de pie en un bañito porque salpica. Hasta que alcance la altura, tendrás que usar un banquito. Y un niño pequeño, de pie frente a una taza de porcelana, con el pene en la mano, seguro no podrá equilibrarse. Puede hacerlo con tu ayuda, pero recomiendo la mayor autonomía posible, así que lo mejor es que se sienten en el bañito.

Índice analítico

A

ABC (canción) 28

accesorio para el inodoro, 87, 108, 129, 153, 154, 192, 210, 236, 247, 256
   deshacerse del, 238

accidentes, 39, 43
   anticiparse a los, 84
   arrepentimiento y, 206
   avisar vs., 72, 92
   bloque 1, 75,
   bloque 2, 80-82, 84
   bloque 3, 247
   bloque 4, 248
   calzones de entrenamiento y, 81, 82
   castigos y, 134
   causas frecuentes, 84, 130, 131, 250
   como herramientas de aprendizaje, 43, 75, 179
   conducta y, 185
   confianza vs., 131
   consecuencias y, 185
   culpa y, 103
   dentición y, 234
   emociones y, 239
   escuelas y guarderías, 174, 175
   escurrimientos, 253
   estreñimiento, 158, 206
   estrés y, 50
   fin del entrenamiento y, 239
   frecuencia de, 239
   frustración y, 90
   fuera de casa, 231
   lagunas de aprendizaje y, 134
   laxantes y, 157
   líquidos y, 231
   luchas de poder y, 167
   mitos y confusiones, 39, 43
   natación y, 234
   "niño del demonio" y, 157
   nocturnos, 103, 104
   papás y, 61
   pañales vs., 226
   progreso vs., 95, 119
   recaídas y, 252
   resistencia y, 91
   retrocesos y regresiones, 44, 217, 221
   ropa interior y, 80, 81
   ropa y, 133, 172, 248
   sentimientos, 221
   soluciones y medidas en caso de, 108, 176
   supositorios y, 157, 158
   venganza y, 134
   vergüenza y, 81, 91
   verdaderos, 44

acordeón para padres, 60, 245-250
   bloque 1, 245
   bloque 2, 246
   bloque 3, 247

bloque 4, 248
bloque 5, 248
bloque 6, 249
bloque 7, 249
actitud o enfoque relajado, 17, 23, 24,
    93, 111, 123, 141, 214, 244
ADN, 183
adopción, 215
actividades, 51, 84, 89, 90, 111, 114, 126,
    145, 146, 156, 171, 185, 229, 251
agenda, 226
    infantiles, 145, 146
    liberar la, 50-53, 65, 114
agobiar, 120, 232
    animar e incitar vs., 90, 91, 116, 127,
        253
    luchas de poder vs., 123
    y tomar distancia, 90
agresividad
    actitud pasivo-agresiva, 177, 178
    en niños mayores, 206
    métodos educativos, 39
    presión vs., 41, 42
    publicidad y, 103
aguantar, 21, 75-77, 83, 85, 92, 93, 101-
    104, 107, 108, 122, 133, 137, 138,
    154, 160, 163, 173, 227, 247, 253
agujero de la hora de dormir, 121-123
agujetas, 22, 162
alergólogo, 142
alimentación, 142-144
    alergias y, 142, 143
    almuerzo, 180
    baja en grasa, 143
    colaciones, 142, 146, 180
    cambios en la, 130
    digestión y, 142
    equilibrada, 143
    laxantes, 157
    leche materna, 64
    sólidos, 26
alternativas, 164, 171, 230
    creativas, 95
    laxantes y, 157
    luchas de poder vs., 97

pañales vs., 163
vaso rojo como, 126
amamantar, 40, 69, 145, 151, 219
    entrenamiento y, 64, 77, 99, 119
amigos
    anécdotas e historias milagrosas de,
        21, 48
    ayuda de, 165
    opiniones, 55-57, 224, 225
amor, 52, 58, 145, 168, 183, 184, 218,
    243
    de bebé, 52
    de papá, 251
    entorno amoroso, 52
    propio, 94
animar, 41, 70, 72, 73, 88-90, 195
    actividades para, 90, 156
    agobiar vs., 127, 128
    mayor de 30 meses, 201
    menor de veinte meses, mayor de
        tres años, 198
    momentos adecuados para, 88-90,
        93, 107, 113, 118, 119
    presionar vs., 41, 87, 89
    vigilar y, 86
    y dejar tranquilo, 201, 204, 241, 253
ano, 148, 150, 158, 159, 231, 254
ansiedad, 52, 67, 106, 122, 125, 154, 181,
    214
    por separación, 27, 151, 152
    trastorno de, 214
aparatos electrónicos, 111, 182
aprendizaje, 41, 91, 93, 119, 154, 179, 201,
    208
    bloques de, 65, 95, 163, 168, 203,
        239
    curva de, 32, 54, 94, 117, 217
    de nuevas habilidades, 27
    herramientas de, 43, 75, 248
    lagunas en el, 65, 134, 135, 167
    proceso de, 119, 132
    trastorno o problema de, 135, 204,
        224
    véase también consistencia,
        repetición

aprobación, 74
aptitud, 14-16, 22, 86, 145-147, 150, 170
atención, 40, 78, 79, 83, 87, 93, 137,
    140, 148-150, 168, 219
  durante el proceso, 28, 42, 201, 244
  llamar la, 44, 106, 123, 173
  necesidad de, 218, 219
artículos para bebé, 36, 129
autoestima, 15, 19, 20, 27, 55, 147
autonomía, 72, 90, 95, 171, 248, 254,
    256
  consistente, 248
autoridad, 16, 175
avisar, 44, 83, 88, 99, 101, 176
  con palabras o de forma verbal, 72,
    198
  con señales no verbales (saltos,
    bailes, miradas) 22, 25, 28-30,
    33, 34, 44, 48, 50, 56, 68, 71,
    72, 74, 79, 83, 85, 87, 89, 92,
    94, 108, 121, 154, 155, 173, 189,
    191, 221, 244, 246, 248, 253,
    270
azúcar, 66, 147
  véase también dulces

B
BabyBjörn, 49, 199, 214
bacinica, 39
banquito para baño, 63, 139, 214, 236,
    256
  véase también Squatty Potty
bañito, 50, 67, 70, 74, 77-80, 82-85,
    88-95, 97, 100, 105, 108, 110, 111-
    115, 118, 119, 121, 123, 126, 130, 132,
    137-140, 148, 154, 163, 164, 171, 182,
    184, 190, 192, 196, 205, 229, 236,
    246, 247
  apego al, 92
  como juguete, 49
  consecuencias y el, 225
  deshacerse del, 238
  dificultades con el, 119
  dolor y, 148, 158
  durante la noche, 97, 100, 103, 104

en el coche, 87, 92, 129, 247
en escuelas y guarderías, 173
huelga del, 190, 195
inodoro o escusado grande vs., 155,
    199, 204
limpieza del, 239
luchas de poder y
llevar el, 93
juguetes vs., 156
miedo al, 110-115, 138, 151, 153, 160
miedo extremo al, 213-217
perfecto, 139
"prodigio del", 116
reinicio y, 208-210
resistencia al, 112, 115, 253
sugerencias para el, 110, 230-232,
    251, 252
ubicación del, 100, 101, 122, 141, 149,
    150, 225, 237, 238, 249
vaso rojo vs., 126, 127, 225
ventajas del, 153, 223
  véase también escusado de
    entrenamiento
baños públicos, 92, 129, 130, 151, 239,
    247
bebé, 15, 36, 45, 49, 51, 52, 103, 148,
    218-220
  adoptado, 215
  prematuro, 214
  recién nacido, 44, 45, 103, 218, 219
beber, 89, 98, 99, 107, 126
bebida, 64, 99, 101
berrinches, 28-30, 58, 120, 121, 127, 183,
    202, 208, 209, 212, 226, 255
biberón, 226
blogs, 21, 29, 43, 119, 145, 241, 255
bloques
    1, 66-79
    2, 79-85
    3, 86-93
    4, 5 y 6, 93-95
  entrenamiento en, 65
  método de, 65
  orden de los, 66
  véase también fases

boxers, 117, 248
Brazelton, T. Berry, 21
Bringing Up Bébé (libro), 180
burbuja, 59, 184

C
cadre, 180
calcomanía, 156, 157
calzones, 80-82, 117, 129, 173, 176, 223,
      246, 248, 252
   de entrenamiento o *pull ups*, 21, 81,
      82, 102, 154, 169, 175, 254
   véase también ropa interior
cambios, 44, 99, 106, 113, 126, 130, 131,
      217, 250, 252
campamentos de entrenamiento, 192
cantar (capacidad de), 28
cansancio, 55, 58, 61, 76, 79, 180, 243,
      255
caos, 61, 62, 94, 161
caminar, 9, 14, 27, 88
Candy Land (videojuego), 121
capacidad
   de los padres, 31, 101, 105, 200,
      241
   de los niños, 22, 27-29, 31, 41, 42,
      54, 56, 85, 94, 101, 111, 119,
      135, 162, 180, 206, 239
castigos, 131, 156, 181, 205, 209, 131
caries, 227
carriola, 36, 37
causa y efecto, 156, 190-192, 225
CD
   para bailar, 230
   para dormir, 230
ceder, 91, 142, 176, 212
cereal, 142, 143, 236
cerebro, 11, 19, 113, 147, 181
cérvix, 148-151
Chimpancé (película), 146
coco
   aceite de, 143, 158
   leche de, 143, 252
coerción, 192
colchón, 175

comunicación
   medios de, 10, 146
   falta de, 197
Comunicación de la eliminación (CE),
      189-196
   bitácoras, 195
   causa y efecto, 190-192
   crianza con apego y, 192
   entrenamiento tradicional *vs.*, 192
   expectativas de la, 192
   filosofía de la, 192
   huelga del bañito, 195
   momentos sin pañal, 190, 191
   proceso de conclusión, 190
   resistencia y, 191, 195
   señales y, 189, 191, 194
   situaciones atrapafácil y, 89
conciencia colectiva, 67
conducta
   anormal, 232
   autodestructiva, 166
   cambio de, 156
   del entrenamiento, 179
   entrenamiento *vs.*, 179-188
   esperada, 185
   mala, 44, 179, 182, 184, 186, 188,
      205, 224, 249, 255
   primitiva, 193
   problema de, 133, 156, 167, 184, 205
   social, 67
   socializada, 193
   transmitir, 141
confianza, 38, 74, 119, 242, 245
consecuencias, 21, 155-157, 179, 185, 186,
      204, 205, 224, 225
   emocionales, 164
consistencia, 38, 67, 99, 101, 150, 162,
      201
constancia, 16, 17, 47, 152, 204, 206,
      208, 214, 230, 246
consuelo, 64, 99
control, 64, 68, 76, 78, 91, 124, 166, 167,
      181, 183, 186, 207, 213, 225, 229, 236
convivencia, 72
Crapper, Thomas, 139

creatividad, 84, 104, 112, 146, 211, 225, 227, 245
creencias, 33
crianza
    capacidades para la, 105
    competitividad y, 78
    con apego, 40, 192
    consejos de, 56
    estilo francés de, 180
    filosofía de, 41
    métodos, modelos, tendencias y estilos de, 40, 51, 181, 192
    moderna, 39, 40, 180
Crianza con simplicidad (libro), 19, 180
cuatro años de edad, 20, 23, 24, 27, 102, 166
cuenco de plata, 149
culpa, 49, 72, 103, 130, 161, 201, 202, 213, 255
cultura, 14, 35, 141, 145, 175
cumpleaños, 142, 145
cunas, 175, 249

D
delegar, 91
dentición, 232, 252
dentista, 30, 67, 148
desarrollo
    cambios en el, 252
    del lenguaje, 125
    del pensamiento, 125
    etapas, 18, 19
    infantil, 28, 31, 56, 170, 175, 179, 200, 210, 254
    muscular, 21
    retrasos en el, 164, 216
    "ventanas de oportunidad", 26, 27
desinfectar, 239
desnudez, 37, 66, 68, 69, 71, 79, 80, 85, 109, 113-115, 118-120, 133, 135, 163, 190, 191, 194, 202, 226, 245, 246, 252
despertar (al niño para hacer pipí), 30, 76, 89, 98-104, 123, 133, 160, 224, 245, 249, 255

despreocupación, 94, 244
destapar, 143
destetar, 26, 64
diabetes, 216
dieta paleolítica, 143
disciplina, 56, 134, 179, 225
disposición, 22, 28, 50, 77, 92, 154
distancia, 90, 124, 204, 246
dolor, 40, 116, 158, 232
    rectal, 158
dormir, 58, 76, 79, 98, 99, 101, 119, 122, 131, 209, 226, 230
    agujero de la hora de, 121, 122
    hora de, 62, 98, 121, 122,
    la siesta, 163
    véase también sueño
dosis, 157
Druckerman, Pamela, 180
dulces, 28, 142, 156, 157, 170

E
edad, 19-22, 24-28, 31, 35, 51, 55, 59-61, 84, 85, 99, 102, 107, 110, 127, 128, 132, 134, 140, 142, 152, 179, 185, 189, 191, 198, 200, 202, 205, 206, 210, 225, 233, 236, 254, 256
El concepto del continuum (libro), 40
Elmo (personaje de televisión), 90, 230
elogiar, 40, 44, 50, 73, 74, 166
embarazo, 103, 190, 220
emociones (emocional), 10, 19, 30, 49, 56, 57, 64, 65, 105, 125, 134, 167, 182, 231, 239, 247
    "resacas", 145
    retrasos, 164, 216, 217
    vínculos, 69
endorfinas, 149
energía, 29, 56, 91, 95, 103, 120, 145, 220, 221
enfermedad, 78, 232, 233
enojo, 41, 108, 123, 166, 184
enseñanza, 41, 95, 147, 242, 245
    en la década de 1940, 39
    métodos, 47

entender, 53, 57, 61, 69, 71, 73, 79, 85, 165, 166, 204, 208, 219, 221
entrenamiento,
actitud y, 56, 135
adelantar el, 44
adopción y, 214
amas de casa y, 51
ansiedad y, 125
antes de empezar el, 59
aprendizaje y, 208
avances, 146
berrinches durante el, 120
calzones de, 21, 81, 82, 102, 154, 169, 175, 254
CE y, 189-196
como aptitud vital, 145, 146
concentrarse en el, 18-20, 42, 49
conducta vs., 179-188, 205, 206, 218, 224, 255
consistente, 48
contratar a alguien, 233
cronología del, 65, 105, 106
cuándo iniciar el, 216
de forma directa, 206
dentición vs., 252
destetar y, 64
dificultades del, 10, 203
disciplina y, 134, 225
diurno, 101
dolor y, 116
dramas durante, 19
dudas en el, 53, 56
efectivo, 208
en bloques, 65
en casa, 178
enfermedad vs., 232
errores en el, 91
escusado de, 36-38, 49, 50, 52, 63, 70, 72, 74, 160, 210, 237
estados de ánimo durante el, 90
estrellas del, 55, 131
estreñimiento vs. 206
filosofía del, 14
fin del, 89, 114, 239
frustración durante el, 86, 87

guarderías y, 169, 170, 172, 175-178
hablar sobre, 52, 125, 209
informal, 213
inicio del, 9, 23, 50, 58, 67-69, 112, 141, 143, 150
intentos previos de, 161-168
intuición y, 22
lento, 158
luchas de poder y, 123, 157
médicos vs., 234, 235
mensajes confusos y el, 13, 57
miedo durante, 125
mitos y confusiones del, 31-33
nocturno, 77, 97-104, 122, 133, 224, 227, 255, 256
novedad y, 130, 202
orden en el, 118
orgullo y, 218
padres y, 61, 63
pañales para nadar durante el, 234
para la siesta, 102
penes y, 236
popó en el primer día, 74, 75
popó y el, 106
postura, 53
prematuros y, 214
premios y, 224
primer día, 106, 113, 204
primer mes, 135
primera etapas o fases, 77, 83, 88, 109, 113, 126, 131, 150
primera popó, 158
primera semana, 105
primeros días del, 10, 30, 55, 72, 80, 88, 89, 93, 106, 111, 116, 151, 207
problemas al empezar, 59
problemas durante, 51, 105, 144
progreso, 94, 105, 108, 113, 230
recompensas y, 62
regaños durante el, 132
regresiones, 218
reiniciar el, 207-212
resistencia, 72, 87, 115
responsabilidad y, 42
retrasar el, 19, 21, 44, 62, 177, 219

retrasos en el desarrollo y, 216, 217
ritmo del, 241
sabotear el, 76
secundario, 102
segundo día del, 79, 80, 86, 109, 115,
 145, 210
sensaciones buenas para el, 80
tapete de, 233, 256
tardío, 21
terapia y, 217
términos y conceptos, 13, 23
tiempo invertido en el, 49
últimas etapas del, 129
vacaciones del, 176
viajar durante el, 233
videos sobre, 230
entretenimiento, 112
escurrimientos, 253, 254
esfínteres, 148, 149, 151, 231, 254
esfuerzo, 22, 26, 27, 35, 70, 72, 92, 121,
 139, 157, 194, 238
esperar, 16, 17, 19-21, 26, 33, 34, 56, 70,
 92, 93, 119, 162, 163, 197, 200, 214,
 215, 226, 234, 248
esquiar, 41, 127
estabilidad, 64, 67, 221
estrés, 38, 50, 103, 130, 176, 177, 200,
 220, 221, 223, 245, 248
evacuación, 108, 139, 148, 231, 232, 256
éxito, 9, 31, 37, 50, 55, 62, 70, 74, 77,
 79, 82, 90, 93, 95, 105, 113-115, 118,
 132, 177, 188, 202, 216, 254
expectativas, 41, 54, 57, 60, 113, 184,
 190, 192, 193, 248

F
Facebook, 30, 31, 43, 51, 56, 57, 145,
 146, 225, 241, 245
familia, 40, 51, 55, 104, 123, 140, 141,
 147, 218, 219, 221, 239, 247
fantasías, 38, 51, 58, 59, 183
fecha, 48-50, 66, 72, 85, 171
 de inicio, 66, 72, 85
 de reinicio, 209-211
fibra, 143, 157

fiesta de disfraces, 60
filosofía, 137
 de crianza, 14, 40, 41, 110, 188
 de la CE, 190, 192, 194
fingir, 107, 108, 135, 141, 150, 164, 209
firmeza, 16, 83, 86, 88, 110, 122, 166,
 168, 183, 196, 208, 216
foros, 21, 90
fortalezas, 59
fracasos, 17, 29, 38, 54, 56, 94, 226
franceses, 180
frasco para salidas, 127
frasco relajante, 11, 251
funciones fisiológicas, 24, 28, 29, 35

G
gas, 92
Gaskin, Ina May, 148, 151
generación, 31, 51, 138, 144, 145
género, 35
genitales, 81, 109, 158, 239
Glowacki, Pascal (hijo)
 accidentes nocturnos de, 131
 actividades durante el
  entrenamiento, 84
 alimentación de, 143
 "amor de bebé", 52
 cambios de conducta de, 219
 crianza con apego para, 40
 el truco del vaso rojo y, 126
 enseñarle a anudarse las agujetas,
  22
 enseñarle a esquiar, 41
 entrenamiento a los dieciocho
  meses, 55, 200
 entrenamiento a los veintidós meses,
  55
 guarderías y, 131, 175
 lucha de poder y, 123
 palabras que uso con, 13
 pediatra de, 235
 playa y, 92
 preescolar de, 146
 recompensas y, 186
 refuerzo positivo y, 186

Squatty Potty y, 139
vínculo emocional durante el
entrenamiento de, 69
gimnasia, 51, 145
Gomi, Taro, 230
gotear, 109, 110, 237, 253, 254
granos, 143
grasas, 143
gregarismo, 173
guarderías, 33, 50, 51, 55, 70, 81, 86,
130, 131, 169-178, 187, 200
recompensas y, 174

H
hábitos, 74, 85, 76, 99, 102, 106, 110,
152, 153, 231
de lectura, 230
de sueño, 58
para ir al baño, 10, 71, 75, 111, 153,
154, 231, 236, 247, 252
hablar, 9, 16, 124, 125, 155, 193, 221
véase también comunicación,
lenguaje
Harrington, John, 139
heces, 142, 235
hermanos (llegada de), 44, 45, 218, 252
hidratación, 231
hijo
segundo, 18, 218
hora de dormir, véase entrenamiento
nocturno
horarios, 100, 104, 219, 245, 250
hormonas, 149
huelga del bañito, 195
humedad, 226

I
I'm Pissed and I'm Naming Names
(blog), 21
improvisar, 87, 231
independencia, 59, 60, 63, 69, 180, 201,
103, 223, 246, 256
individualización, 20, 27, 203, 254
incomodidad, 15, 72, 75, 120, 140, 158,
159, 164, 172, 243

inconsistencia, 17, 58
indicios, 24, 29
incontinencia, 21
indiferencia, 17, 111, 122, 184, 201, 209,
244
infantilizar, 23
infección, 107
informal, 154, 162, 213
entrenamiento, 213
inodoro, 67, 139, 141, 153, 155, 163, 167,
168, 173, 194, 199, 213, 224, 229,
236-238, 256
"grande", 155, 199, 204, 238
accesorio para el, 153, 154, 192, 210,
236, 238, 256
monstruo del, 204
miedo al, 153
véase también taza
insistencia, 16, 42, 63, 116, 127, 175
insomnio, 103
instinto, 22, 30, 54, 215, 225, 238
primitivo, 193
intentar, 14, 38, 39, 53, 54, 61, 62, 70,
72, 76, 77, 83, 89, 100, 104, 110,
118, 134, 156, 158, 160, 165, 177, 187,
203, 206, 214, 223, 224, 255, 256
interés (del niño), 22, 24, 29, 34, 71, 157,
162, 2014
intestinos, 138, 149
intuición, 14, 22, 35, 40, 93, 95, 145,
200, 205, 210, 212, 215
inventos, 36, 81, 139

J
juegos, 11, 123, 210, 236
juguetes, 14, 36, 112, 156, 157, 180, 185,
187, 229, 251
bañito como, 49, 50, 195, 256
John Payne, Kim, 180

K
kínder, 17, 22, 23, 42, 163, 166, 186, 206,
235
véase también preescolar
Kennedy Kash, 186

L

laxantes, 163, 205
  alimentos, 157
  infantiles, 157
  y dolor rectal, 158
leche, 28, 64, 191, 192, 226, 227, 231
  materna, 64, 77
  de coco, 143, 252
lenguaje, 52, 254, 255
  corporal, 175
  de señas, 198
  desarrollo del, 125
  nativo, 26
  negativo, 132
  positivo, 75
  retraso en el, 216
  simple, 193
  terapia del, 26, 217
  tono vs., 74, 175
libre albedrío, 20, 25, 254
libros
  para el niño, 73, 110, 187, 230, 251
  postura y, 73, 139, 153
  sobre paternidad, 19, 40, 180, 230
Liedloff, Jean, 40
límites, 15, 16, 110, 122, 181, 182, 184,
    225, 229
  CE y, 192
  conducta y, 179, 203
  imponer, 180, 216
limpiar, 83, 108, 131, 155, 156, 237
  el trasero, 238
linaza, 143
líquidos, 50, 68, 71, 78, 89, 98, 106, 131,
    247
  entrenamiento nocturno y, 99, 249,
    101, 103
  limitar, 231, 255
  monitorear la ingesta de, 98, 104,
    106, 131, 171, 249
  patrones de consumo de, 107, 171
  pirámide invertida de los, 98, 99, 249
  reducir los, 98
  retener los, 99
lóbulos frontales, 19, 181

lógica, 33, 43, 150, 152, 153, 164, 170,
    181
  del reinicio, 200
luchas de poder, 17, 23, 25, 27, 97, 123,
    124, 137, 154, 157, 203, 255

M

mal humor, 58, 72, 120
mamás, 26, 30, 52, 58, 69, 117, 138
  alimentación y, 142
  amas de casa, 51
  CE y, 193, 194, 196
  competitivas, 20, 78, 116
  convivencia con, 72
  entrenadora, 78, 251
  estrategias usadas por, 90, 98, 112,
    130, 157, 171, 198, 256
  foros de crianza y, 21, 90
  guarderías vs., 176
  palabras de despedida, 241, 242
  papás vs., 60, 61, 63, 243, 244
  trabajadoras, 50
mameluco, 82, 249
mamilas, 95, 175
manta de lana, 103
Martin, Steve (actor), 118
más o menos (sabe ir al baño), 37, 38,
    161, 162
matemáticas, 147
McGinn, Alanna (especialista del sueño),
    58
medios de comunicación, 10, 146
mecedora, 36
mensajes, 52, 92, 131, 183, 209, 254
  confusos o contradictorios, 13, 23, 166
  equivocados, 209
  mixtos, 38, 52, 57
memoria muscular, 80, 133, 248, 252
  reprogramar la, 80
miedo,
  al bañito, 111, 112, 151, 153
  bizarros, 163
  de los niños, 41, 52, 111, 210
  de los padres, 110, 125, 153, 216, 223,
    254

esfínteres y, 149, 151
extremo, 213, 214, 217
real, 160
resistencia vs., 112
mitos y confusiones, 33-45
arraigados, 33
esperar a que esté listo, 43
frases comunes y, 31
refutar, 10, 31
señales y, 33
sobre accidentes, 43
sobre el escusado de entrenamiento, 36
sobre la pipí, 35
sobre la popó, 35
sobre niños y niñas, 34
sobre regresiones, 44
monstruos
debajo de la cama, 111, 112, 160, 163
que vive en el inodoro, 153, 204
spray anti-, 160
Montessori, 146, 180
motivación, 41, 114, 230
externa, 157, 185, 205
músculos, 21, 148, 149, 220, 248
atrofiados, 102
desarrollo de los, 21
esfínter, 148, 151, 231, 254
música, 50, 51, 145, 147

N
nalgas, 35, 164, 230
natación/nadar, 51, 145, 185, 234
negociar, 193, 204, 208
niñas
madurez en las, 34
niño
adoptado, 215
alimentación del, 142-144
aprendizaje del, 41, 91, 93, 119, 154, 179, 201, 208
autoestima en el, 15, 19, 20, 27, 55, 147
autonomía del, 72, 90, 95, 171, 248, 254, 256

berrinches y, 28-30, 58, 120, 121, 127, 183, 202, 208, 209, 212, 226, 255
cambios y, 44, 99, 106, 113, 126, 130, 131, 217, 250, 252
capacidad, 22, 27-29, 31, 41, 42, 54, 56, 85, 94, 101, 111, 119, 135, 162, 180, 206, 239
castigos, 131, 156, 181, 205, 209, 131
consecuencias, 21, 155-157, 179, 185, 186, 204, 205, 224, 225
constancia, 16, 17, 47, 152, 204, 206, 208, 214, 230, 246
del demonio, 165-168
dentición y, 232, 252
desarrollo del, 28, 31, 56, 170, 175, 179, 200, 210, 254
el que casi siempre sabe, 162, 163
el que más o menos sabe, 162
el que no tiene idea, 164, 165
el que tienes vs. el que quieres, 58, 59, 261
entrenamiento nocturno y, 99, 249, 101, 103
guarderías y, 33, 50, 51, 55, 70, 81, 86, 130, 131, 169-178, 187, 200
individualización y, 20, 27, 203, 254
interés del, 22, 24, 29, 34, 71, 157, 162, 2014
juguetes para el, 14, 36, 112, 156, 157, 180, 185, 187, 229, 251
kínder y preescolar, 17, 22, 23, 42, 163, 166, 186, 206, 235
libre albedrío del, 20, 25, 254
miedo, y el, 41, 52, 111, 210
prematuro, 214
recién nacido, 44, 45, 103, 218, 219
sueño y, 58, 76, 79, 98, 99, 101, 119, 122, 131, 209, 226, 230
novedad, 79, 130, 202, 253

O
opciones, 19, 20, 51, 62, 70, 99, 122, 129, 130, 175, 180, 212, 229, 230, 233, 247
véase también alternativas

orgullo, 42, 55, 63, 73, 114, 147, 185, 218, 243
orina, 13, 68, 71, 74, 75, 106, 107, 158
oxitocina, 149

P
Pampers (compañía de pañales), 21
pantalones, 28, 34, 59, 60, 82, 83, 85, 89, 114, 115, 117-120, 130, 155, 156, 160, 172, 173, 185, 188, 198, 202, 204, 205, 246, 254
    "bloque de los...", 118
    con pretina elástica, 117, 246
    sin ropa interior, 80, 81, 113, 252
    y privacidad, 120, 252
pañales, 56, 61, 76, 86, 116, 119, 133, 134, 151, 154, 176, 202, 208, 217, 218, 243, 248
    CE y, 189, 190
    como objeto transicional, 201
    comprar, 54
    de tela, 18, 51
    deshacerse de los, 52, 53, 65, 67, 102, 167
    durante la noche, 77, 83, 102, 121, 224
    entrenamiento informal y, 213
    fin de los, 53
    guarderías y, 176
    hábitos y, 154
    industria de los, 21, 54, 81, 103
    lavar, 18
    medio ambiente y, 18
    para la siesta, 76, 77, 83
    para nadar, 234
    pull ups vs., 81, 82, 102
    ropa interior vs., 80
    volver a usar, 112, 165
papás, 60-63, 87, 236, 251
    acordeón para, 243, 244
    hora de dormir y, 121
    recompensas y, 62
papel de baño (o higiénico), 24, 73, 231, 237
Parenthood (película), 118

patrones, 83, 85, 97, 89, 93, 107, 109, 154, 171, 249, 253
pausas,
    como consecuencia, 134, 156, 185
    como señal, 109
    en el aprendizaje, 27
    en las actividades, 156
    reinicio y, 168
Payne, Kim John, 19, 180, 181
pediatras, 21, 102, 157, 216, 234, 235
pene, 71, 89, 129, 175, 256
    circuncidado, 237
    entrenamiento y, 236, 237
    prepucio, 237
periquera, 36, 37, 89, 182
pijama, 100, 103, 121, 133, 249, 256
pijamada, 21, 27
pipí, 11, 14, 15, 21, 23, 42
    accidentes y, 103, 202
    aguantar la, 103, 104, 107
    amamantar y, 99
    atrapar la, 190, 191
    bañito y, 49, 50
    baños públicos y, 129, 239, 247
    CE y, 190-192, 196
    como conducta aprendida, 191
    como conducta primitiva, 193
    cronología, 78, 106, 200, 246
    cuándo y cómo hacer, 77, 110
    de pie, 236, 256
    de venganza, 134
    desnudez y, 68
    despertar para hacer, 97, 98, 100, 101
    el niño que no tiene idea y, 164
    elogios y, 74
    emociones y, 231
    en la cama, 122
    en tapetes, pisos y muebles valiosos, 64
    entretenimiento y, 110, 111, 249
    esperar a hacer, 70
    estéril, 75, 126, 129
    fascinación por la, 71
    frecuencia de la, 85, 89, 94, 107, 171
    goteo y, 109, 110, 253

guarderías y, 171
horarios, 99, 100
juguetes y, 84, 89
líquidos y, 50, 106, 171, 255
luchas de poder y, 27
memoria muscular y, 80, 248
mitos y, 33
nadar y, 234
noche y, 99, 101
palabras para referirse a la, 13, 198
pantalones y, 80, 85, 117, 202
papás y, 243, 244
patrones y, 89, 93, 109
pene y, 71
premios vs., 186, 224
privacidad y, 108
recompensas y, 157
reconocer, 71, 79, 99
retención, 92, 93
ropa interior y, 80
salidas y, 86, 247
sensaciones de la, 118, 153, 154, 194, 213
señales y, 83, 85, 92, 93, 109, 194
siesta y, 34, 255
sobornos y, 90
sonido de la, 110
sueño y, 76
vaso rojo y, 126, 127
vergüenza y, 119
plastilina, 159, 254
postura corporal, 139, 140, 223, 256
Post-its, 130, 247
preescolar, 17, 23, 146, 166, 171, 178, 202
véase también kínder
premios, 157, 174, 186, 224
efectividad de los, 186
entrenamiento vs., 224
niño del demonio, 167
sobornos y, 90
preparación mental, 47-64, 65
presión, 10, 41, 42, 48, 50, 51, 54, 60, 62, 72, 73, 78, 87, 89, 94, 111, 116, 122, 150, 154, 164, 225, 226, 245, 247, 253

pretina elástica, 82, 117, 246
privacidad, 12, 28, 63, 81, 108, 120, 140, 149-152, 155, 172, 173, 201, 230, 238, 252
protectores impermeables, 256
psique (del niño), 94, 180
psicología, 39, 144
pull-ups
véase calzones de entrenamiento

R
reality show, 144, 145
recordatorios, 20,
"de pasada" (o casuales), 124
de lo que se debe hacer y de lo que no, 245
regaño, 74, 75, 88, 89, 108, 131, 132, 192
regresión, 44, 31, 217, 221
reiniciar, 128, 168, 207-212
repetición, 15, 16, 38, 101, 152, 162, 230
véase también constancia
resistencia, 15, 42, 115, 127, 133
a la desnudez, 191
agobiar vs., 72, 87, 88, 127, 245, 246
al reinicio, 211
CE y, 195
distancia vs., 204
durante el bloque dos, 85, 86
durante el segundo día del entrenamiento, 79, 115
durante la primera semana, 42
entre los padres, 62
flojera y, 133
luchas de poder y, 154
miedo y, 112, 154, 213
motivos de la, 62
niños mayores y, 29, 150, 186, 201, 204
no estar listo vs., 115, 116, 154, 163
pasiva, 209
problemas de conducta y, 133
proceso vs., 87, 195
respeto y, 83
segundo día y, 79, 115

retrasos
    emocionales y en el desarrollo, 164, 216, 217
    en el entrenamiento, 217, 122, 150
ritmo, 74, 85, 87, 93, 122, 146
    del entrenamiento, 122, 157, 217
    véase también patrones
ritual
    nocturno, 98
    para salir de casa, 247
Robbins, John, 141
ropa, 59, 79, 82, 83, 85, 92, 117, 135, 155, 172, 198, 214, 217, 239, 246, 252
    interior, 66, 80-82, 93, 95, 113, 117, 119, 172, 175, 223, 248
    para la nieve, 147,
    véase también desnudez
rutina, 16, 42, 66, 72, 73, 76, 85, 86, 106, 120, 122, 123, 146, 150-153, 171, 220, 252
    véase también hábitos

S
sábanas, 103, 175
salidas, 9, 82, 92, 247
    breves, 82, 87, 114
    de prueba, 87
    EC y, 89
    más extensas, 92, 86-88
    véase también viajar
salpullido, 239
seguridad, 15, 16, 19, 88, 221
    véase también estabilidad
sentarse, 22, 37, 70-72, 74, 75, 79, 87-90, 108, 111, 115, 118, 129, 139, 148-150, 153-155, 173, 182, 183, 187, 194, 205, 214, 251, 252, 254
sentido común, 33, 35, 36, 150, 227
sentimientos, 44, 111, 155, 168, 96, 221
    de vergüenza, 151
    negativos, 132
señales no verbales, 22, 25, 28-30, 33, 34, 44, 48, 50, 56, 68, 71, 72, 74, 79, 83, 85, 87, 89, 92, 94, 108, 121,

154, 155, 173, 189, 191, 221, 244, 246, 248, 253, 270
shorts, 80, 82, 117
siesta, 163
    entrenamiento para la, 162
    pañales para la, 76, 77, 83
    pipí durante de la, 34, 255
sobornos, 90, 208, 247
socialización, 28, 75, 80, 193
sociedad, 67, 137, 144, 146, 199
    moderna, 125
Soiling Solutions, 200
Spock, Dr., 39
Squatty Potty, 63, 139, 256
    véase también banquito para baño
succión, 98
sueño, 58, 104, 113, 133, 255
    véase también entrenamiento nocturno, dormir
Supernanny (programa de TV), 216
supositorios
    de jabón, 39
    pediátricos, 157

T
tablet, 111
tapete de entrenamiento, 233
taza (de baño) 36, 37, 108, 236, 256
    véase también escusado, inodoro
teléfono, 69, 111, 219, 245, 256
televisión, 84, 110, 111, 146, 170, 244
temor, 30, 31, 41, 44, 112, 122, 125, 152-154, 159, 160, 183, 204, 213, 214, 219, 231
    véase también ansiedad, miedo
terapeuta familiar, 167, 186, 206
terapia, 16, 20
    del lenguaje, 26, 217
    ocupacional, 217
The Good Night Sleep Site (página web), 58
Time (revista), 40
toallitas
    húmedas, 73, 87, 239
    sanitizantes, 129

Todos hacemos caca (libro), 230
tope conductual, 122
trasero, 36, 68, 108, 115, 117, 129, 133,
    137, 138, 140, 147, 148, 153, 155,
    238, 252
trastorno del espectro autista, 217
traumas (traumatizar), 163, 183-185, 206
traumatismos, 158
trucos, 15, 88, 91, 98, 100, 127, 129, 150,
    159, 230, 254
    del vaso rojo, 126, 127, 245

U
útero, 149

V
valores fecales, 140, 141
vaselina, 158
vasos entrenadores, 98

vaso rojo, 126, 127, 245
vejiga, 68, 77, 102, 103, 107, 149, 158
ventanas de oportunidad, 26, 27, 178,
    201, 220, 226, 255
vergüenza, 28, 80, 81, 119, 141, 233
vestirse, 60, 147
    véase también ropa
vías urinarias, 107
viajar, 226, 233, 256
    véase también salidas
vida
    cambios de, 250
    cotidiana, 40, 89, 204, 219, 250
    moderna, 144
vínculos afectivos, 214

W
Waldorf, 146, 180

Esta obra se imprimió y encuadernó
en el mes de junio de 2019,
en los talleres de Impregráfica Digital, S.A. de C.V.,
Av. Coyoacán 100-D, Col. Del Valle Norte,
C.P. 03103, Benito Juárez, Ciudad de México.